本书受到兰州大学中央高校基本科研业务费专项资金资助（Supported by the Fundamental Research Funds for the Central Universities），项目编号：2020jbkyzy005

韩非子治道思想研究

王宏强 著

中国社会科学出版社

图书在版编目(CIP)数据

韩非子治道思想研究 / 王宏强著. — 北京 : 中国社会科学出版社,
2023. 2
ISBN 978 -7 -5227 -1458 -5

Ⅰ. ①韩… Ⅱ. ①王… Ⅲ. ①韩非(前 280 - 前 233)—政治思想—
研究 Ⅳ. ①B226. 55

中国国家版本馆 CIP 数据核字(2023)第 029374 号

出 版 人	赵剑英
责任编辑	韩国茹
责任校对	谢 静
责任印制	张雪娇
出 版	中国社会科学出版社
社 址	北京鼓楼西大街甲 158 号
邮 编	100720
网 址	http://www. csspw. cn
发 行 部	010 - 84083685
门 市 部	010 - 84029450
经 销	新华书店及其他书店
印 刷	北京明恒达印务有限公司
装 订	廊坊市广阳区广增装订厂
版 次	2023 年 2 月第 1 版
印 次	2023 年 2 月第 1 次印刷
开 本	710 × 1000 1/16
印 张	17. 25
插 页	2
字 数	283 千字
定 价	98. 00 元

序

乔　健

王宏强博士的新著《韩非子治道思想研究》即将出版，该书是其博士论文的修订版。我是宏强在读博士时期的指导老师，他请我为新书写序，我也欣然而从。不过在这篇短序里，我主要介绍一下该书的写作背景以及写作思路，以助读者进一步阅读。

韩非子是先秦法家的集大成者，也被不少学者认为是从法家的立场集先秦诸子之大成。与其他诸子一样，法家的研究史已经相当丰富了，几乎任何问题都有学者进行过专门讨论，再有什么大的突破着实不易。但是，作为具有深刻思想和丰富内涵的文化经典，先秦诸子文献总有不断被后人阐释、解读进而做出新诠的可能。这也是先秦诸子的重要魅力所在。为了能在前人基础上有所突破，我建议他：一是在熟读先秦法家文献的基础上，对相关学术史进行竭泽而渔式的梳理，尤其要认真研读和仔细揣摩学术史上的重要论著，找出可能的突破口。二是尽可能通读所有先秦诸子，因为尽管先秦诸子在许多问题上有截然相反的认识，但他们毕竟是在同一个大的时空背景下对“天人·人际·身心”问题做出深刻思考，通读先秦诸子有利于在当时的知识背景下和诸子横向比较的广阔视野中理解法家的“问题意识”及其“解决之道”，避免一叶障目般地就法家论法家。三是熟读《左传》、《国语》、《史记》、《资治通鉴》(第一册)、《战国策》等，以及先秦史、秦汉史的一系列重要研究论著，这样就更有利于在具体的历史语境中理解法家和解读法家。四是要广泛涉猎西哲方面的书籍。尽管“以西释中”的研究模式屡遭诟病，可一旦承认古今中外一流大思想家在许多根本性的问题上，总会有或多或少的相通性，那么超越国别、地域和民族的界限，去阅读西方一流思想家的论著，对深入研究中国思想家的思想无疑是有重要意义的。尤其是先秦法家主要关注的是“政治”，深入阅读政治学、西方政治哲学的经典著作，可以不断提高理论水平，强化思考问题的敏锐性和深刻性。

我对我的研究生的要求是，至少每个月提交一次读书报告。但在我印象中，宏强在入学后不久，大致能坚持每一周向我交一次读书心得或报告。这大概与他是工作数年后在职攻读博士，因而深知求学之不易和生活之艰辛不无关系。在频繁的师生交流中，我也见证了他刻苦学习和不断反思的成长过程。本书正是这一努力的重要成果。

本书以社会学中的控制理论作为重要参照来研究韩非子的治道思想，在我看来，是抓住了法家学说的关键所在。面对春秋战国的“乱世”，法家的主要关注点在君主、国家和权力等方面——即如何强化君主权力，提升国家实力，进而在“大争之世”立于不败之地。尽管先秦诸子都在以不同方式和不同视角关注着“为治”的问题，但法家的治道设计具有更加鲜明的强力色彩，注重的是强力基础上的全面控制。这也是贯穿本书的主要线索之一。

本书尽管关注的是韩非子治道思想这一老问题，却也在不少问题上有所推进。从第二章到第七章，每章均不乏新见。这里扼要试举一二。比如本书进一步讨论了韩非子“势”论的内在逻辑，指出“势”尽管包括“权力”，但并不等同于权力，而是一种立足君主权位，经过人为建构和制度设计所营造出来的强大威势。法家“势”论的核心问题其实是政治哲学所关注的“谁得到什么”以及“谁说了算”的重要问题。法家的“势”论为君主在进行权力分配和资源配置中的绝对主导地位，做了合理性论证。再如本书将韩非子的“术”，划分为两个层面，一是君主对官僚系统的整体控制，二是君主对官僚系统中重臣的重点控制。这样的区分，细化了“术”在不同语境下的不同治理对象和不同内涵，从而有助于厘清法家治吏学说的内在逻辑。另外本书还对韩非子的君主论做出了类型学的分析，这也是一个重要的贡献。

韩非子是为平庸的君主（“中主”）设计治国之道的，那么“中主”在韩非子思想中到底处于什么样的位置？韩非子的治道思想又是如何体现“中主之治”的逻辑的呢？这是贯穿本书始终的另一条重要线索。关于法家“中主之治”的问题，学界并未引起充分重视，本书予以相当关注，是本书的又一重要贡献。当然本书仍有一些不足，比如尽管在行文中涉及了韩非子与其他先秦诸子的异同，但仍需深化，本书的不少论证仍需进一步夯实和强化。如何在古今中西的视野下深化法家乃至先秦诸子的研究，彰显中国哲学和中国思想的独特价值及其魅力，仍需要不断地探索和拓展。

对于年轻学者而言，取得博士学位并有新书出版，只是一个起点，学术之路是艰辛的，也是漫长的。希望宏强能够精益求精，不断有新的学术成果问世。

是为序！

目　录

绪　言

绪言就20世纪以来的韩非子研究做一述评，在此基础上指出韩非子治道思想研究的可开拓性及其理论意义，进而指出本书的研究问题、研究思路以及研究方法。

第一节　韩非子研究述评

韩非子研究最早可溯源至秦朝李斯，自秦以降以至晚清历代学人对韩非子均有研究。对此陈启天《韩非子参考书辑要》、陈奇猷《韩非子旧评辑要》、张觉《历代〈韩非子〉研究述评》、宋洪兵《韩学源流》等有详细论述。[①] 由于古代韩非子研究主要集中在《韩非子》文献考证和校释方面，加之本书第一章会涉及这一问题，因此我们这里主要讨论20世纪以来的研究。

一　20世纪前半叶的法家与韩非子研究

19世纪末20世纪初梁启超等学人出于改变中国贫弱落后局面的现实关怀，试图在中国古代文化中寻找有益于国家富强的本土思想资源，加之先秦法家明确主张“以法治国”，因而法家思想成为他们关注的重要方面。同时受“整理国故”思潮和“子学复兴”学术氛围的影响，不少学者聚焦于法家尤其是韩非子的研究。20世纪上半叶学界有关韩非子研究的论著数量颇多，这些论著主要包括两个方面，一是文献校注和考证辨伪，二是思想研究。

---

① 陈启天：《增订韩非子校释》，台北：商务印书馆1992年版，第883—1029页；陈奇猷：《韩非子新校注》，上海古籍出版社2000年版，第1242—1260页；朱守亮：《韩非子释评》，台北：五南图书出版公司1992年版，第2117—2151页；张觉：《韩非子考论》，知识产权出版社2012年版，第182—198页；宋洪兵：《韩学源流》，法律出版社2018年版。

（一）文献校释和考证方面

大部分学者承袭清代考据学方法，注重《韩非子》的字词校订和语意疏通。其中陈启天的《韩非子校释》[①] 是这一时期《韩非子》校释和考证方面的集大成之作。该著特点有三：其一，陈启天不仅参照国内的不同版本，而且还参考了明清以来日本学者的考订版本，对《韩非子》做出了汇校集释。其二，陈启天原本就对法家思想颇有研究，尤其是他从政治学的研究视角对法家思想进行了极具现代意义的理论阐释，因此该著对《韩非子》各篇的思想要旨所做的扼要阐释，包含着他对韩非子学说的许多独到认识。其三，陈启天根据《韩非子》各篇目真伪程度的高低，将《韩非子》进行了重新编排。将经典文献的篇目进行重新排序，尽管可以充分显示作者对经典文本中篇目真伪的整体认知，亦有助于后来学者（尤其是初学者）迅速了解篇目真伪的研究现状，但是这也往往使人产生“先入为主”的错觉。尤其在对《韩非子》中许多尚存争议的篇目迄今为止没有直接证据能够完全证伪的情况下，依照所谓“真伪”程度进行的篇目排序，往往会使人们淡化或忽视韩非子学说的复杂性、深刻性以及内在矛盾。关于这一点，将在本书之后的论述中有所展现。

自胡适提出《韩非子》一书“只有十分之一二可靠”以来，关于《韩非子》篇目真伪的问题始终是学界讨论的热点之一。其中，《初见秦》《解老》《喻老》《主道》《扬权》等篇是否出自韩非之手，成为争论的焦点。梁启超、刘汝霖、蒋伯潜、陈千钧、钱穆、邓思善、高亨、容肇祖、王世琯、陈启天、郭沫若、缪文远等学者都参与到了这场讨论中。上揭陈启天《韩非子校释》将《韩非子》篇章按照各篇真伪程度予以重新编排，将学者几乎没有争议的篇目置于前，将争议更多的则置于后，这种编排方式也从一个侧面反映了20世纪前半叶学界对《韩非子》篇目真伪争论的总体看法。

（二）思想研究方面

尽管这一时期学界才开始以现代学术方法来研究韩非子思想，却涉及了

① 陈启天：《韩非子校释》，上海：中华书局1940年版。

韩非子学说的很多方面，其中着力最多的是其政治思想、哲学思想、学术渊源和历史背景等，涵盖了韩非子的人性论、法论、术论、势论、耕战论、道德观、历史观、功利观、无为论和形名论等方面。

谢无量的《韩非》是近代最早有关韩非子的学术专著，谢无量将韩非子学说视作政治学，[①] 这是一个极具开创性的见解。不过谢无量重于资料排比，较少理论分析。胡适《中国哲学史大纲》以及冯友兰《中国哲学史》和《中国哲学简史》对韩非子哲学思想的研究，则运用了现代学术方法。胡适指出公元前3世纪中国并无所谓“法家”，而只有法理学。之所以仍用法家之名，是因为法家之名沿用已久。法家具有五个根本观念，即无为主义、正名主义、平等主义、客观主义和责效主义。韩非子尤其强调历史进化论和功用主义，而与前期法家有所区别。冯友兰在《中国哲学史》中，将重理论分析的叙述法和重文献摘录的选录法相结合，既注重考证训诂，但更重视义理阐发。他认为法家是对春秋战国时代尊君权、重法治、禁私学这一社会政治趋势的理论回应，并从历史观、法、正名实、严赏罚、性恶、无为以及法家与贵族之间的关系等方面对韩非子与法家哲学做了论述。

更多学者从政治学、政治哲学视角研究韩非子思想，尤其聚焦于韩非子的法思想。这是20世纪前半叶法家研究的重要特色。梁启超是第一位系统地将法家学说纳入政治思想史研究领域的学者，他在《先秦政治思想史》中用四章篇幅专论法家思想，他将法家的法术势分别总结为“法治主义”“术治主义”和“势治主义”，认为“法治主义”不属于“人治”。[②] 梁启超认为法家的“根本精神”是将法律视作“绝对的神圣”，进而指出这与近代君主立宪政体的精神颇有一致处。[③] 在《要籍解题及其读法》中梁启超指出：“韩非为最严正的法治主义者。”[④] 梁启超的这些认识产生了很大的学术影响。后来，陈烈、陈启天、常乃悳、曹谦等进一步阐发了法家法治思想的现代价值。这

---

① 谢无量：《韩非》，上海：中华书局1914年版，第1页。

② 梁启超：《先秦政治思想史》，《梁启超全集》第12卷，北京出版社1999年版，第3671—3674页。梁启超早在1904年的《中国法理学发达史论》中，就以“法治主义”来标示法家的法思想，参见梁启超《中国法理学发达史论》，《梁启超全集》第5卷，第1254页。

③ 梁启超：《先秦政治思想史》，《梁启超全集》第12卷，第3676页。

④ 梁启超：《要籍解题及其读法》，《梁启超全集》第16卷，第4644—4646页。

些学者有一个大致相同的出发点，即他们试图从先秦法家中寻求在所谓“新战国时代”如何改变国家贫弱局面的思想资源。

一些学者则对韩非子在内的法家进行了批判式研究，郭沫若、熊十力、萧公权是其中的代表。郭沫若和熊十力均将韩非子视作“极权主义者”，熊十力尤其指出近代以来学者从韩非子学说中寻找“宪政”，这只不过是一种“妄臆”。[①] 郭沫若和熊十力的法家研究，具有强烈的现实关照倾向。他们往往将对现实政治中一些人物和事件的批判态度投射到法家研究上，正因如此，他们的研究尽管以一种近乎极端的方式呈现了法家学说所内含的“极权”思想，却不无夸大之嫌。法家学说尤其是韩非子思想是否等同于极权主义理论，姑且不论，但是，极权主义本身是一个只有在政治技术手段发展得十分完备的情况下，才可能出现的现代专制现象。相形之下，萧公权对法家思想的研究，方法更为新颖，见解更加深刻，观点更为稳妥。他在《中国政治思想史》中以现代政治学的方法，从“政治与道德”“个人与团体”“专制与民主”等分析视角，指出法家“法治”是“人治”，回应了当时将法家理论比附于西方思想的观点。[②]

20 世纪前半叶的韩非子研究，有如下特点：

其一，在研究方法上，逐渐以现代学术方法代替传统学术方法。比如胡适从西方法理学的视角来研究先秦法思想，梁启超以西方自然法理论解释法家的道法思想[③]，陈启天指出研究韩非子学说必须同时采用政治和历史两种视角[④]。同时，学者注重对思想家的时代背景和学脉渊源进行考察，以作为思想研究的基础。

其二，在研究内容上，这一时期的学者尽管重点关注韩非子的法治思想、富国强兵观念和刑罚观等，但对韩非学说的其他方面几乎都有涉及。这一时期的趋势是，研究课题更加微观，研究内容更加细化。不过，由于这一时期的许多学者往往出于“六经注我”式的研究旨趣，试图通过解读法家思想为现实政治提供直接的建构性帮助，因此对法家学说的许多方面未做客观而深

---

① 熊十力：《韩非子评论》，上海书店 2007 年版，第 4 页。

② 萧公权：《中国政治思想史》，商务印书馆 2011 年版，第 229 页。

③ 梁启超：《先秦政治思想史》，《梁启超全集》第 12 卷，第 3608—3609 页。

④ 陈启天：《增订韩非子校释》，第 941 页。

入的诠释，不少著作强调法治、富国强兵等法家学说的现代价值，甚至颇有借法家学说以宣传自己政治观点的倾向。亦因如此，韩非子往往是作为法家的一部分而受到关注的，韩非子的专门研究论著数量较少。

其三，在研究旨趣上，学者往往具有强烈的现实关照。许多学者比如梁启超、陈启天等怀着“救世”抱负，对法家的“法治”“富国强兵”“国家主义”等思想观念做了极具特色的解读。不过，同样是出于对“现实”的直接关怀，人们却对法家学说的不同方面给予不同的关注度，因而产生截然不同的观点。与梁启超等关注如何将法家学说中“法治”“富国强兵”“国家主义”等观念经过现代转化后以助于救世不同，郭沫若等则聚焦的是法家学说如何使“人”工具化、如何建立和维护专制统治。前者重视法家学说在技术层面对救世的正面价值，后者则强调法家学说中的专制观念对现实政治的负面价值。这两种判然有别的研究旨趣在之后的法家研究中总是或隐或显，目前的法家研究中仍然能够看到它们的影子。在这一意义上，20世纪上半叶的法家研究颇有“预流”的意义。

二 新中国成立以来中国大陆的韩非子研究

新中国成立以来，1949年至1978年有关韩非子的严谨学术论著数量相对较少，而改革开放以来学界对韩非子的研究实际上是在承接新中国成立初期研究风格的基础上推进的，因此笔者将新中国成立以来的韩非子研究做一整体观照。

（一）注重学术研究的客观性和严谨性

新中国成立初期，学界惯于为思想家做阶级属性的定性，相形之下侯外庐等著的《中国思想通史》[①] 是那个时代教条化色彩最淡的通史性著作。改革开放以来学者们逐渐遵循学术研究自身的规律。其中，李泽厚和刘泽华二人的韩非子研究在20世纪80年代具有风向标的意义。李泽厚在《孙老韩合说》[②] 一文中指出韩非子将兵家和老子哲学中的谋略观念衍化成为一种统治的

① 侯外庐等：《中国思想通史》第1卷，人民出版社2011年版。

② 李泽厚：《孙老韩合说》，《哲学研究》1984年第4期。

权谋策略，并认为这种计算心理是中国文化心理结构的重要组成部分。刘泽华在《先秦政治思想史》的一节中专门讨论了“韩非绝对君主专制主义的政治思想”。[①] 尽管李泽厚和刘泽华有不同的研究旨趣，但他们避免机械地套用各种理论，立足原典，让原典材料说话，这在当时是弥足珍贵的。

（二）追求韩非子思想研究的学术个性，尤其注重援引西方理论以阐述韩非子的相关概念

侯外庐主编的《中国思想通史》于1980年再版，颇具象征意义，这意味着以马克思主义为指导原则的思想史研究向学术化回归。侯外庐及其合作者注重将社会史与思想史相结合，注重历史与逻辑的统一，这在他们的韩非子研究上有充分体现。这种将社会史与思想史相结合、注重历史与逻辑相统一的研究范式，在张岂之主编的《中国思想史》《中国思想文化史》和《中国思想学说史》中得以传承和发扬。[②] 刘泽华的学术个性也极为鲜明，他的“王权主义”理论已为学界所熟知，这里谨就其“阴阳组合结构”理论稍做分疏。刘泽华认为中国古代思想家在论说王权之绝对性的同时总是附以相应的辅命题，以增加“自我调整空间和适应性”，主命题和辅命题共同构成了王权主义思想体系的内容。[③] “阴阳组合结构”理论的重要学术意义在于，它提示人们不应当抓住古代政治思想的单个命题做肆意推演和单向推理，而要时刻关注与该命题形成主辅关系的另一命题。了解这一理论之后，我们就能够更加真切地理解刘泽华对法家的这一论断，即“法家是主张君主专制最力的一派，同时也是最富政治理性的一派”[④]。人们往往认为君主专制尤其是绝对化的君主专制，是缺乏政治理性的，但刘泽华的这一学术判断则指出，专

① 刘泽华：《中国政治思想史集》第1卷《先秦政治思想史》，人民出版社2008年版，第191—213页。注：该书所收便是1984年初版。另见刘泽华《中国政治思想通史》（先秦卷），中国人民大学出版社2014年版。

② 张岂之主编：《中国思想史》，高等教育出版社2001年版（1988年初版）；张岂之主编：《中国思想文化史》，高等教育出版社2006年版；张岂之主编，刘宝才、方光华分卷主编：《中国思想学说史（先秦卷）》，广西师范大学出版2008年版。

③ 刘泽华主编：《中国政治思想通史》（综论卷），中国人民大学出版社2014年版，第96—103页；刘泽华：《中国政治思想史集》第3卷《王权主义和思想与社会》，人民出版社2008年版，第23—38页。

④ 刘泽华：《中国的王权主义》，上海人民出版社2000年版，第403页。

制与理性是以阴阳组合的方式联系在一起的，君主专制若是主命题，那么政治理性则是辅命题，法家的政治思想则包含了这两个方面。刘泽华的这一学术个性、治学旨趣及观点影响了张分田、杨阳、林存光、雷戈等的法家研究。

追求研究个性化的另一重要表现是学界积极引入西方理论，在“视域融合”下解读韩非子思想。比如受西方近代社会契约论的启发，韩东育对法家“诚信论”做了全新解读，认为法家的契约式诚信论对于现代国家建构及其官僚治理、市场经济的良好运行等，具有重要意义。[①] 受西方本体论的启发，蒋重跃对韩非子的“道理论”做了全新阐释，认为先秦法家尤其是韩非子在中国古代道论本体化发展中具有独特的理论贡献。[②] 孟天运从“社会控制”理论的角度，讨论了法家的社会角色、社会整合以及社会控制思想等。[③] 另外，很多学者对韩非子“法”思想的研究或多或少都以西方法理学的相关理论作为参照。

（三）注重韩非子思想的专题研究和多学科观照

改革开放以来伴随中国政治思想史、中国法律思想史、管理学等学科在中国大陆地区的兴起，学者开始运用多学科的理论和方法研究韩非思想，形成不少新的学术生长点。关于韩非子的政治思想研究，除通史著作外，代表专著有蒋重跃的《韩非子的政治思想》和宋洪兵的《韩非子政治思想再研究》。[④] 蒋重跃和宋洪兵的研究思路、研究方法以及得出的观点不尽相同，甚至在不少观点上完全相反。关于韩非子的法思想，代表专著有时显群的《法家“以法治国”思想研究》、刘慧的《韩非法思想研究》、郭春莲的《韩非法律思想研究》，[⑤] 不过各位学者的解读视角各有不同。武树臣的《法家法律文

---

① 韩东育：《道学的病理》，商务印书馆 2007 年版，第 158—188 页。

② 蒋重跃：《古代中国人关于事物本体的发现——“稽”字的哲学之旅》，《南京大学学报》2013 年第 4 期；蒋重跃：《战国法家在道论本体化发展中的理论贡献》，《南京大学学报》2016 年第 5 期。

③ 孟天运：《先秦社会思想研究》，人民出版社 2012 年版，第 513—583 页。

④ 蒋重跃：《韩非子的政治思想》，北京师范大学出版社 2000 年版；宋洪兵：《韩非子政治思想再研究》，中国人民大学出版社 2010 年版。

⑤ 时显群：《法家“以法治国”思想研究》，人民出版社 2010 年版；刘慧：《韩非法思想研究》，法律出版社 2014 年版；郭春莲：《韩非法律思想研究》，上海人民出版社 2012 年版。

化通论》[1] 是近年法家法思想研究最全面、最深入的一部力作，该书尽管以法家法治思想为主题，但其实涉及了法家的方方面面。关于韩非的伦理思想，代表专著有许建良的《先秦法家的道德世界》和于霞的《转型期社会伦理秩序的构建：韩非伦理思想研究》[2]。其中，许建良《先秦法家的道德世界》一书对法家的道德哲学做了全面深入的探讨，这是近年来研究法家道德哲学的一部集大成之作。学界还就韩非的社会思想、吏治思想、管理思想、逻辑观念、外交思想、国际政治理论、军事思想和教育思想等做了深入探讨。

（四）既重视韩非子与其他诸子的横向比较，又重视韩非子思想之源流的纵向梳理

关于韩非子的知识背景和思想渊源，近年来再度受到关注。杨义在《韩非子还原》中从发生学的角度分析了韩非子的学术渊源和时代背景。[3] 关于韩非子"归本于黄老"的问题，代表作是王威威的《韩非思想研究：以黄老为本》。[4] 该著是迄今为止从黄老学视角解读韩非子思想最全面、最深入的专著，视角新颖，新见迭出，为人们进一步认识司马迁所说的韩非子"归本于黄老"问题提供了诸多启发。张富祥亦讨论了韩非与黄老之学的关系问题。[5] 宋洪兵的《韩学源流》是近年来中国古代韩学研究的集大成之作，是第一部全面梳理从秦至晚清韩学史的专著。另外，喻中、程燎原、魏治勋、时显群、钱锦宇等学者对近现代以来"新法家"的研究，亦极大地促进了 20 世纪的韩非学研究。[6]

---

① 武树臣：《法家法律文化通论》，商务印书馆 2017 年版。

② 许建良：《先秦法家的道德世界》，人民出版社 2012 年版；于霞：《转型期社会伦理秩序的构建：韩非伦理思想研究》，中国社会科学出版社 2011 年版。

③ 杨义：《韩非子还原》，中华书局 2011 年版。

④ 王威威：《韩非思想研究：以黄老为本》，南京大学出版社 2012 年版。

⑤ 张富祥：《黄老之学与道法家论略》，《史学月刊》2014 第 3 期；《黄老之学、道法家与韩非的学术渊源》，《国学学刊》2013 年第 3 期。

⑥ 喻中：《法家的现代性》，法律出版社 2018 年版；程燎原：《重新发现法家》，商务印书馆 2018 年版；魏治勋：《新法家法治论》，法律出版社 2018 年版；时显群：《先秦法家法治思想在近代复兴的原因》，《社会科学战线》2009 年第 10 期；钱锦宇：《法家思想的近世续造——以陈启天的"新法家理论"为中心》，《社会科学战线》2017 年第 1 期。

（五）重视韩非子与国外政治思想家的比较研究

蒋重跃在《韩非子的政治思想》中将韩非子的思想与古代印度、古代希腊的政治思想进行比较，指出亚里士多德的僭主政治与韩非的君主专制政治有相似之处。[①] 张昭的《韩非和马基雅维利政治思想比较——以国家权力为视角》从国家权力的角度将韩非子和马基雅维利进行了比较。[②] 基于对中国春秋战国与西方近代历史的比较，白彤东认为先秦思想家所欲解决的也是“现代性问题”，并指出“韩非是世界上第一个现代政治哲学家”[③]，这一认识迥异于主流观点，对于重新认识韩非子学说不无启发意义。

另外有关韩非子的博士论文选题，主要以法治思想、政治思想、政治哲学、历史观、形名逻辑、伦理思想、管理思想等为主，其中以法思想最多。有关法家与韩非子的国家哲学社会科学基金资助的课题项目，主要有“法家学说与秦汉时期的国家治理研究”“先秦法家在秦汉时期的发展与流变”“先秦法家治国理政观的当代价值及其创造性转化研究”“和谐社会建设的法家道德资源研究”以及“《韩非子》研究史”等。近年来有关韩非子与法家的学术会议逐渐增多，也反映了法家研究的逐渐兴盛。中国人民大学召开了数次以法家与韩非子为主题的学术会议，宋洪兵主编的《法家学说及其历史影响》[④] 收录了前三次会议中部分学者的论文，这些论文主要关注法家的道论、道德观、赏罚观、参验论、公私观、人性论以及法家的影响等。

三　20 世纪 50 年代以来中国港台地区的韩非子研究

20 世纪 50 年代以来中国港台地区的韩非子研究，与 20 世纪前半叶保持了相当的延续性。牟宗三、徐复观等对法家尤其是韩非子思想持有强烈的批判态度，唐君毅对韩非子的评价则趋于中和。王邦雄《韩非子的哲学》、王静

---

① 蒋重跃：《韩非子的政治思想》，第 98—126 页。

② 张昭：《韩非和马基雅维利政治思想比较——以国家权力为视角》，中国社会科学出版社 2016 年版。

③ 白彤东：《韩非子与现代性——一个纲要性的论述》，《中国人民大学学报》2011 年第 5 期；《韩非子：第一个现代政治哲学家》，《世界哲学》2012 年第 6 期。

④ 宋洪兵主编：《法家学说及其历史影响》，上海古籍出版社 2018 年版。

芝《韩非思想体系》、封思毅《韩非子思想散论》、张纯与王晓波合著《韩非思想的历史研究》等的出版，标志着中国港台地区韩非子研究更加具体化。[①]

关于韩非子法思想的研究著作较多，其中代表著作有戴东雄的《从法实证主义之观点论中国法家思想》[②]、徐汉昌的《韩非的法学与文学》[③]、蔡振修的《韩非的法律思想研究》[④]、蔡英文的《韩非的法治思想及其历史意义》和张静雯的《韩非法治思想研究》[⑤]。其中蔡英文以“价值”理论解释韩非子思想，认为韩非子法治思想的基本原则是“价值一元论”[⑥]，这是一个精辟的洞见。

关于韩非子政治思想的代表论著有朱瑞祥的《韩非政治思想之剖析》[⑦]、卢瑞钟的《韩非子政治思想新探》[⑧] 和管力吾的《韩非政治思想探析》[⑨]。学者还注重对韩非子的微观研究，比如张素贞《〈韩非子〉难篇研究——韩非子的辩论术》和许芗君《从〈韩非子〉寓言论韩非的政治思想》便是这方面的代表著作。前者以《韩非子》的《难一》至《难四》以及《难势》和《说难》等篇为考察对象，从这些“难篇”提炼出韩非对法术势的认识；[⑩] 后者则从《韩非子》大量寓言故事入手分析韩非子的政治思想。[⑪] 二著视角独到，论证翔实，推理精恰，颇多精义。

20 世纪 50 年代以来中国港台地区的韩非子研究有如下特点：

其一，在研究内容上，几乎涉及了韩非子思想的方方面面。不仅注重韩非子法术势的研究，亦重视历史观、人性论、价值观的探讨；不仅注重韩非子哲学思想、政治思想的研究，亦逐渐重视伦理思想、教育思想的研究；不

① 王邦雄：《韩非子的哲学》，台北：东大图书有限公司 1993 年版；王静芝：《韩非思想体系》：台北：辅仁大学文学院 1979 年版；封思毅：《韩非子思想散论》，台北：商务印书馆 1975 年版；张纯、王晓波：《韩非思想的历史研究》，中华书局 1986 年版。

② 戴东雄：《从法实证主义之观点论中国法家思想》，台北：三文印书馆有限公司 1989 年版。

③ 徐汉昌：《韩非的法学与文学》，台北：文史哲出版社 1984 年版。

④ 蔡振修：《韩非的法律思想研究》，台中：青水彩色印刷股份有限公司 1986 年版。

⑤ 张静雯：《韩非法治思想研究》，新北：花木兰文化出版社 2009 年版。

⑥ 蔡英文：《韩非的法治思想及其历史意义》，台北：文史哲出版社 1986 年版，第 29—34 页。

⑦ 朱瑞祥：《韩非政治思想之剖析》，台北：黎明文明事业公司 1990 年版。

⑧ 卢瑞钟：《韩非子政治思想新探》，台北：三民书局 1989 年版。

⑨ 管力吾：《韩非政治思想探析》，台北：花木兰文化出版社 2011 年版。

⑩ 张素贞：《〈韩非子〉难篇研究：韩非子的辩论术》，台北：学生书局 1997 年增订 2 版。

⑪ 许芗君：《从〈韩非子〉寓言论韩非的政治思想》，新北：花木兰文化出版社 2015 年版。

仅注重韩非子思想本身的研究，亦深入讨论了韩非子与其他诸子的关系，以及韩非子思想对后世的影响。

其二，在研究视角和方法上，不少学者援引西方三权分立学说、法律实证主义、自然法、罪刑法定主义、极权主义理论、弗洛伊德“自我”理论、柏拉图“哲学王”学说等解释韩非子思想。他们还重视韩非子思想与其他思想家思想的比较，比如学者将韩非子与黄老道家、马基雅维利、孙中山等进行了比较研究。

其三，就研究趋势而言，中国港台地区的韩非子研究有如下趋势：一是更加重视将宏观审视与微观梳理相结合；二是更加注重诸子比较基础上的韩非子思想研究；三是更加注重借鉴西方法理学、哲学、政治理论来阐释韩非子思想；四是有关韩非子的圣君明主观念日渐受到学者重视。

四 国外的韩非子研究

日本学界的韩非子研究主要体现在《韩非子》的注释考据和文本分析方面。① 大约1710年荻生徂徕写作出版了《读韩非子原文》②，这标志着日本韩非子研究的开始。从《读韩非子原文》出版至日本明治时期早期，《韩非子》的注释本已有至少30种。其中，太田方《韩非子翼毳》是最常被引用的注本。明治时期以后，也出版了不少《韩非子》注释本，比如小官山绥介的《韩非子讲义》、久保得二的《韩非子新释》、田冈岭云的《和译韩非子》、松平康国的《韩非子国字解》等。在思想研究方面，代表论著有松平康国的《韩非子国字解》、服部宇之吉的《中国的政治与韩非子》以及小岛祐马的《法家的强国弱民论》等。其中，松平康国、小岛祐马以及小柳司气太等，分别从不同角度讨论了韩非子的“极权主义”“军国主义”等思想。③

---

① 关于日本学界的韩非子研究，参阅［日］小崎智則《韓非子における君主論——中國古代社會の權力構造をめぐつて》，博士学位论文，（日本）名古屋大学，2007年，第142—151页；［日］佐藤将之：《中国大陆、中国台湾、日本的〈韩非子〉研究》，《汉学研究集刊》2018年6月第26期；韩东育：《日本近世新法家研究》，中华书局2003年版，第319页。

② ［日］荻生徂徠：《荻生徂徠全集·讀韓非子原文》第3卷，東京：河出書房新社1975年版，第526—557頁。

③ ［日］松平康國：《韓非子國字解》，東京：早稻田大學出版部1910年版，第25頁；［日］小柳司氣太：《東洋思想の研究》，東京：關書院1934年版，第254—265頁；［日］小島祐馬：《法家の強國弱民說》，《中國の社會思想》，東京：筑摩書房1967年版，第141—154頁。转引自［日］佐藤将之：《中国大陆、中国台湾、日本的〈韩非子〉研究》，《汉学研究集刊》2018年6月第26期。

1944年后日本的韩非子研究，在文本辨伪和考据方面、代表作有木村英一的《法家思想的研究》、小野泽精一的《法家思想》、大塚伴鹿的《法家思想的源流》和桥本敬司的《〈韩非子〉的语言战略》等。其中，木村英一的研究参考价值颇高，桥本敬司指出应当将《韩非子》各篇视作具有完整系统的有机组成部分，亦颇具启发意义。[①] 在思想研究方面，代表论著有田中耕太郎的《法家的实证主义》、板野长八的《中国古代的帝王思想——以韩非子君主论为中心》、茂泽方尚的《韩非子的思想史研究》和谣口明的《〈韩非子〉对儒家思想的接受》等。日本学界有关韩非子的研究，主要集中于韩非子政治思想、韩非子与道家的关系、韩非子与儒家的关系等。尤其值得注意的是，茂泽方尚详细讨论了韩非子理想社会中各类社会成员——先王、圣人、众人——的功能。[②] 近年来，有关韩非子的博士论文有李思行的《中国古代的韩非统治思想的研究》[③] 和小崎智则的《韩非子的君主论——中国古代社会的权力结构》[④]。

日本的韩非子研究特点有三：一是，在文本校释和考据方面，成果丰富，研究质量颇高；二是，在思想研究方面，主要侧重政治思想、韩非子与儒道之关系等问题，未有中国学者那般鲜明的批判色彩或其他价值判断；三是，21世纪以来除了将韩非子思想视作中国君主专制制度的理论渊源之一外，对《韩非子》所蕴含的“管理”哲学颇有兴趣，但是学术论著非常少。尤其值得关注的是，小崎智则在其博士论文中专门讨论了韩非子明主之“虚静”与道家圣人之“虚静”间的关系。可见，对韩非子思想系统中“圣人”“明主”的讨论，成为日本学界韩非研究的重要动向。

西方汉学界在近八十年左右才逐渐关注韩非子思想研究。在翻译方面，主要有亚瑟·威利（Arthur Waley）、廖文奎（Wenkui K. Liao）、华兹生（Bur-

---

① ［日］木村英一：《法家思想の研究》，東京：弘文堂1944年版；［日］橋本敬司：《〈韓非子〉の言語戰略》，《廣島大學大學院文學研究科論集》卷62之2特別號2002年。转引自［日］佐藤将之《中国大陆、中国台湾、日本的〈韩非子〉研究》，《汉学研究集刊》2018年6月第26期。

② ［日］茂澤方尚：《韓非子の思想史的研究》，東京：近代文藝社1993年版，第191—276頁。

③ ［日］李思行：《中国古代に於ける韓非の統治思想の研究》，博士学位论文，（日本）学习院大学，2000年。

④ ［日］小崎智則：《韓非子における君主論——中國古代社會の權力構造をめぐって》，博士学位论文，（日本）名古屋大学，2007年。

ton Watson）和乐唯（Lévi Jean）等的译本。亚瑟·威利在《中国古代的三种思维方式》中选译了《韩非子》部分章节，廖文奎在《韩非子全书：中国古典政治学》[①] 翻译了《韩非子》全文，华兹生在《韩非子：基本文献》[②] 中翻译了《韩非子》中的 12 篇，法国汉学家乐唯也有译本《韩非子的"主道"：绝对统治的策略》[③]。在思想研究方面，本杰明·史华兹（Benjamin Schwartz）的《古代中国的思想世界》、葛瑞汉（Angus Charles Graham）的《论道者：中国古代哲学论辩》和尤锐的《展望永恒的帝国：战国时代的中国政治思想》，均有对法家和韩非子的专题研究。[④] 安乐哲（Roger T. Ames）的《主术：中国古代政治艺术之研究》[⑤] 和弗朗索瓦·余莲（Francois Jullien）的《势：中国的效力观》[⑥] 也从不同角度讨论了韩非子的治国之道。成中英主编的《中国哲学季刊》（第 38 卷）设有《韩非的法家哲学》专辑。另外顾立雅（H. G. Creel）运用马克斯·韦伯的官僚制理论对申不害术论进行的研究，也从学术渊源的角度为深化韩非子术论研究提供了契机。[⑦]

美国宾夕法尼亚大学金鹏程（Paul R. Goldin）主编的《〈道〉之指南：韩非的哲学》[⑧]，集中反映了当前西方汉学界韩非子思想研究的前沿动态。该书是一本论文集，是美国学术杂志《道》出版的丛书之一。该著的九位作者均

---

① Wenkui K. Liao, *The Complete Works of Han Fei Tzu: A Classic of Chinese Political Science*. Vol. Ⅰ, London: Arthur Probsthain, 1939; Wenkui K. Liao, *The Complete Works of Han Fei Tzu: A Classic of Chinese Political Science*. Vol. Ⅱ, London: Arthur Probsthain, 1959.

② Burton Watson, *Han Fei Tzu: Basic Writings*, New York and London: Columbia University Press, 1964. 转引自王威威《韩非思想研究：以黄老为本》"序言"。

③ Lévi Jean, *Han-Fei-tseou Le Tao du Prince: La stratégie de la domination absolue*, Ville de Paris: du Seuil, 1999.

④ Benjamin Schwartz, *The World of Thought in Ancient China*, Cambridge, Massachusetts and London: The Belknap Press of Harvard University Press, 1985. pp. 339 – 346；［美］本杰明·史华兹：《古代中国的思想世界》，程钢译，江苏人民出版社 2004 年版，第 351—356 页；［英］葛瑞汉：《论道者：中国古代哲学论辩》，张海晏译，中国社会科学出版社 2003 年版，第 309—335 页；［以］尤锐：《展望永恒的帝国：战国时代的中国政治思想》，孙英刚译，王宇校，上海古籍出版社 2013 年版，第 122—133 页。

⑤ ［美］安乐哲：《主术：中国古代政治艺术之研究》，滕复译，北京大学出版社 1995 年版。

⑥ ［法］弗朗索瓦·余莲：《势：中国的效力观》，北京大学出版社 2009 年版。

⑦ H. G. Creel, *Shen Pu-hai*. Chicago, London: The University of Chicago Press, 1974. H. G. Creel, *The Origins of Statecraft in China*, Chicago: University of Chicago Press, 1970. H. G. Creel, "The Beginning of Bureaucracy in China: The Origin of the Hsine", *Journal of Asian Studies*, Vol. 23, Issue 2, Feb 1964. ［美］顾立雅：《申不害：公元前四世纪中国的政治哲学家》，马腾译，江苏人民出版社 2019 年版。

⑧ Paul R. Goldin, eds. , *DAO Companion to the Philosophy of Han Fei*, Berlin: Springer, 2012.

在西方大学获得了博士学位，他们在书中就韩非子思想的理论渊源、学术背景、法治思想、韩非子与儒家的关系、《韩非子》之《说难》《解老》《喻老》篇之解读等，做了非常深入的讨论。

西方汉学界的韩非研究特点有三：一是，注重《韩非子》的英译，为汉学界的进一步研究奠定了基础；二是，对韩非子的研究往往在诸如中国哲学史、先秦哲学史或者其他观念史的研究中展开，有关韩非子的专门论著数量较少；三是，西方学者的研究范式迥异于中国学者，他们往往从西方社会学、西方政治哲学等视角观照韩非子，正因如此他们得出的结论往往极富启发意义。

五　韩非子思想的专题研究

（一）有关道理论的研究

绝大多数学者将韩非子的“道”和“理”分别解释为普遍规律和特殊规律。近年来学界则从黄老学视角以及伦理学、西方本体论等角度对韩非“道理”做出了新的解读。关于韩非子道理论的焦点问题之一是“君”与“道”的关系。绝大多数学者认为“道”是服务于君主统治的，“道”在形上层面烘托出了君主统御群臣的权威性。持这一观点的学者有郭沫若、熊十力、史华兹、陈丽桂、刘泽华、葛荃、谷方、施觉怀、乐唯、黎红雷、王威威、金鹏程等先生。另有一部分学者认为“道”对“君”具有“规范”“制约”作用，持这一观点的学者有张分田、周炽成、宋洪兵等先生。

（二）有关人性论的研究

韩非子每每以趋利避害的“人情”来认识人，加之他与荀子的师徒关系，学界常用“性恶论”来称谓韩非子人性论，持这一观点的学者有郭沫若、萧公权、牟宗三、徐复观、劳思光、王邦雄、刘家和、蒋重跃、施觉怀等先生。另外有学者认为韩非子尽管明确主张人是趋利避害的，却未明确以“性恶”标示其人性论，因此他们主张韩非子人性论是“人性自然论”“人性好利论”“人情好利论”，比如侯外庐、唐君毅、朱伯崑、张纯、王晓波、刘泽华、刘宝才、韩东育等先生。韩非子之所以被视作性恶论者，有学者认为这“是以孟子性善思想为基本参照的产物”[1]，或者这“是源于论者自身价值立场、人文情怀或道德信念的一种无意的投射”[2]。与上述观点不同，另有学者从历时性的角度审视韩非子人性论[3]，还有学者从“实存状况”和“理想状况”来探讨韩非子的人性论[4]。

韩非子人性论研究的深层问题在于，韩非子是否关注“人之为人”的问题。一些学者认为韩非子将人性好利视作人的本质，持这一观点的学者有刘泽华、韩东育、王立仁等先生[5]。另有学者认为韩非的人性好利学说中并没有解答有关人之本质的问题，持这一观点的学者有沈刚伯、李增、杨阳、张荣明等先生[6]。可见，有关“人性”/“人情”问题的争论，其背后蕴含着每位学者更深层次的人文关怀和价值立场，而非简单的“善恶”之辨。

（三）有关历史观的争论

第一种观点认为法家历史观是一种“进化史观”。持这一观点的学者有胡适、陈启天、侯外庐、童书业、任继愈、冯契、刘泽华、刘宝才等。第二种观点认为，韩非子讨论历史只是凸显了历史之演变完全由人口之多少和物质之多寡等所决定，无所谓“进化”与否，因此韩非子的历史观是“变化”史观、“变古”史观或“演化”史观。持这一观点的学者有冯友兰、王邦雄、韦政通、张纯、王晓波、张子侠、李甦平、黎红雷、韩东育、周炽成等先生。另有学者从其他角度对韩非子历史观做出解读，比如蒋重跃从“历史理性”的角度指出，韩非子把历史视作单纯由人类欲望所驱动的社会活动过程，从而形成了“纯粹历史理性的历史观”。[7] 还有不少学者注意到法家“历史观”

---

① 许建良：《先秦法家的道德世界》，人民出版社 2012 年版，第 417 页。

② 林存光：《政治的境界：中国古典政治哲学研究》，中国政法大学出版社 2014 年版，第 326 页。

③ 李锐：《再论商韩的人性论》，《江淮论坛》2017 第 3 期。

④ 詹康：《韩非论人新说》，《政治与社会哲学评论》2008 年 9 月第 26 期。

⑤ 刘泽华：《中国政治思想史集》第 3 卷《王权主义和思想与社会》，第 135—137 页；韩东育：《日本近世新法家研究》，第 328 页；王立仁：《韩非的治国方略研究》，中国社会科学出版社 2012 年版，第 42 页。

⑥ 李增：《先秦法家哲学思想》，台北：编译馆 2001 年版，第 178 页；杨阳：《韩非非道德主义政治思想述论》，《政治学研究》2015 年第 2 期；张荣明：《中华国学》，商务印书馆 2014 年版，第 79、82、90 页。

⑦ 蒋重跃：《先秦两汉学术思想蠡测》，北京师范大学出版社 2011 年版，第 204—215 页。

内含暴力强制的理论指向，比如任继愈、冯契等持这一观点。[①] 不过，大多学者都认同韩非子讨论“历史”的目的是论证战国时代变法的合理性。

（四）有关法思想的研究

有关韩非子法思想的争论，主要有如下三个方面：一是有关“法”是“制度”还是“刑法”的争论。章太炎、陈启天、宋洪兵等指出法家的法是一切制度体系的总称，不能等同于刑法；梁治平、江山、崔磊等认为法家之法的核心内容就是刑。二是韩非子“法”与“道”的关系。韩非子主张君主应当“以道为常，以法为本”，“因道全法”，绝大多数学者认为韩非的“法”是“道”的具体化和政治化。学界的主要分歧在于，“道”赋予了“法”什么样的内涵和意义。第一种观点认为，君主使自己居于“道”的位置从而凌驾于群臣之上，君主的法度由于“道”的烘托而获得神圣性和权威性，绝大多数学者持这一观点。第二种观点认为，韩非子的“道”是“自然形成的天理”，是“纯善”的，因此据“道”而生的“法”是“好法”“良法”，王静芝、宋洪兵等持这一观点[②]。三是有关韩非子法治学说的定性问题。百余年来学界以“法治”标示法家理论几近成为惯例，不过鉴于法家法治与现代法治间的复杂关系，学界对于以“法治”来称谓法家学说仍有争议。第一种观点认为，法家是中国古代的“法治”思想，只不过是“君主法治”或“专制法治”，是一种旨在“救世、富强、致治、尊君”的理论学说。[③] 第二种观点认为，不能以“法治”一词标示法家思想，因为法家的集权主张与西方法治遏制政府滥用权力的主张完全相反。[④] 约略而言，持第二种观点的学者更加强调

---

① 任继愈主编：《中国哲学史》第1卷，人民出版社2010年版，第262页。冯契：《中国古代哲学的逻辑发展》，东方出版中心2009年版，第235—236页。

② 王静芝：《韩非思想体系》，第28—32页；宋洪兵：《韩非子道论及其政治构想》，《政法论坛》2018年第5期。

③ 参见李贵连《法治是什么：从贵族法治到民主法治》，广西师范大学出版社2013年版，第32—60页；武树臣：《法家法律文化通论》，商务印书馆2017年版，第373—374页；程燎原：《中国法治政体问题初探》，重庆大学出版社2012年版，第1—17页；王人博：《法的中国性》，广西师范大学出版社2014年版，第92—127页；彭新武：《法家精神：价值与缺失》，《中国人民大学学报》2014年第2期。

④ 郑琼现、占美柏：《法家“法治”说：理论、实践及百年流变》，《学术研究》2004年第6期；张正平：《法家法治论谬误溯源》，《广东社会科学》2015年第4期。

法家思想中的专制因素。

（五）关于术与吏治的研究

关于韩非子之“术”的讨论，学界主要集中在如下两个方面：一是事实层面，学界对“术”的具体内容做了细致划分，总体趋势是划分越来越细密，大致包括治国术、无为术、执要术、用人术、御臣术、参验术（参伍术）、察奸术（伺察术、伺奸决诚术）、听言术（听言问对术）、自神术（不测术）和制驭术等。二是价值判断层面，学界就“术”的核心内容到底是君主对官僚系统的管理方法还是阴谋权术存有分歧。第一种观点认为韩非子“术”的核心是君主课考臣僚的管理方法，比如陈启天、顾立雅、张纯、王晓波、姚蒸民、张觉、谷方、林纬毅、萧汉明、颜世安、时显群、许建良、彭新武等学者持这一观点。第二种观点认为阴谋权术是韩非子“术”的主要方面，郭沫若、熊十力、牟宗三、刘泽华等学者持这一观点。学界往往将君主课考督责官吏的方法视作“褒义”“积极”的术，将阴谋权术视作“贬义”“消极”的术。

（六）有关“虚静无为”思想的争论

韩非子的“虚静”主要体现在《主道》《扬权》《解老》等篇，“无为”则体现于更多篇目。20 世纪前半叶不少学者认为《解老》等篇并非韩非子所作，因此韩非子的“虚静”并未受到学界广泛关注。随着近年出土黄老文献的整理与研究，韩非子“归本于黄老”的问题受到了关注。不少学者指出韩非子的“虚静无为”论有黄老学的背景，不过对韩非子的“虚静无为”与老子、黄老道家的关系，仍然存在分歧。一部分学者认为，韩非子在“虚静无为”上将老子玄妙的理论予以具体化，持这一观点的学者有郭沫若、熊十力、牟宗三、张舜徽、冯契、李泽厚、郑良树等先生。另一部分学者认为，韩非子的“虚静无为”尽管与老子、黄老有相似处，但二者有根本区别。老子和黄老的“虚静”均有精神修养的内涵，韩非子的“虚静”则完全是一种统治术。持这一观点的学者有唐君毅、冯友兰、劳思光、陈丽桂、谷方、施觉怀、乔健、王威威、陈占国、王季香等先生。

（七）有关法术势何者为中心的争论

“法”“术”“势”是韩非子思想最核心的概念，《韩非子》的《定法》《难三》《难势》《外储说右上》等篇阐述了三者对君主统治不可或缺的重要性。长期以来学界对何为韩非子思想的中心存在争论。第一种观点认为韩非子思想以“法”为中心，比如梁启超、杨幼炯、陈烈、王邦雄、王静芝等学者持这一观点；第二种观点认为韩非子思想以“术”为中心，比如熊十力、王元化、饭冢由树等学者持这一观点；第三种观点认为韩非子思想以“势”为中心，比如韦政通、劳思光、高柏园、谷方、林纬毅等学者持这一观点。另外，不少学者虽然未曾明言法术势何者为中心，但是他们认为韩非子的“法”“术”皆以强化君主之“势”为依归，这一观点实际上与肯定“势”为中心的观点相同。比如杨阳认为韩非子思想的核心问题是，君主在建构起“一元化社会控制体制”的基础上，如何保持最高权位的绝对稳固与挫败一切对君权形成威胁的挑战。① 关于法术势三者关系的讨论，往往体现出研究者对韩非子思想的整体认知和价值判断。约略而言，持第一种观点的学者往往注重韩非子思想的积极因素，尤其重视法家学说的“现代价值”；持后两种观点的学者往往强调法家学说专制集权的方面，并且对韩非子思想持批判态度。

（八）关于韩非子是否为“非道德主义”的争论

韩非子在《显学》《外储说右下》《忠孝》等篇指出“不务德而务法”，“君通于不仁，臣通于不忠，则可以王矣”，“上法而不上贤”。早在汉代，《淮南子·泰族训》就明言韩非子“重法而弃义”，《论衡·非韩》亦谓“韩子之术不养德”。近代以来许多学者认为韩非子思想是“非道德主义”，比如章太炎、郭沫若、萧公权、牟宗三、葛瑞汉、朱贻庭、罗国杰、杨阳等持这一观点。另有学者认为，韩非子思想是有“道德”内涵的，比如朱伯崑、陈少峰、夏伟东、周炽成、许建良、张立文、黄裕宜等持这一看法。双方观点看似完全对立，但由于双方对“道德”内涵的界定并不相同，因此学者们实际上从不同侧面揭示了韩非子思想的复杂面向。约略而言，持前一种观点的

① 杨阳：《韩非非道德主义政治思想述论》，《政治学研究》2015 年第 2 期。

学者往往从儒家“道德”的角度来审视韩非子的“非道德主义”。持后一种观点的学者则重视阐发《解老》等篇所显示的韩非子“道”“德”观。“非道德主义”和“道德主义”的争论，也从一个侧面表明研究者不同的价值立场。

（九）有关法家思想与秦速亡关系的争论

自商鞅变法以来，秦以法家思想作为变法图强的理论依据，秦始皇亦曾经因为读到《韩非子》的一些篇章而欣喜若狂，但秦二世而亡，这就促使人们反思法家思想与秦短祚之间的关系。汉代已有不少人将秦速亡与法家思想相联系。近代以来绝大部分学者认为秦之所以最终横扫六国而一统天下，最关键的原因就在于秦践行了法家理论，而秦之速亡也主要是秦偏信法家理论。另一种观点认为，尽管自商鞅变法以来秦以法家思想作为立国的理论基础，但秦始皇的不少行为与法家学说尤其是韩非子思想不完全一致，反之秦始皇的很多“暴政”恰恰是韩非子明确反对的，于是秦之速亡实与法家思想并无太大关系。① 还有学者认为法家与韩非子思想只是秦治国方略的重要组成部分，而非唯一的统治思想。②

第二节 问题的提出与研究方法

历史研究的进展往往受制于两个重要因素，一是新史料的发现，二是新视角和新方法的运用。近年来大量出土文献的整理和研究为先秦史、先秦思想史提供了重要契机，不过这些新史料对韩非子研究并无直接影响（秦简对韩非子研究有间接影响）。通观韩非子研究史，韩非子研究的进展往往与研究者运用新视角和新方法颇有关系。同时，国内外学界对韩非子的研究已涉及韩非子学说的所有方面，不过学界对韩非子治道思想的研究还有不足，该问题仍有进一步讨论的余地，并且对该问题的研究亦有重要的学术价值。因此

① 张纯、王晓波：《韩非思想的历史研究》，第192—196页；韩东育：《日本近世新法家研究》，第349页；宋洪兵：《韩非子政治思想再研究》，第336—337页；时显群：《法家“以法治国”思想研究》，人民出版社2010年版，第244—290页。

② 张分田：《秦始皇传》，人民出版社2003年版，第234—277页；田廷峰：《中华帝制的精神源头——秦思想的发展历程》，人民出版社2011年版，第430—431页。

本书聚焦于韩非子治道思想的研究，并以“控制”理论作为重要的研究视角。

一 选题缘由与研究意义

司马谈《论六家要旨》：“《易大传》：‘天下一致而百虑，同归而殊涂。’夫阴阳、儒、墨、名、法、道德此务为治者也。直所从言之异路有省不省耳。”① 将诸子百家的思想要旨归结到“为治”，这是一个深刻的洞见。与西方哲学缘起于惊讶（wonder），注重对外在于人的自然事物之探索不同，中国哲学则缘起于忧患（worry），聚焦于对人在政治生活和社会生活中的规律的思考。中国古代思想家对“天”“道”“人”“性”“知”的思索，最终均归结到对如何实现“人间世”之“治”上。② 如何实现有效的政治治理和社会治理，始终是中国古代思想家的核心关注点。“重实用”具体而言“重政治”乃是中国思想的重要特点。③ 梁启超在《先秦政治思想史》中认为，中国古人思考问题颇重实际，“无论哪一派的思想家，都以济世安民为职志，差不多一切议论，都归宿到政治”④。张岱年也认为中国传统哲学聚集于天道、人道的研讨，“最终归结于治道，即政治学说”⑤。《尹文子·大道下》：“治道之外，非群生所餐挹，圣人错而不言也。”对春秋战国时代的思想家和理论家而言，在“周文凋敝”“礼废乐坏”的“乱世”，如何实现天下复归于“治”和归于“一”，如何在恢复并维持政治秩序和社会秩序的前提之下，实现“天下有道”的“治世”始终是他们的终极关怀，只不过在追求什么样的治世以及如何实现治世上则颇有差异。

韩非子尽管是韩国公子，但身处战国末叶和诸子之殿的他实际上最关注的也是如何实现“治世”的问题。通观《韩非子》，他始终聚焦于如何实现去乱求治。合乎韩非子治国理想的人、事及其治理方法，往往被冠以“治”；那些有悖其理想的治国原则及其方法，莫不被称为“乱”。《韩非子·奸劫弑臣》：“圣

① （汉）司马迁：《史记·太史公自序》，中华书局2010年版，第7636页。

② 黎红雷：《为万世开太平——中国传统治道研究引论》，《云南大学学报》（社会科学版）2007年第6期。

③ 萧公权：《中国政治思想史》，第876页；刘泽华：《中国政治思想史集》第1卷《先秦政治思想史》“总序”，第11—12页。

④ 梁启超：《先秦政治思想史》，《梁启超全集》第12卷，第3695页。

⑤ 张岱年、程宜山：《中国文化精神》，北京大学出版社2015年版，第151页。

人者，审于是非之实，察于治乱之情也。故其治国也，正明法，陈严刑，将以救群生之乱，去天下之祸，使强不陵弱，众不暴寡，耆老得遂，幼孤得长，边境不侵，群臣相关，父子相保，而无死亡系虏之患，此亦功之至厚者也。”圣人作为理想的执政者，能够明察是非治乱之理，通过严正明法拯救天下苍生于水火之中，从而实现左右和睦、上下有序的理想治世。《韩非子·大体》篇描绘了一个至安之世，在此理想世界里“上无忿怒之毒，下无伏怨之患，上下交顺，以道为舍。故长利积，大功立，名成于前，德垂于后，治之至也”。在韩非子看来，运用法术和施行赏罚是实现治世的关键，“寄治乱于法术，托是非于赏罚”，“治强生于法，弱乱生于阿”。通过公法规范和引导私意和私行（“去私曲就公法”），才有可能实现“民安而国治”，所谓“公义行则治”是也。《韩非子·饰邪》：“治国之道，去害法者，则不惑于智能，不矫于名誉矣”，“释规而任巧，释法而任智，惑乱之道也”。有效的治理之道需要去除损害法度的人和事，既不迷惑于背离法度的智能，亦不受制于各类私名私誉。只有有效驾驭好势位的君主才能够实现国家的长治久安，乱君暗主则不然：“暗乱之道废而聪明之势兴也。故善任势者国安，不知因其势者国危。”① 对官僚系统的有效治理，也是关乎存亡治乱的关键，《韩非子·八说》篇即云“任人以事，存亡治乱之机也，无术以任人，无所任而不败”。此外，韩非子反复强调如何实现“治国”② 以及“治天下”③，诸如“明主之道”“圣人之道”“主道”等均从不同角度表述着韩非子理想中的施政理念和为政方略。韩非子认为“利”“威”“名”是治国之道的三个关键方面，《诡使》篇云：“圣人之所以为治道者三：一曰利，二曰威，三曰名。”《八经》篇又曰：“凡治天下，必因人情。人情者，有好恶，故赏罚可用；赏罚可用，则禁令可立而治道具矣。”趋利避害的“人情”以及基于人情的赏罚“二柄”，是治国之道所以有效的基础。通观《韩非子》，他实际上始终在讨论如何在一个大国范围内如何进行有效治理的问题。在这一意义上，“治道”也是《韩非子》政治思想的核心所在。

---

① 《韩非子·奸劫弑臣》，（清）王先慎：《韩非子集解》，诸子集成本，中华书局 2010 年版，第 75 页。

② 参见《韩非子》之《有度》《奸劫弑臣》《南面》《用人》《外储说右上》《难一》《难三》《诡使》《六反》《八说》《五蠹》《显学》《忠孝》《心度》等。

③ 参见《韩非子》之《外储说左上》《难一》《难势》《问田》《八经》等。

尽管学界对韩非子的研究甚多，不过韩非子的治道思想仍有一些重要问题值得进一步讨论，这些问题有：许多学者既已指出韩非子构建的是绝对君权理论，那么韩非子的“势”与“绝对君权”之间的逻辑关联是怎样的？进言之，韩非子是如何建构出绝对君权理论的？韩非子“势”论的内在逻辑到底是怎样的？韩非尽管明言他是为中主设计治道的，但另一方面又反复强调其理想治道只有圣君明主才能够真正践行，同时极力批判乱君暗主，那么应当如何理解韩非子思想中“中主”“明主”和“暗主”之间的复杂关系呢？韩非子“明主”和“暗主”的内涵又分别是什么呢？韩非子主张君主应当以法治国，从而在全面控制社会的基础上实施高效的集权统治，那么他又是如何在先秦礼法转变的背景下建构其独特的法治论的呢？韩非子与前期法家的法治学说有何区别呢？韩非子主张君主以术御臣，御臣实有两个层面，一是君主对整个官僚系统的控制，二是君主对官僚系统中重臣的控制，这两个层面的控制在原则和方法上并不完全相同，那么这二者又是如何有机统一起来，从而形成一个完备的官僚控制理论的呢？君主的社会控制和官僚控制均得落实到对“人”的控制上，韩非子主要以趋利避害的“人情”来认识“人”，然而这是否意味着韩非子认为人的本质便是好利呢？进言之，韩非子是否有关于“人之为人”的探讨呢？韩非子对“君”与“臣民”的人情是否给予了相同的观照呢？韩非子主张“凡治天下，必因人情”，可是其治道设计真的“因人情”了吗？战国时代列国国君通过变法逐渐完全掌控了国家机器，垄断近乎所有资源，这是当时君王所拥有的最大优势，韩非子治道思想的核心问题也正是如何为中主设计治道使其实现有效的国家治理，那么韩非子治道思想的政治逻辑到底是怎样的？韩非子治道思想的政治逻辑内含着怎样的内在矛盾？这些问题也正是本书力图在学界现有研究基础上进一步讨论的。

韩非子治道思想研究具有重要的学术意义。其一，韩非子治道思想的研究有助于深化韩非子思想研究。韩非子学说每每被视作绝对君主专制理论，但另一方面韩非子又明确提出君主应当遵循相应的政治规则、行为规范和价值系统。这两方面看似矛盾，却有机地融合于韩非子思想系统中。从治道论的视角解读韩非子思想，可以进一步推进对这一问题的讨论。其二，韩非子治道思想的研究有助于进一步解读中国古代“得君行道”思维范式的政治逻辑与内在矛盾。韩非子尽管主张绝对的君主集权统治，但是他亦有一套独特的“明主”理论。韩非子的明主理论恰恰以极端的形式呈现了中国古代得君行道思维的理论困境。其三，韩非子治道思想的研究有助于进一步理解周秦之变。韩非子作为先秦最后一位大思想家，他不仅是先秦法家的集大成者，而且以其独特的方式对先秦思想和文化进行了批判式继承，他始终聚焦于在春秋战国的乱世如何“为治”的时代课题。韩非子治道思想正是他对西周以降如何实现治世的理论回应。其四，韩非子治道思想的研究，对于进一步理解秦以降的君主统治亦是有意义的。韩非子选择以“中主”作为他的讨论对象，这是颇有深意的。这既体现了他对东周乱世如何为治的独特思考，亦体现出他对君权世袭制度下如何在保证政治秩序的前提下能够使君主简便高效地实施统治的理论思索和制度设计。韩非子的中主政治理论，对于进一步理解中国两千余年来“一治一乱”的循环往复状态颇具启发性。自秦至晚清尽管朝代一直在变，但君主权力的运作逻辑却大致未变，更值得深思的是，生而在上的君主往往并非总是明主，但君主集权制度为什么仍然能够长久存续呢？深入解读韩非子治道思想，或许对逐步解答这些问题不无裨益。

二　本书核心概念的界定

下面就本书所使用的核心概念“治道”“治理”“专制”“绝对权力”“控制”“社会控制”“官僚控制”等做一界定。

（一）“治道”“治理”

“治”之本义为水的名称。《说文解字·水部》：“治，水。出东莱曲城阳丘山，南入海。”对国家和社会事务进行管理通常被称为“治”，便是由“治”的本义演化和延伸而来的。[①] 春秋战国时代“治”已具有管理事务之意。比如，《左传·隐公十一年》载君子之言曰：“政以治民，刑以正邪。既无德政，又无威刑，是以及邪。邪而诅之，将何益矣！”《国语·齐语一》：“若必治国家者，则非臣之所能也。若必治国家者，则其管夷吾乎！”《老子·五十七章》：“以正治国，以奇用兵，以无事取天下。”其中“治”具有“理”

① 卜宪群：《中国古代“治理”探义》，《政治学研究》2018 年第 3 期。

之意。[①]《论语·宪问》："钟叔圉治宾客，祝鮀治宗庙，王孙贾治军旅。"《墨子·尚贤中》："贤者之治国也，蚤朝晏退，听狱治政，是以国家治而刑法正。"《孟子·离娄上》："尧舜之道，不以仁政，不能平治天下。"《荀子·王霸》："治国有道，人主有职。"《文子·九守》："治天下者，必达性命之情而后可也。"除管理和疏理之意外，"治"还具有惩处之意，比如《史记·李斯列传》所言"赵高治斯"之"治"便是此意。

"道"在中国古代文化中内涵极为丰富，最初指人们行走的道路，后来逐渐衍生出方法、技术、规律、道理、学说以及道德等含义。春秋战国时代"道"成为中国思想文化的核心范畴之一，是理性的最高抽象，"上升为中华文化的核心和理论原点"，表征着世界的本原或本体，是万事万物运行的总规律、根本法则和必然性，体现事物的内在规定性和本质，是人类社会最合理、最理想的行动规范和根本准则，代表了人类认识的最高水平，因此人们将近乎一切体现真善美的理念均归于"道"。[②] 在诸子文献中，"道"往往具有特定而更加具体的内涵。比如，儒家的"道"以"仁义"为核心；老庄道家的"道"以"自然"为核心；黄老道家的"道"以"天道"为核心，往往具体落实为"名法"；法家尤其是韩非子的"道"体现为规律和法则意义上的"道理"，进一步展现为"法"。由于诸子对"道"从不同角度、不同层面给出了不同的解释，因此他们的"道"论呈现出异彩纷呈的特点，适如《庄子·天下》篇所言，面对"天地之纯，古人之大体"，"天下之人各为其所欲焉以自为方"。也正是基于对"道"的不同理解，诸子在春秋战国之乱世所给出的"为治"之方亦有不同，一如黄老帛书《十大经·五正》篇所言："道同者，其事同；道异者，其事异。""有道""得道""体道""行道""因道""以道"等多出现于诸子文献中，往往表达着思想家各自所期待的政治理想和政治秩序。

"治道"一词首见于《墨子》，在先秦两汉文献中还主要散见于《管子》《庄子》《荀子》《文子》《韩非子》《吕氏春秋》《韩诗外传》《淮南子》《新书》《新语》《论衡》《史记》《汉书》等。战国秦汉以后许多典籍均出现

---

① 蒋锡昌：《老子校诂》，上海：商务印书馆 1937 年版，第 348 页。
② 刘泽华：《中国的王权主义》，第 129—130 页。

“治道”一词，尤其在宋代的各类论著中出现频率最高。从历史的长时段看，“治道”一词主要出现在两种场合，一是诸子百家的论著，二是朝廷君臣之间的书面交流（包括后帝诏书及大臣上书），尤其后一种情形更多。[①] 这里仅就先秦诸子对“治道”的理解稍作分疏，作为本书进一步讨论的基础。

大致而言，作为一个特定概念的“治道”，它主要指的是一种理想的治国之道和为政之道，表达了思想家、理论家和政治家基于其理想的政治秩序而设定的治国理念、为政方略以及具体措施。政治家每每将治道作为治国理念、施政方针和为政方略的总称，思想家则将其作为思考政治社会、探求人生哲理、认识外在世界的逻辑起点。不过，在“治道”的具体内涵上，各家诸子往往有不同的认识。《墨子·兼爱中》篇：“今天下之君子，忠实欲天下之富，而恶其贫；欲天下之治，而恶其乱，当兼相爱、交相利。此圣王之法，天下之治道也，不可不务为也。”此处“治道”指的是墨家理想的治理之道，以兼相爱、交相利为核心内容。《管子》的“治道”以富民为先，进而追求上行下效的政治效率和上下有序的政治秩序：“凡治国之道，必先富民，民富则易治也，民贫则难治也。”“上令而下应，主行而臣从，此治之道也。”[②] 荀子认为，具有仁德的英明之君只有依据合乎“道”的原则去治国理政，方能实现大安大荣的理想境界，其治道以“义立而王”为核心：“用国者，义立而王，信立而霸，权谋立而亡。三者明主之所谨择也，仁人之所务白也。”[③] 针对时人将盗墓猖獗归因于古代多薄葬而当今盛行厚葬，荀子认为这是一种不懂“治道”的俗见（“不及知治道”），人们是否偷盗的关键在于统治者的治国方略是否合乎“道”，如果治理有道，社会风俗甚美，“农贾皆能以货财让”，又何来盗窃之事呢？[④] 尹文子将仁义礼乐名法刑赏八个方面视作“五帝三王治世之术”，认为执政者若能恰当地使用这些治术，便能够实现天下治理（用得其道则天下治），如果超出这八个方面，便属“治道之外”，人们不去讨论亦不会采用。[⑤]韩非子则认为利、威、名三者乃是治道的关键所在：“圣人之所

---

① 方朝晖：《“治道”考义——纪念钱穆先生诞辰 125 周年》，《政治思想史》2020 年第 11 期。
② 黎翔凤撰，梁运华整理：《管子校注》，中华书局 2004 年版，第 924、913 页。
③ 《荀子·王霸》，（清）王先谦：《荀子集解》，诸子集成本，中华书局 2006 年版，第 131 页。
④ 《荀子·正论》，第 224—225 页。
⑤ 《尹文子·大道下》，诸子集成本，中华书局 2006 年版，第 8 页。

以为治道者三：一曰利，二曰威，三曰名。夫利者，所以得民也；威者，所以行令也；名者，上下之所同道也。非此三者，虽有不急矣。今利非无有也，而民不化上；威非不存也，而下不听从；官非无法也，而治不当名。”① 韩非子还指出“因人情”是“治道”的核心内涵：“凡治天下，必因人情。人情者，有好恶，故赏罚可用；赏罚可用，则禁令可立而治道具矣。”②

关于“治道”，牟宗三在《政道与治道》中有过一个颇值得关注的论断。他认为：“政道是相应政权而言，治道是相应治权而言。中国在以前于治道，已进至最高的自觉境界，而政道则始终无办法。”“政道”乃是“关于政权的道理”，中国古代政权的取得方法有二，其始者乃是“德”和“力”，后续者则是世袭权位。“治道”则是“治理天下之道，或处理人间共同事务之道”，“中国以往对于治道之讲论，已达极端微妙之境界”。③ 在牟宗三看来，政道是体现政权之取得的合法性，在中国古代无论是西周春秋的封建贵族政治，还是秦以后的君主专制政治，“皆无政道可言”，只有民主政治才有政道，才实现了政权与治权的相分离，恢复了政权的本性。④ 正是在这一意义上，牟宗三认为儒法道诸家只有“治道”而无“政道”，并将诸家之治道分别总结为“德化的治道”“道化的治道”“物化的治道”。

中国古代是否真的没有关于“政权的道理”的思考，姑且不论（比如儒家的“天下为公”、法家的“立天子以为天下”，其实都是以独特的方式在思考着政权的道理），但牟宗三的一系列论断恰恰凸显了中国古人在思考治国之道时所内含的强烈的“得君行道”倾向。牟宗三指出：“政道是一架子，即维持政权与产生治权之宪法轨道，故是一‘理性之体’，而治道则是一种运用，故是一‘智慧之明’。有政道之治道是治道之客观形态，无政道之治道是治道之主观形态，即圣君贤相之形态。”⑤ 在中国古代君主世袭时代，自然没有现代民主政体下的“宪法轨道”，政治家、思想家和理论家关注最多的是，在君

---

① 《韩非子·诡使》，第314页。

② 《韩非子·八经》，第330页。

③ 牟宗三：《政道与治道》，《牟宗三先生全集》第10册，台北：联经出版事业股份有限公司2003年版，第1—2、30页。

④ 牟宗三：《政道与治道》，《牟宗三先生全集》第10册，第23—24页。

⑤ 牟宗三：《政道与治道》，《牟宗三先生全集》第10册，第26—27页。

权世袭的前提下，如何实现有效的国家和社会治理，于是，“圣君贤相”便成为人们期待的理想治世模式，在诸多“圣君贤相”的治理模式中，权力的运用和行使体现出鲜明的“自上而下”的特点。

正因如此，中国古代的“治道”往往具体落实为“君道”。徐复观指出：“中国圣贤，一追溯到政治的根本问题，便首先不能不把‘权原’的人君加以合理的安顿；而中国过去所谈的治道，归根到底便是君道。”① 正是由于治道最终归结为君道，因此推诚、改过和纳谏便成为最大的君德，而思想家们的许多论辞也正是从格君之非进而提升君德的角度来思考治理之道的。“中国的君道，常以人君能听话（纳谏）为开端。”② 这是中国古代政治思想“得君行道”思维范式之表征。

本书使用的“治道”概念与“君道”尽管多有重合处，但其指涉范围要比“君道”大，侧重点亦有不同。约略而言，本书所用的治道既关注政权成立的道理，亦包括治权运作的逻辑，它是一个更加整全和宏大的概念；君道则表达了思想家对最高统治者的理想人格、政治涵养、行为准则以及治世理想的期待与诉求，更加关注君主如何运作权力以及在使用权力过程中所应遵行的政治规范和应当具备的个人素质。

“治道”还与“治理”紧密相关。在现代政治学语境中，“治理”是与“统治”相对立的一个概念，是指多方主体共同参与国家和社会事务的管理。不过，在中国传统文化中“治理”则有其特定含义。“理”本义为攻玉之法。《说文解字·玉部》：“理，治玉也。”“理”在先秦时代除了表达正土疆界和理官之职两层意思外，还指依照事物的内在规律行事。③《易·系辞上》：“俯以察于地理。”孔颖达疏：“地有山川原隰，各有条理，故称理也。”《韩非子·解老》：“理者，成物之文也；道者，万物之所以成也。”《韩非子·制分》：“故治乱之理，宜务分刑赏为急。”《战国策·齐策四》：“事有必至，理有固然。”这些“理”均含有事物内在规律之意，于是政治层面的“治理”便是指依照国家事务和社会发展的内在规律来进行管理。《荀子·君道》：“明

① 徐复观：《学术与政治之间》，九州出版社 2013 年版，第 87—88 页。
② 徐复观：《学术与政治之间》，第 88、103 页
③ 卜宪群：《中国古代“治理”探义》，《政治学研究》2018 年第 3 期。

分职，序事业，材技官能，莫不治理，则公道达而私门塞矣，公义明而私事息矣。”《韩非子·制分》：“夫至治之国，善以止奸为务。是何也？其法通乎人情，关乎治理也。”这两处“治理”，均指治国理政应当按照某种规律、法则以行事，不过荀子关注的是君臣分职、官僚任事、抑私扬公等层面的规律，韩非子则聚焦于趋利避害之人情的规律。如同只有依照客观规律办事、顺应社会、合乎民心者才是治理一样，并不是任何形式的国家统治都等同于国家治理，只有合乎理想之“治道”的国家治理，才是值得追求的。对此，先秦诸子可谓殊途而同归，只不过各自“治道”的具体内涵则有其特定指向。

（二）“专制”“权力”“绝对权力”

“专制”一词尽管在中国古代已被用来指涉甚至批判君主[①]，不过它作为一个政治学概念尤其是作为一个政体类型的概念被大量使用，则是近代以来的事情。有很多英文词被翻译成专制，其中 Despotism，源于希腊文 Despotes，原指家长或奴隶的主人。《布莱克维尔政治思想百科全书》指出：“自 18 世纪末期，专制（Despotism）一词就与西方语言中的暴君混同了。作为意指拥有无限权力的政府的术语，……两千年来，专制和暴君是个人对全体国民实行统治的政体形式的特征。”[②] Absolutism 是另一个与专制密切相关的词，《布莱克维尔政治思想百科全书》指出：“它可以宽泛地用来指在没有代议机构或宪法制约的情况下行使权力的各种政体。”[③] 该书中译者将其译为“绝对专制主义”。安德鲁·海伍德《政治学核心概念》则指出：“绝对主义（Absolutism）是绝对政府的理论或实践。说政府是‘绝对的’（absolute），就是说它拥有不受限制的权力：政府不受政府本身之外的实体的约束。绝对政府最显著的表现形式是绝对君主制。”[④] Dictatorship 和 Autarchy 两词亦被译作专制。Tyranny 意为暴政，但也有学者将其译作专制。Autocracy 通常译为独裁，有时亦被译

---

① 李若晖：《久旷大仪》，商务印书馆 2018 年版，第 270—294 页。

② ［英］戴维·米勒编：《布莱克维尔政治思想百科全书》，邓正来等译，中国政法大学出版社 2010 年版，第 136 页。

③ ［英］戴维·米勒编：《布莱克维尔政治思想百科全书》，邓正来等译，第 1 页。

④ ［英］安德鲁·海伍德：《政治学核心概念》，吴勇译，中国人民大学出版社 2013 年版，第 102 页。

作专制。Authortarianism 在台湾学界被译作威权主义，亦属专制的一种类型。另外 Totalitarianism 指 20 世纪纳粹极权主义，亦有译作专制的。这些词反映了西方思想家对各类“专制”的理论反思。1905 年梁启超曾经对“专制”做出过一个解释，他认为：“专制者，一国中有制者，有被制者，制者全立于被制者之外，而专断以规定国家机关之行动者也。”“国家之各类，大别凡二：一曰非专制的国家，二曰专制的国家。”并明确将当时的中国视作“君主的专制国家”，只不过是“不完全的专制”。① 约略同时严复亦对专制概念有所论述，之后很多学者往往以君主专制来指称中国古代尤其是秦以降的君主制度。

近年来学界围绕“中国古代是否专制”的问题又有不少讨论，不过萧公权于 1945 年所做的精辟论断，至今仍然值得重视。针对钱穆有关中国古代社会并非专制的观点，萧公权认为中国专制政体最大的特点是“君主的独尊”，即“集天下之大权于一点”。他以李斯呈于秦二世的“督责书”里“独制于天下而无所制”一语来标示这一“专制政体的精神”。在萧公权看来，纵然中国专制君主受到了诸如宗教、法律和制度等方面的限制，但这些限制“不足以动摇专制政体的根本”。君主昏暗无度致使大权旁落，这只是专制政体之“衰病的变态”，并不意味着专制政体的“根本变质”；同样，能够稍稍体恤民生和依照法度来治国理政的明君在位，这也只能被视作一种“健康君主专制”。总之，“君主一身系天下之安危，这是君主专制政体必然的事实”。② 阎步克则从政体类型学的视角来解读“专制”，他指出作为政体类型之一的专制是从权力集中化程度的角度来表述一种政治制度的，它本身并不呈现出直接的道德评判倾向。“专制君主”并不完全等同于肆意妄为的“暴君”，同样，“君主专制”也不意味着君主可以胡作非为，只是说“政令之权，全出于一国之君”。③

本书正是在政体类型的层面使用“专制”一词的，具体就君主专制而言，其表现如下：其一，“打天下”和“家天下”是专制权力的根本来源，君主

---

① 梁启超：《开明专制论》，《梁启超全集》第 5 卷，第 1453 页。

② 萧公权：《宪政与民主》，清华大学出版社 2005 年版，第 71—79 页。

③ 阎步克：《政体类型学视角中的“中国专制主义”问题》，《北京大学学报》2012 年第 6 期；《中国传统政体问题续谈》，《北京大学学报》2017 年第 2 期。

将“天下”视作“莫大之产业”（尽管每每美之以“公”），同时往往以君权神授、天命所归等做政权正当性说明。其二，君主独揽一切支配权，将立法、司法、行政、军事等一切大权统统集中于一人之手。同时，在韩非子所处的战国晚期，中央对地方的控制进一步加强，逐渐形成中央集权。于是，专制主义中央集权逐渐形成，成为有别于西周春秋宗法贵族政治的一种新型政体形式。其三，国家的一切法令制度在本质上均是君主意志的体现，体现了统治集团的整体利益。尽管某些君主的个人意志及行为，在某时某刻与国家法度相违背，但无法从根本上改变专制政体下国法体现君主意志的总趋向。其四，全体臣民的生死祸福最终完全决定于君主，他们尽管偶尔可以免于君主控制，但最终无法完全逃脱，他们所得之功名利禄均是以“利君”以及“为君所用”为前提和旨归的。其五，君主通过各种思想控制，试图使臣民丧失一切反抗之心，从而只得绝对服从，体现出“权力宰制理性”① 的特点。其六，政治和社会体现出权力至上的特点，表现为权力支配社会，国家凌驾于社会之上，权力之大小与个人所享政治、经济、社会等资源的多寡成正比②。其七，君主专制并不意味着君主可以恣心所欲，这是因为君主亦受到祖宗之制、礼仪法度、官僚系统以及民心向背等因素的直接或潜在制约，但这些因素最终无法阻止君主一意孤行。进言之，君主之“圣明”只是自律所致，乃是君主出于对“实施暴政将导致失天下”这一统治底线的深深警觉，以及维护更加稳固和恒久统治的长远考虑，而不是受到了实质性的制度约束。正因如此，君主“圣明”与否，均无法改变专制权力全面控制臣民的本质。

“权力”是本书使用的一个核心词。尽管权力一词无法做出完全一致的界定，但大多数论者承认“‘权力’在最低限度上讲是指一个行为者或机构影响其他行为者或机构的态度和行为的能力”③。英语中的“权力”是 power，该词来源于法语 pouvoir，而 pouvoir 又源于拉丁文 potestas 或 potentia。Potestas 和 potentia 均有“能力”之意，具体而言就是某人影响他人的能力。近代以来不少思想家对权力的概念以新方法进行阐释，比如霍布斯以“新科学”的机械

① 参阅葛荃《权力宰制理性——士人、传统政治文化与中国社会》，南开大学出版社 2003 年版。

② 刘泽华：《中国的王权主义》，第 2 页。

③ ［英］戴维·米勒编：《布莱克维尔政治思想百科全书》，邓正来等译，第 447 页。

主义将权力解释为一种因果关系，即主动出击的行动者和被动承受者之间的因果关系。① 马克斯·韦伯则将权力解释为“在一种社会关系内部某个行动者处在一个能够不顾他人的反对去贯彻自身意志的地位上的概率，不管这种概率的基础是什么”②。行为主义政治学者认为，权力的行使过程体现为这样一种关系，即行使权力者公然试图使另一行为者违背自己的意图，按照权力行使者的意图去做事。如果权力行使者成功了，那么就意味着该权力行使者拥有权力。另有论者注意到权力不仅具有公开的和可以看得见的形式，而且亦有隐蔽的一面。还有论者认为：“权力是非人格化的社会‘结构’的产物，而不是单个行为者及其目的或欲望的产物。”③ 安德鲁·海伍德指出，权力至少包括三种表现形式，一是决策的能力，二是不决策的能力，三是思想控制的能力。④ 总之，尽管对权力有颇多不同角度的解释，但人们均认同权力是支配者对被支配者的一种控制力。

本书是在如下意义上使用“权力”的，权力是君主按照自己的意志，更准确地说是按照统治集团的意志去支配和控制所有臣民的力量，它是以君主权位为基础而形成的对臣民的控制力，它使臣民按照君主意志扮演相应的社会角色并履行相应义务。这种权力不以臣民是否愿意接受为转移，因而具有自上而下的强制性。君主行使权力的手段最终归结为，在全然控制一切社会资源的前提下，对服从支配的臣民给予奖赏，对不服从者则给予惩罚。值得注意的是，韩非子的“势”与“权力”的内涵最为接近，但“势”并不等同于“权力”，而是一种包含权力在内的强大威势，具有摄人心魄进而使臣民不得不服从的巨大效力。

“绝对权力”是另一个需要界定的核心概念。按，“绝对”有“完全”“永恒的、无限的、无条件的”等意⑤，于是“绝对权力”似乎可以理解为“完全的、永恒的、无限的、无条件的权力”。不过，问题并非如此简单，因为迄今为止毫不受限的最高权力几乎不存在，历史上任何专制君王其实都或

---

① ［英］戴维·米勒编：《布莱克维尔政治思想百科全书》，邓正来等译，第447页。
② ［德］马克斯·韦伯：《经济与社会》，阎克文译，上海人民出版社2010年版，第147页。
③ ［英］戴维·米勒编：《布莱克维尔政治思想百科全书》，邓正来等译，第447—449页。
④ ［英］安德鲁·海伍德：《政治学核心概念》，吴勇译，第21—22页。
⑤ 夏征农、陈至立主编：《辞海》，上海辞书出版社2010年版，第1189页。

多或少地受到不同形式和不同程度的约束。[①]

笔者主要在如下意义上使用绝对权力：其一，君主以“家天下”的姿态居于国家最高权力的中心，既垄断全社会的近乎一切资源，又是其他一切政治权力的最终来源，这从根本上为君主独断一切和恣心所欲提供了制度上的可能性。其二，从权力的横向结构看，一切统治机构只不过是君主的辅助、执行和服务机构，它们对君主而言仅仅具有工具层面的意义，它们的权责范围、职权大小和设置与否最终完全取决于君主，它们以全方位地控制臣民和服从君主作为行事依据，以服务更加长久和更为高效的君主统治为最高原则。尽管依托这些机构形成的庞大官僚系统具有相对独立的运行规则，甚至在不少时候对君主的胡乱作为具有强烈的反弹之力，从而形成对君权的抗衡之势，但是君主往往可以通过变换控制官僚系统的最高首脑——宰相来达到对整个官僚系统的控制。其三，从权力的纵向结构看，举国上下的一切大权无不集中于君主之手，形成了高度集权的政治体制。具体言之，君主通过中央官制、地方官制、郡县制、编户齐民制等一系列的制度设计，即使君主意志（在理论上）可以从中央直接到达治下的任何地方，又使基层的人事无不处于君主的掌控范围内。其四，在权力运作中，君主往往会尽可能地集思广益，倾听各个辅佐机构给出的意见，但最终决定权和裁度权完全在君主那里。其五，庞大的官僚系统尽管只是贯彻君主意志的工具，但官僚往往背离君主以权谋私，尤其是其中的权贵重臣每每觊觎着君主权位，于是君主往往将整饬吏治视作统治的头等要事，而肃清官吏贪腐又以维护君主集权统治为最终目的。其六，在行使权力的过程中，君主尽管会顾及祖制和民心的影响，遇到官僚系统有形无形的阻挠，受到礼义法度的程序性约束，但这一切制约因素能够对君主的行为产生实质性的影响，则完全以君主愿意遵守规范和接受约束为前提。质言之，这些制约因素从根本上无法制衡君主权力，因为这些制约因素原本就是为了尽可能地弥补专制君主的精力不足和能力有限的缺陷，只是为了在更高的层次上维护君主统治。于是，即便君主真的接受了这些约束，它实际

① 参见谢维扬《中国早期国家》，浙江人民出版社 1995 年版，第 216 页；［英］佩里·安德森：《绝对主义的国家系谱》，刘北成、龚晓庄译，上海人民出版社 2000 年版，第 40 页；［英］塞缪尔·E. 芬纳：《统治史》第 1 卷《古代的王权和帝国》，王震、马百亮译，华东师范大学出版社 2014 年版，第 72 页；马克垚：《古代专制制度考察》，北京大学出版社 2017 年版，第 216—226 页。

上恰恰意味着君主以牺牲眼前利益的方式换取了作为君主统治集团的整体利益和长远利益。其七，“家天下”的专制王朝的总体趋势是暗主在位——任何所谓的圣君明主或平庸之君随时随地都可能做出乱君暗主的行为，在君主专制时代同一位君主往往集“明君”“中主”和“暗主”的特性于一身，而承认乱君暗主在位的合理性，恰恰就是对君主享有绝对权力最为彻底的认同。

（三）“控制”“社会控制”“官僚控制”

关于“控制”，《辞源》解释为“驾御，限制使在一定范围内”①。可见，控制是表示双方关系的动词，是指控制方对被控制方的控驭，使被控制方处于控制方的意志范围内。“控制”以及与之相类似的“支配”，均是社会学概念，马克斯·韦伯对此给出了最为经典的解释。他认为“支配”是指“某项包含了特定明确内容的命令将会得到某个特定群体服从的概率”②，体现为一方对另一方的操控。与支配密切相联系的两个概念是权力和服从。“权力”已如上述，“服从”则意味着服从者出于自身利益的考虑将所接受的命令作为行动依据③。权力具有一种自上而下的强制性，服从则呈现出不得已的被压制性和被管控性。据此，本书将“控制”的概念界定为，君主运用其权力以各种方式将臣僚和民众完全纳入合乎自己意志的范围和轨道内的政治行为。

“社会控制”是本书所使用的另一个概念，它原本亦是一个社会学概念。这一概念萌生于斯宾塞、涂尔干等社会学家，最早由美国社会学家爱德华·罗斯正式提出，后来由美国法学家罗斯科·庞德引入法学领域。斯宾塞认为伴随社会的复杂化进程，社会亦如生物系统一样需要一种“管理系统”，以调适社会内部各个部分的有序运行。涂尔干认为作为一种社会现象，社会控制是“存在于人们身体以外的行为方式、思维方式和感觉方式，同时通过一种强制力，施以每个人”④。罗斯于 1901 年出版《社会控制》一书，对社会控制理论进行了系统阐释。他认为社会控制是必要的，反之如若解除所有的社

① 《辞源》，商务印书馆 1998 年修订版，第 1265 页。

② ［德］马克斯·韦伯：《经济与社会》，阎克文译，第 147 页。

③ ［德］马克斯·韦伯：《经济与社会》，阎克文译，第 321 页。

④ ［法］迪尔凯姆：《社会学研究方法论》，胡伟译，华夏出版社 1988 年版，第 5 页。注：“迪尔凯姆”现译为“涂尔干”。

会控制，那么社会必然会陷入“非常惨重、明显的普遍灾难”[①]。在罗斯看来，社会控制是由特定主体所实施的，具有强烈目的导向性的控制过程，其手段主要有社会舆论、法律、信仰、社会暗示（包括教育和习惯）、宗教、个人理想、礼仪、艺术、启蒙、社会价值观等。20 世纪中期西方学者开始将社会控制理论用于法学研究领域，庞德《通过法律的社会控制》便是这一领域的代表作。庞德认为，道德、宗教和法律曾经是维护文明社会，并阻止一切违反社会规范行为的社会控制手段，近代以来法律则成为主要的社会控制手段。[②] 以社会控制为目的的法律就是“通过有系统地、有秩序地使用政治组织社会的强力来调整关系和安排行为的制度”[③]。庞德将利益划分为个人、公共和社会三个层面，他认为基于法律的社会控制就是为了在合理范围内保障社会群体的利益。[④] 社会控制包括积极控制和消极控制，前者以奖赏为核心，后者以惩罚为核心。社会控制又可区分为硬控制和软控制，前者主要指依靠制度、法律、军队等国家机器的力量，促使社会成员遵行相应的社会规范；后者主要指依靠社会的习俗、舆论、信仰、社会暗示、理想、礼仪以至社会评价等，使社会成员将社会规范内化于心，由此主动地去遵行社会规范。[⑤] 当然对控制的这种划分，其界限是相对的，被划分开来的控制形式往往相互渗透和转化。据此，我们可以勾勒出“社会控制”这一概念的大致形态：社会控制是指由特定主体具体实施的，以明确行为规范、消解各类争端、分配利益和建构秩序等为目标，运用各类手段主动干涉和管控社会成员的行为，使他们的行为符合既定社会规范的要求，从而维持社会整体运行的平衡状态。

本书在如下意义上使用社会控制概念：在一个君主集权的专制社会里，社会地位、权利和义务主要表现为统治阶级（“治人者”）和被统治阶级（“治于人者”）各自的阶级地位、权利和义务，通过一种具有全社会规范性质的行为规范和政治制度，在压制乃至消除各个阶级和阶层大规模对抗性冲

---

① ［美］爱德华·罗斯：《社会控制》，秦志勇、毛永政译，华夏出版社 1989 年版，第 44 页。

② ［美］罗斯科·庞德：《通过法律的社会控制》，沈宗灵译，楼邦彦校，商务印书馆 2017 年版，第 11—12 页。

③ ［美］罗斯科·庞德：《通过法律的社会控制》，沈宗灵译，楼邦彦校，第 24 页。

④ ［美］罗斯科·庞德：《通过法律的社会控制》，沈宗灵译，楼邦彦校，第 39 页。

⑤ 夏征农、陈至立主编，王邦佐、邓伟志编：《大辞海》（政治学·社会学卷），上海辞书出版社 2010 年版，第 389 页

突的基础上，使全社会保持在合乎统治阶级整体利益需求的秩序范围内。

“官僚控制”是另一种形式的控制，它是指最高统治者对官僚系统的管理和调控，表现为：最高统治者向官僚系统发布命令，官僚系统在收到命令后贯彻和执行命令，最终由最高统治者对官僚系统贯彻和执行的实际情况做出检验和课考。然而，问题远比这复杂。其一，官僚系统本身是一个庞大的组织系统，其内部亦有上下隶属关系，于是在自上而下的层层贯彻执行过程中，能否保证最初的命令未被歪曲，其关键就在于下级对上级的信息反馈以及上级对下级的及时沟通。[①] 其二，官僚系统作为一个执行和管理机构，它收到的最初命令往往是宏观的，具体的实施细则需要由负责具体实施的下级官僚系统来处理，于是命令被层层贯彻执行的过程中往往会走样，造成“权威的流失”，并且如果官僚系统的层级越多，这种权威的流失就越大，呈现出累积效应。[②] 为了加强对官僚系统的有效控制，最高统治者往往需要做到如下四方面，一是颁布详细的明文规章制度，二是制定防止命令被歪曲的制度规范，三是制定客观的绩效衡量标准，四是事先与下属一起直接对建议进行检验，以确保不会遇到强烈反对。[③] 此外，还需要通过尽可能地掌控下属信息、随机检查、设置制衡和监控机构、使用参谋人员甚至通过任人唯亲等加强对官僚系统的控制。[④]

本书在如下意义上使用官僚控制：对于整个官僚系统而言，君主主要通过明确公开的法度规定臣僚的选拔、任用以及日常行为，通过检察和课考臣僚完成职事的具体情况做出相应赏罚，从而规范和引导臣僚，使其完全处于法度范围内，这是君主对官僚系统的整体控制；对于官僚系统中的重臣，因其距离君主最近，且对君主权位构成最为直接的威胁，君主便可以无所不用其极地运用一切手段防范、伺察和惩治，从而达到重点控制的目的。

三 研究思路与方法

本研究是历史研究，最主要的方法是实证研究。具体如下：

---

① 另参阅［美］戈登·塔洛克《官僚体制的政治》，柏克、郑景胜译，商务印书馆 2012 年版，第 245—255 页。

② ［美］安东尼·唐斯：《官僚制内幕》，郭小陪译，中国人民大学出版社 2017 年版，第 109 页。

③ ［美］安东尼·唐斯：《官僚制内幕》，郭小陪译，第 117 页。

④ ［美］安东尼·唐斯：《官僚制内幕》，郭小陪译，第 117—127 页。

其一，从史料出发厘清古人的“思想原貌”，以尽可能接近历史事实。本文以《韩非子》以及相关先秦史料和其他诸子文献为基础，探讨韩非子治道学说的历史成因、具体内涵、政治逻辑和内在矛盾。《韩非子》是韩非子治道研究的最主要资料，使用其他史料和理论方法均是为了更加清楚地还原和解释韩非子思想。

其二，在历史语境中考察韩非子学说。许多学者指出考察思想家的历史背景尤其是当时的社会结构和社会变迁，对于相应的思想史研究而言具有重要意义。本书将韩非子置于战国末期和秦以降两千余年君主统治相衔接的历史关节点上来考察，试图指出韩非子治道学说具有“承上启下”的意义。“承上”意味着韩非子对三代以来尤其是春秋战国历史文化的批判式继承，“启下”则意味着韩非子对秦以降君主统治的深远影响。笔者首先入于史，以时人的思维与韩非子进行“对话”，其次出于史，从历史中建构出韩非子治道学说的理论体系，从而做到历史与逻辑的统一，思想与社会的统一。

其三，注重在诸子比较的基础上研究韩非子学说。先秦诸子尽管在具体的思想主张和治道设计上颇有不同，但他们多以“务为治”为共同目标，并且往往体现出“得君行道”的思想倾向，因此本书始终在诸子比较的视野中展开论述，以廓清韩非子治道学说的思想底色及其理论创新之处。

其四，运用多学科的理论知识和方法，从多维视角考察韩非子治道学说。思想史是一门极具包容性的综合性学科，思想史研究因而不能局限于历史学的方法，而要超越学科划界的局限。陈启天指出：“如果我们忽略韩非学说的政治意味，便不能充分了解韩非子。如果我们忽略韩非学说的历史使命，便不能正确了解韩非子。”因此研究韩非子思想必须抱有两种态度：“第一要用政治的眼光，去求他的学说之政治意味；第二要用历史的眼光，去求他的学说之历史使命。”① 此论甚是。陈启天正是从政治和历史两种眼光对韩非子思想提出了许多颇有创见的认识。不过本书不局限于运用政治学的理论知识和方法，还运用了社会学、哲学、法理学等学科的理论知识和解释方法，同时吸收了哲学史、社会史、经济史、文化史等领域的研究成果。

思想史研究不可避免地会遇到如何处理“客观研究”和“价值判断”的

① 陈启天：《增订韩非子校释》，第941页。

问题，这里稍作分疏以阐明本书立场。韦伯所言“价值中立”并不是说研究者要拒绝一切的价值判断，而是强调要避免将强烈的政治功利心态带入严谨的学术研究中。① 人们大概已经注意到了，迄今为止的思想史研究均或多或少存在某些“偏见”，因为每个研究者的历史观都被染上了他个人生活经验的色彩，所谓“绝对”客观和公允的史学研究几乎不存在，因为“人”本身就是一个复杂的感情动物，更何况人所处的时空环境无时无刻不在影响着他做出各种判断，哪怕他尽力保持一种客观态度。② 现代诠释学的相关研究表明，研究者莫不是在“视域融合”中“诠释”古代文本的。③ 也正是在跨越时空的古今对话中，古代经典文本总是被现代研究者以某种独特的视角、方法和理论重新激活，从而焕发出新的文化生命力。也正是在不断的诠释和被诠释之中，学术研究得以传承，学术生命得以延续，学术创新点得以不断闪现。刘家和指出：“研究历史就仿佛在与历史人物——往往是第一流人物——进行对话。”④ 思想史的研究便是今人与古圣先贤所进行的跨越时空的高端对话。韩非子思想研究，其实也就是研究者与韩非子这位大思想家进行的“对话”。既然是“对话”，就无法避免会对古人思想有一定的价值判断，研究者不大可能“不知魏晋”般地进行纯粹的客观研究。刘泽华指出：“研究思想史，如果缺乏古今贯通的视野，肯定就缺少了思想。由于研究者本人是有思想的，因此不可避免地要把自己的思想带入认识过程，这是不可避免的事实，想摆脱也不可能。”⑤ 葛荃指出：“研究者对于历史上的政治认识成果和思想产品进行梳理、分析、评价和判断，是其所以进行研究的主要目的，如果缺少这一环节，所谓研究就会成为单纯的思想描述。”⑥ 张星久指出，批判性极弱甚至几近于无的思想史研究，大概是对古代思想平铺直叙般的“说明”，甚至只是简

① ［德］克斯勒：《马克斯·韦伯的生平、著述及影响》，郭锋译，法律出版社2000年版，第222—238页。

② ［英］厄本编：《汤因比论汤因比》，王少如、沈晓红译，上海三联书店1989年版，第19—20页。

③ 洪汉鼎：《实践哲学·修辞学·想象力——当代哲学诠释学研究》，中国人民大学2013年版，第42—106页。

④ 蒋重跃：《结构·张力·历史——刘家和先生学术思想述要》，《高校理论战线》2007年第1期。

⑤ 刘泽华：《八十自述：走在思考的路上》，生活·读书·新知三联书店2017年版，第269页。

⑥ 葛荃：《近百年来中国政治思想史研究综论》，《文史哲》2006年第5期。

单的“复读”。[①] 尽管思想史研究需要价值判断，但是这种价值判断应当是以基于原典史料的客观研究作为基本前提的。总之，思想史研究是历史研究者以其独到的眼光与智慧，对以往人类思想进行考实的、价值的、是非的把握、分析、检讨、反思以及再反思的过程。只有研究者给予相当程度的反思，才能够彰显思想史研究的真正意义。笔者不揣谫陋，心向往之。

① 张星久：《中国政治思想史（古代部分）》，复旦大学出版社 2017 年版，第 11 页。

第一章　韩非子其人其书及韩非子思想的背景

本章将对韩非子的生平、《韩非子》一书的版本流传和真伪考辨以及韩非子治道学说的历史背景和思想背景做一梳理，作为进一步讨论的基础。

第一节　韩非子其人其书

一　韩非子的生平

关于韩非子的生平，记载最为详尽的是《史记·老子韩非列传》中有关韩非子的部分，其他史料如《史记》之《韩世家》《秦始皇本纪》《六国年表》，《战国策·秦策五》以及《韩非子》之《初见秦》《存韩》《难言》《问田》等也有助于人们进一步了解韩非子的个人生平。[①] 不过，目前的资料仍然无法为人们呈现一个详细的韩非子生平事迹。

《史记·老子韩非列传》载："韩非者，韩之诸公子也。"[②] 战国时代诸侯之子除太子外一般均可称为公子，可见韩非子是韩王之子。据《史记·韩世家》载，韩非子的祖先可追溯至春秋时的韩武子，韩武子本为姬姓，是晋国宗室的支系，受封于韩原。晋景公（前599—前581）时韩武子的后代中出了著名的韩厥，自此开始以封地为氏。韩厥在晋齐鞌之战中功勋卓著，升为晋卿，卒谥"献"，号称韩献子。献子之子宣子迁居州邑（今河南温县），宣子之子贞子迁居平阳（今河南临汾）。韩虔于周威烈王二十三年（前403）受封

① 有学者指出，《史记》对韩非子生平的描述很有可能是司马迁根据《韩非子》一书描述出来的，因此除了《韩非子》文本外，不能过于相信《韩非子》之外的信息。参见［日］橋本敬司《韓非子の言語戰略》，《廣島大學大學院文學研究科論集》卷62之2特別號。

② 《史记·老子韩非列传》，第4447页。

为诸侯，称为韩景侯。韩景侯之孙韩哀侯于东周烈王元年（前375）迁国都于郑（今河南新郑），战国中后期韩国历史皆以郑为中心。[①] 韩非子之父是谁，史有阙文。近人陈千钧《韩非新传》推测，韩非子可能是韩釐王或韩桓惠王之子。杨义则认为，韩非是韩釐王（前295—前273）之子、桓惠王（前272—前239）之弟、韩王安（前238—前230）之叔。[②] 尽管迄今为止人们无法确证韩非子到底是谁之子，但有一点则是无疑的，即韩非子生长于韩国宗室之家，不过他又与韩国的最高权力之间存在一定距离。正因如此，韩非子既非常熟悉宫廷斗争和权力角逐的复杂性和微妙性，对治国之道有自己独到的见解，又对他的治国理论不被韩王以及列国之君采纳颇感孤独和悲愤。

韩非子于前233年死于秦国狱中，这一点学界并无疑义。关于韩非子的生年，史籍亦无明确记载，学界有多种说法。陈千钧从堂溪公的生平推测，韩非子生于韩釐王元年（前295）。《韩非子》之《外储说右上》和《问田》篇载，堂溪公曾经与韩昭侯论术，又与韩非子谈论法术。韩昭侯于前362年至前333年在位，那么堂溪公与昭侯论术时应当已成年。假设堂溪公是一位年寿超长者，即活到90岁，他的卒年也不能晚于韩釐王时期，即前295年至前273年，同样他与韩非子讨论治国之道也不应晚于此时。此时与堂溪公谈论法术的韩非子亦应有20余岁。因此陈千钧推测韩非子生年不晚于韩釐王初年，进而将韩非子生年推测为公元前295年。[③] 钱穆认为韩非子生于韩釐王十五年（前281）前后，其主要预设是，均曾受学于荀子的韩非子和李斯二人年龄相当，李斯入秦时30多岁，又15年后韩非子入秦，不久韩非子被害。是年即前233年，韩非年龄在四十五十之间，由此上推，即为前280年。[④] 陈奇猷认为韩非子生于韩襄王末年，他推测“韩非卒年当不小于六十五岁”，并且推测李斯与韩非子同学于荀子时既已见到韩非子之书，故而在秦王嬴政问《孤愤》等篇系何人所做时，李斯便能迅速对答。[⑤] 杨义认为韩非子是韩釐王

① 《史记·韩世家》，第3594—3634页。
② 杨义：《韩非子还原》，第89—98页。
③ 陈千钧：《韩非新传》，《学术世界》1935年第1卷第2期。
④ 钱穆：《先秦诸子系年》，商务印书馆2001年版，第551—552、644页。
⑤ 陈奇猷：《韩非子新校注》，第1212—1213页。

之子，“桓惠王即位时，韩非已二十五岁”①，这一观点与陈千钧的说法相近。不过上述推测均有不甚周延处，比如“堂溪公”是否就指同一人？同时，在《问田》篇堂溪公为何要向韩非子自称为“臣”呢？李斯与韩非子尽管同学于荀子，但这是否意味着二人年龄相当（孔子的弟子中就有年龄相差甚大者）？与李斯共同受教于荀子时，韩非子是否已经写出《韩非子》一书或者其中的篇目？在没有更多佐证材料的情况下，笔者大致认同陈千钧的说法，即韩非子出生于前295年前后。

《史记·老子韩非列传》载：“韩非……与李斯俱事荀卿。”②《李斯列传》载：“李斯……从荀卿学帝王之术。学已成，度楚王不足事……辞于荀卿……至秦，会庄襄王卒。”③ 按，秦庄襄王卒于前247年。由此可知，韩非子在楚求学于荀子在前247年以前。汪中《荀卿子年表》云：“楚考烈王八年……以荀卿为兰陵令……后八年，春申君徙封于吴，而荀卿为令如故。又十二年，考烈王卒，李园杀春申君……本传云：春申君死而荀卿废，因家兰陵，列著数万言而卒。”④ 按楚考烈王八年为前255年，荀子任兰陵令当在此年。据此，韩非子求学荀子的时间当在前255年至前247年之间。韩非子向荀子所学的内容至少有帝王之术、进谏之术以及儒家“仁”“义”“礼”等方面的学说。《史记·李斯列传》谓李斯“从荀卿学帝王之术”，足见“帝王之术”是荀子思想系统中的重要组成部分。韩非子的理想就是以法术势为核心的一系列手段助成“帝王之功”，实现“帝王之政”，并明确将法术视作“帝王之具”。《韩非子·奸劫弑臣》篇“厉怜王”一段尽管在《战国策·楚策四》和《韩诗外传》均被视作荀子谢春申君之书，但该段论述所述与《奸劫弑臣》通篇的主旨完全相符，均聚焦于“乘威严之势以困奸邪之臣”。这既从一个侧面说明韩非子深受荀子影响，也可视作韩非子援引乃师之说以证成己论的表现。《韩非子·说难》篇和《荀子·非相》篇的相关论述亦颇有相似，均体现出师徒二人对“说之难”的感慨。

《史记·老子韩非列传》指出“秦因急攻韩。韩王始不用非，及急，乃遣

① 杨义：《韩非子还原》，第97页。
② 《史记·老子韩非列传》，第4447页。
③ 《史记·李斯列传》，第5520—5523页。
④ 《荀子集解·考证下》，第24页。

非使秦”，时在前233年。学界向来认为这是韩非子唯一一次出使秦国，马世年则指出这是韩非子第二次使秦，韩非子第一次出使秦国则在前237年①。这一说法，值得关注。关于韩非子的具体死因，司马迁认为这是李斯姚贾谮害所致，尤其是李斯的嫉妒在其中起了重要作用。历来有不少学者认同司马迁的这一说法，钱穆则认为李斯之所以杀韩非，实乃“政论之不合，斯之为秦谋者如此，未见为谮”②。与这一说法极为相似的观点是，韩非子出于“为韩”的爱国情怀，最终必然不容于秦。③ 这些说法均有相当道理，不过并未引起学界充分注意的是，韩非子之死在法家思想史上其实是有象征意义的。韩非子强烈建议君主应当将法度置于国家治理体系的至高地位，任用尊君事上且无有二心的忠臣，铲除擅国因而对君权有直接威胁的奸佞重臣，拒绝信任一切臣僚，将一切臣僚视作潜敌，反对任何臣僚揣测君心。然而，韩非子恰恰对君主心理揣摩甚多，这无异于将自己置于令君主不得不加以防范甚至“除之”的行列。在这一意义上，韩非子之死也以特殊的形式呈现了法家士人的悲剧命运，适如学者所言导致法家士人死亡的正是法家全力维护的国君，韩非子（以及商鞅等）的死亡以极端的形式展现了法家学说的内在矛盾，即法家具有强烈的“反噬”性，法家士人首先便是被吞噬的对象。④ 这样就能够部分地解释，为什么在法度甚为严明的秦国韩非子被害，而秦王嬴政却又未追究致其于死地的臣僚的责任。综上，我们将韩非子的生平事迹呈现如下：

表1-1　　韩非子生平简表

公元纪年	韩纪年	秦纪年	事迹	参考资料
前295年	釐王元年	昭襄王二十年	韩非子大概生于是年前后	依《史记》本传、《李斯列传》；参考陈千钧《韩非新传》、陈奇猷《韩非生卒年考》、杨义《韩非子还原》等

① 马世年：《〈韩非子〉的成书及其文学研究》，上海古籍出版社2011年版，第16—26页。

② 钱穆：《先秦诸子系年》，第553页。

③ 主张韩非具有“爱国”情怀的学者，似乎忽略了先秦时代的士人更多关注“天下”而非某一“国”。韩非亦是立足“天下”来讨论治道的。

④ 张祥龙：《拒秦兴汉和应对佛教的儒家哲学》，广西师范大学出版社2012年版，第10—32页；黄启祥：《论法家学说的反噬现象》，《北京社会科学》2016年第4期。

续表

公元纪年	韩纪年	秦纪年	事迹	参考资料
前 255—前 247	桓惠王十八年至二十六年	昭襄王五十二年至庄襄王三年	韩非子在楚兰陵师从荀子学习帝王之术，并对儒家学说有深入研究。同学有李斯，斯自以为不如非	依本传、《六国年表》、《李斯列传》、《孟子荀卿列传》、《荀子·赋》、《韩非子·奸劫弑臣》；参照汪中《荀卿子年表》、马世年《〈韩非子〉的成书及其文学研究》等
前 247—前 237	桓惠王二十六年至王安二年	庄襄王三年至秦王政十年	韩非子数次书谏韩王，未受韩王重用	依本传、《韩非子》之《孤愤》《和氏》《说难》《难言》等；参照陈千钧《韩非新传》、马世年《〈韩非子〉的成书及其文学研究》等
前 237 年	王安二年	秦王政十年	秦王使李斯谋取韩之策。韩王患之，与韩非子谋弱秦之计。于是使韩非子使秦，上秦王“存韩”书	依《秦始皇本纪》、《李斯列传》、《六国年表》、本传及《韩非子》之《初见秦》《存韩》；参照马世年《〈韩非子〉的成书及其文学研究》
前 233 年	王安六年	秦王政十四年	秦因急攻韩。韩王始不用非，及急，乃遣非使秦。入秦后，与李斯姚贾等有矛盾。李斯等劝秦王囚非，后遗药杀非，非终死云阳狱中	依本传、《六国年表》、《韩世家》、《战国策·秦策一》；参照钱穆《先秦诸子系年》

二　《韩非子》一书的编纂、传承、版本与真伪问题

韩非子尽管死于秦狱，但其书却流传了下来。今存《韩非子》一书原称《韩子》，中唐以后因韩愈被称为韩子，故改称《韩非子》。今本《韩非子》的篇数和卷数，与历代史籍所载没有出入。班固《汉书·艺文志·诸子略》承续刘向《别录》和刘歆《七略》，称“《韩子》五十五篇”[①]。梁阮孝绪

① （汉）班固：《汉书·艺文志》，中华书局 1962 年版，第 1735 页。

《七录》始称“《韩子》二十卷”[①]。《北史·公孙表传》亦称“韩非书二十卷”[②]，此后《隋书·经籍志》《旧唐书·经籍志》《新唐书·艺文志》《宋史·艺文志》以及郑樵《通志·艺文略》等均称《韩子》二十卷。[③] 王先慎《韩非子集解》和陈奇猷《韩非子集释》分别列出二十二条和三条佚文，不过这二十五条佚文中，除去与《韩非子》文字相合者、篇内异文者以及误为韩非子之文者，可以肯定为《韩非子》佚文者“只不过两条四十余字而已”，因此适如郑良树所言《韩非子》“是先秦子书保存得最完善的一部著作，应该是没有差错了”。[④]

关于《韩非子》的编集过程，学界大致有如下五种说法。一是认为《韩非子》最后的集结者是韩非子弟子或后学。《四库全书总目·子部三·法家类》谓：“疑非所著书本各自为篇。非殁之后，其徒收拾编次，以成一帙。”今人郑良树亦认同这一观点，并将《韩非子》视作一部经过编纂者一番苦心编纂的“韩集”。[⑤] 二是认为《韩非子》是秦灭韩后至李斯被杀前即前230年至前208年之间，由秦朝主管图书档案的御史编写的，持这一观点的是张觉。[⑥] 三是认为《韩非子》一书开始编集于秦，由刘向最终编定，持这一观点的是徐敏。[⑦] 四是认为《韩非子》由刘向校录和编定，持这一观点的是陈启天、陈奇猷和周勋初等。[⑧] 五是认为《韩非子》的编集有两个阶段，第一阶段是韩非子去世后门徒整理师说，将其著述搜集汇为一编，第二阶段是汉初至武帝建元元年（前140）之间逐渐编成，在后一阶段《初见秦》《存韩》

---

① 此处为张守节正义所引。注：张守节将《七录》误为《七略》，相关考证参见马世年《〈韩非子〉的成书及其文学研究》，上海古籍出版社2011年版，第31页注2。

② （唐）李延寿：《北史·公孙表》，中华书局1974年版，第974页。

③ （唐）魏征、（唐）令狐德棻：《隋书·经籍三》，中华书局1973年版，第1003页；（后晋）刘昫等：《旧唐书·经籍下》，中华书局1975年版，第2031页；（宋）欧阳修、（宋）宋祁：《新唐书·艺文下》，中华书局1975年版，第1531页；（元）脱脱等撰：《宋史·艺文》，中华书局1977年版，第5202页。

④ 郑良树：《韩非之著述及其思想》，台北：学生书局1993年版，第3页。

⑤ 郑良树：《韩非之著述及其思想》，第601页。

⑥ 张觉：《韩非子考论》，知识产权出版社2012年版，第26页。

⑦ 徐敏：《〈韩非子〉的流传与编定》，《社会科学战线》1982年第1期。

⑧ 陈启天：《增订韩非子校释》，第885页；陈奇猷：《韩非子新校注》，第1200—1201页；周勋初：《周勋初文集》第1卷《韩非子札记》，江苏古籍出版社2000年版，第177—184页。

等藏于秦宫的篇目亦被纳入汇编之列，持这一观点的是马世年。① 尽管学界对《韩非子》的编集持有不同看法，不过大多认同《韩非子》一书编纂有一个较长的过程。先秦时代书籍往往不是一人独撰和编订，最终可能由某个人或某个学术团体完成，故其编集过程一般都有一个长期的过程，尤其对子书而言更是如此。余嘉锡指出："古人著书，多单篇别行；及其编次成书，类出于门弟子或后学之手，因推其本学之所自出，以其人名其书。"② 从《史记》的相关记载看，秦王政所见到的只是《韩非子》的个别篇目，这大概可以说明在战国那个书籍流通并不十分便利的时代，《韩非子》的一些篇目已经广为流传。逮至汉武帝时期，尽管司马迁在韩非子本传中只是列出了《孤愤》《五蠹》《内外储》《说林》《说难》等篇名，但是"十余万言"一语则意味着司马迁所见《韩非子》一书至少在字数上与今本《韩非子》相当。同时，"韩子……著书，传于后世，学者多有"一语也说明《韩非子》一书在韩非子至司马迁之间的时期流传甚广。陈千钧《韩非子书考》对今本《韩非子》一书的篇目进行了分类，分别为游说、上书、老学、纪事、君术、辩难、问学、通论和补辑九类。③ 值得注意的是，陈千钧的这一分类完全依照今本《韩非子》的篇章次序。据此可知，今本《韩非子》确实经过了后人有计划的汇编和悉心整理，而非学者所言《韩非子》一书的"排列并无预定之体系或分科布局"④。

《韩非子》主要有三个刻本系统，即乾道本、《道藏》本和赵用贤本。南宋乾道改元中元日（1165 年农历七月十五）黄三八郎所印《韩非子》是后世习称的乾道本，是现在所知最早的《韩非子》刻本。此本在清乾嘉时期尚存，后来亡佚，不过清人通过影抄本和仿刻本保留了下来。乾嘉时期李奕畴所藏的原印本和黄丕烈所藏的清初钱曾述古堂影抄本，是清代乾道本的两个种类。其中，李奕畴所藏的原印本后来也亡佚了，不过有人在李奕畴生前影抄了该原印本。一是张敦仁，他在 1805 年向李奕畴借得该书影抄了一部。二是吴鼒，他在 1816 年亦借得该书影抄了一部，次年交于付梓，由顾广圻负责校

① 马世年：《〈韩非子〉的成书及其文学研究》，第 31—42 页。

② 余嘉锡：《目录学发微·古书通例》，商务印书馆 2011 年版，第 211 页。

③ 陈千钧：《韩非子书考》，《学术世界》1935 年第 1 卷第 1 期。

④ 梅新林、俞樟华主编，陈年福、叶志衡著：《中国学术编年（先秦卷）》，华东师范大学出版社 2013 年版，第 422 页。

刊，于1818年刻成，书前有吴鼒和黄三八郎的序，书后有顾广圻的《韩非子识误》，这便是学界现在甚为珍视的清嘉庆二十三年吴鼒影宋乾道黄三八郎刻本，亦即通常所言的“乾道本”。《道藏》本是乾道本之外的另一系统，它只有五十三篇，并有多处脱文。明代门无子《韩子迂评》亦是五十三篇，此书底本是元代的何犿本，大概属于《道藏》本这一系统。明代有赵用贤本，亦称“管韩合刻本”，是足刻本。周孔教翻刻了赵用贤本，《四库全书》所收《韩非子》虽标明为“元何犿注”，但实际上是根据周孔教的刻本抄写的。后代学者校勘往往以乾道本即吴鼒本为底本，同时参考其他刻本，这方面的集大成者是晚清王先慎。王先慎以乾道本为主，参考其他多种刻本，同时附以己说，撰成《韩非子集解》，于1896年刊刻印行。尽管《集解》本亦有欠妥之处，但它成为20世纪最通行的本子之一。20世纪30年代上海商务印书馆编印《万有文库》《国学基本丛书》，1935年国学整理社编、上海世界书局印行《诸子集成》，1955年台北世界书局编印《世界文库・四部刊要・诸子集成》，均采用王先慎本。[①] 本书所使用的版本中华书局影印的《诸子集成》本，便是王先慎本。同时，笔者还参考了陈启天《增订韩非子校释》、梁启雄《韩子浅解》、陈奇猷《韩非子新校注》、周勋初《韩非子校注》和张觉《韩非子校疏析论》等各类现代校注本。

《韩非子》一书自编成以来，其真实性少有怀疑，直到南宋时期才有学者提出质疑。比如王应麟《汉书艺文志考证》中推测《初见秦》的作者可能是范雎，不过这一说法并无多大影响。明代张鼎文《校刻〈韩非子〉序》、门无子《韩子迂评》、日本太田方《韩非子翼毳》、松皋圆《定本韩非子纂闻》等对《韩非子》的真伪问题亦有论及。伴随20世纪疑古思潮的兴起，《韩非子》一书的真伪问题受到学界的普遍关注。整个20世纪，胡适、梁启超、容肇祖、刘汝霖、蒋伯潜、陈千钧、钱穆、张心澂、高亨、陈启天、郭沫若、梁启雄、陈奇猷、周勋初、郑良树、潘重规、张觉、蒋重跃以及其他很多学者就《韩非子》篇目的真伪问题进行了详细的考辨。其中，20世纪前期疑古思潮影响下的学者以当时看来较为科学严谨的态度对《韩非子》做史料真伪

① 参阅张觉《韩非子校疏析论》，知识产权出版社2011年版，第1228—1280页；张觉：《韩非子考论》，第31—46页。

的审查工作，使人们走出了盲目信古的阶段，这一工作厥功甚伟，但另一方面疑古思潮下的辨伪在方法论上则有无法克服的矛盾——即首先“预设”一部古籍不可靠，其次在辨伪过程中若无充分证据证明其中篇目的真实性，或者相关篇目中有可疑的文字或史料，那么就断定该书该篇是“伪作”。比如容肇祖认为“确为韩非所作者”只有《五蠹》《显学》两篇，“从学术上推证为韩非所作者”只有《难势》《问辩》《诡使》《六反》《心度》《难一》六篇，甚至将司马迁所言的《孤愤》《说林》亦视作不可信者，[①] 便是这一极端疑古的表现。

笔者在学界研究的基础上稍作分析，以说明《韩非子》的某些篇目尽管有伪作的可能性，但这只能说明后人在汇编《韩非子》时将某些材料掺入其中，或者对某些文字进行了改动。进言之，这些被视作伪作的篇目仍然能够作为我们研究韩非子治道思想的第一手材料。

其一，从目录学上看，今本《韩非子》便是司马迁所见的本子。先秦古籍的真伪问题内含着典籍真伪的“相对性”和“绝对性”的问题，迄今为止能够完全充分证实或证伪文献的作者和具体成书时间的，在先秦古籍考辨中几乎不存在。具体而言，《韩非子》的“绝对真实的意义在于，今本《韩非子》是否为韩非所作，而相对真实的意义则在于，今本是否来自司马迁所见到的本子”[②]。现在我们能够依靠的最权威的“客观材料”只有《史记》，《史记》所列的篇目俱见于今本《韩非子》，其所言“十余万言”与今本字数相吻合，班固依据刘向刘歆父子《别录》《七略》而成的《汉书·艺文志》所记《韩子》篇数与今本亦相合，司马迁与刘向之间的数十年并无迹象表明汉朝秘府图书遭受毁坏，这些可以说明今本《韩非子》就是刘向刘歆父子所见的本子，亦是司马迁所说的“十余万言”的本子。更何况，今本与《史记》所述韩非子思想特征又高度一致。[③]

其二，《韩非子》各篇思想之间的差异性并不能“证伪”相关篇目。不少学者将《韩非子》正面论述儒家、道家、阴阳家等思想的篇目视作伪作，

---

① 容肇祖：《韩非的著作考》，载罗根泽编《古史辨》第 4 册，《民国丛书》第四编第 67 册，上海：上海书店 1933 年版，第 654—674 页。

② 蒋重跃：《韩非子的政治思想》，第 2 页。

③ 蒋重跃：《韩非子的政治思想》，第 34—41 页。

比如《主道》《扬权》《解老》《喻老》《大体》等被视作道家之作，《用人》有“招仁义”的说法也被视作伪作。这一辨伪在方法论上有可取处，但其弊端则是显而易见的。这些学者往往忽视了韩非子思想具有复杂性尤其是矛盾性的特点。对韩非子这样一位具有融汇先秦学术倾向的思想家而言，不能仅仅依凭《史记》所载的《孤愤》《五蠹》等少数几篇来定性其学术旨趣和思想特征。韩非子对“道”“理”“仁”“义”的相关论述，恰恰显示出他作为一位大思想家所必须具备的包容气质。更何况，思想家在其一生的不同阶段也有不同的思想观念，这也在情理之中。

其三，相关史实之谬只能证明有些篇目有后人羼入和改动之成分，却不能证明这些篇目本身并非韩非子所作，亦不能说明这些篇目不能作为研究韩非子思想的材料。《有度》篇载荆齐燕魏四国之亡，而这是在韩非子去世之后发生的。尽管《有度》篇每每被视为伪作，但该篇与《韩非子》的思想主旨颇为一致。《十过》篇所载的事和观点与其他地方的记载有出入，这或许说明韩非子所见史籍与其他典籍有所不同，而该篇观点与其他篇章观点不相吻合恰恰反映了韩非子学说的内在张力。

其四，相关篇目中的个别段落与其他典籍重复，不能证明这些篇目就不是出自韩非子之手。比如《韩非子·初见秦》与《战国策·秦策一》“张仪说秦王”章雷同，许多学者据此认为该篇并非韩非子之作。然而该篇主题是说秦未实现霸王的关键原因是“谋臣不尽其忠”，这与韩非子强调臣下必须尽忠的思想要旨完全吻合，同时韩非子在该篇洞悉秦统一的最大障碍是赵，这在其他篇目亦有内证，因此陈奇猷、蒋重跃等认为《初见秦》是韩非子所作的观点仍然可以成立。[①]《韩非子·饬令》和《商君书·靳令》内容相似，从逻辑上讲该篇是韩非子转抄《商君书》的，不过这一近乎原封不动的因袭恰恰说明韩非子对商鞅（或商鞅学派）思想的认同。《韩非子·有度》篇的部分内容与《管子·明法》篇极为相似，两篇孰先孰后，历来学者聚讼不已，即便该篇是韩非子抄自《管子·明法》[②]，这同样说明韩非子认同《管子·明

---

① 陈奇猷：《韩非子新校注》，第1—2页；蒋重跃：《韩非子的政治思想》，第14—25页；蒋重跃注评：《韩非子》，凤凰出版社2010年版，第5—7页。

② 胡家聪：《管子新探》，中国社会科学出版社2003年版，第322—323页。

法》的思想因而将其收入自己书中。《韩非子·奸劫弑臣》篇末“厉怜王”一节与《战国策·秦策》的相关表述以及《韩诗外传》载荀子《谢春申君书》颇为相似，有学者据此认为此篇非韩非子所作。不过“厉怜王”一节所讨论的核心问题即“人主无法术以御其臣，……大臣犹将得势，擅事主断”与《奸劫弑臣》篇通篇所论甚是吻合，且将该段文字附于篇末亦显得极为通畅，因此“厉怜王”一节即便不是韩非子“原创”，亦能够从一个侧面反映出他是以乃师之说证成己见。

其五，《韩非子》的某些篇目在文风、文体和语言特点与其他篇目的确有不一致处，但这只能说明这些篇目的写作时间、写作地点与其他篇目有不同，毕竟思想家在不同的人生阶段、不同的写作环境甚至在不同的写作心境下所写的东西往往有巨大差异，比如《人主》《制分》篇便可做如是观。

1925 年梁启超在《要籍解题及其读法》中指出：“今本《韩非子》五十五篇，除首两篇外，谓全部为法家言渊海则可，谓全部皆韩非作，尚待商量。但吾侪当未能得有绝对反证以前，亦不敢武断某篇之必为伪。”[①] 过了将近一百年，梁启超的这一说法仍然值得认真思考。我们对《韩非子》的辨伪只是在“绝对性”与“相对性”辩证统一的前提下做出的，实际上韩非子生活的时代《韩子》一书到底是何面目已然无法确知，或许有待新的考古证据了。余嘉锡指出：“古书之题某氏某子，皆推本其学之所自出而言之。《汉志》本之《七略》，上书某子，……非谓其书皆所自撰也。”[②] 正因如此，《韩非子》的某些篇目尽管有非韩非子手著之可能，但这并不影响这些篇目也从不同侧面反映了韩非子学说的不同面向。总之，除《存韩》篇中可以断定为李斯所作的部分以及其他篇目中史实明显有误而可断定为后人补入之部分外，《韩非子》的篇目均可作为研究韩非子治道学说的原始材料，即便某些篇目确实有后人加入《韩非子》的可能，这也说明在编纂者看来这些增加的内容与韩非子学说是大致相符的。

① 梁启超：《要籍解题及其读法》，《梁启超全集》第 16 卷，第 4645 页。
② 余嘉锡：《目录学发微·古书通例》，第 205 页。

第二节 韩非子治道学说的历史背景

春秋战国时代是一个新旧交替的变革时代，韩非子之所以建构出独具特色的治道学说，在某种程度上就是他对那个变革时代所做的独特的理论回应，同时韩国的情形亦是他思考治道的现实资源。

韩国历来是一个贫弱之国，这是韩非子思考治道最直接的“母体文化脐带”①。韩国是列国相互征伐和军事斗争的必争之地，它尤其是秦对东方列国展开厮杀的前沿哨地，实乃“天下之咽喉”②，不过它又是战国七雄中最弱小者。韩国历来君权不振、国力孱弱，在列国纷争中总是处于劣势，参见表1－2：

表1－2　战国中后期韩国在对外军事斗争中的败绩

公元纪年	韩纪年	事件	附注
前317年	韩宣惠王十六年	修鱼之战，秦败韩，斩首韩赵八万	《史记·韩世家》
前312年	韩宣惠王二十一年	首次雍氏之役，韩被楚伐，韩求救于秦	《史记·秦本纪》《战国策·韩策二》
前308年	襄王四年	秦攻韩，占宜阳，斩首六万	《史记·韩世家》
前303年	襄王九年	秦取武遂	《史记·韩世家》
前301年	襄王十一年	秦取韩之穰	《史记·韩世家》
前294年	釐王二年	韩魏与秦战于伊阙，秦大破二国，斩首二十四万	《战国策·中山策》《史记·秦本纪》
前291年	釐王五年	秦占韩冶铁重镇宛	《史记·韩世家》
前276年	釐王二十年	秦攻魏，前往救援的韩军亦被击败，斩首四万	《史记》之《秦本纪》《魏世家》
前273年	釐王二十三年	赵魏攻韩。韩告急于秦，秦不救	《史记·韩世家》
前264年	桓惠王九年	秦攻韩径城，斩首五万	《史记·白起列传》
前259年	桓惠王十四年	韩献垣雍于秦	《史记·秦本纪》
前256年	桓惠王十七年	秦拔阳城	《史记·韩世家》

① 杨义：《韩非子还原》，第64页。

② （西汉）刘向编，缪文远等译注：《战国策·秦策四》，中华书局2012年版，第194页。

续表

公元纪年	韩纪年	事件	附注
前 249 年	桓惠王二十四年	秦拔城皋、荥阳	《史记·韩世家》
前 247 年	桓惠王二十六年	秦拔上党	《史记·韩世家》
前 244 年	桓惠王二十九年	秦拔十三城	《史记·韩世家》
前 233 年	王安五年	秦攻韩，韩急，遣韩非使秦	《史记》之《老子韩非列传》《韩世家》

从上表可知，战国中后期韩国总是败北，损兵割地，国势最轻，国力最弱，在列国纷争中“最先危”①，尤其在韩非子所生活的年代此种败弱迹象更加明显、败北次数更加频繁——这也反映出战国末期战事更加残酷的政治现实。韩国国势极弱、处境艰难、生存空间狭小，这深深地影响了韩非子对治道的思考。韩非子一再主张将国家之治乱必须寄托于“内政”，并一再提醒国君应当“自恃”，显然与他对韩国历来窘迫形势的反思甚有关系。韩昭侯（前362—前333）曾任用申不害实行变法，虽取得一定成效，致使“诸侯不来侵伐”②，但这场变法并未改变韩国的贫弱局面。韩宣王（前332—前312）、韩襄王（前311—前296）时期，韩国国君的治国理念与制度设计之间存在矛盾，国家具体制度的实施与舆论是非的导向相互抵牾，国家依然贫弱。当时的韩国，在政策上奖励建功立业，并给有功者以官爵高位，在观念上却鄙视功业；在政策上奖励农耕，在观念上却轻视和贬低追求农事者；在政策上招贤纳士，在观念上却赞扬轻视世务者；在法度实施上严惩离法之人，在观念上却赞扬犯禁者的勇敢。③ 同时，官僚系统内贿赂之风开始蔓延。韩非子在《说林上》《难一》《内储说下》等篇记载了韩国重臣倚外逼主的情形，并对官僚系统中结党营私和卖官鬻爵不无批判，这说明左右近习壅蔽君主，权贵重臣每每独断朝纲，韩国政局危机重重。然而，韩国君主却未充分认识到朝臣弄权的严重危害性。韩襄王晚期出现了太子权位之争的事件，襄王的太子婴死，公子咎和公子虮虱为争夺权位而产生争执，经过曲折斗争最终公子咎

① 《战国策·韩策三》，第 880 页。
② 《史记·韩世家》，第 3607 页。
③ 《韩非子·五蠹》，第 343—344 页。

继位，是为韩釐王。[①] 正是身处权力斗争的旋涡中心地带，韩非子比其他诸子更加看重君主独擅权位的重要性。韩非子尽管“数以书谏韩王”[②]，但他的建议始终未受韩国君主重视，这也说明在韩国致力于富国强兵和吏治清明的耿介之士往往受到排挤。

韩非子天然地处于权力中心的边缘地带，这样就可以切身感受到政治高层权力运作的微妙和复杂，洞悉权力场中人性的极度阴暗面，观察或听闻权贵重臣以各种手段壅蔽君主甚至发生“上下一日百战”的残酷政治现实，体察臣僚之间尔虞我诈和钩心斗角的各类宦术，进而认识到在“争于气力”的时代君主有效控制官僚系统和民众从而将举国之力悉数抟聚到富国强兵上的重要性。韩非子学说因而显现出双重品格——“既有一个政治上失败的贵族公子对现实政治关系近距离观察的尖锐性，又有一个理论上成功的深刻思想家在危机面前欲以虎狼药治痼疾的峻急性。”[③] 于是，韩非子的治道学说亦具有双重性——为了有效地控制臣民、控制国家进而一统天下，君主可以无所不用其极地运用一切手段，但是另一方面君主又必须学会自我控制，这样既可以尽可能地防止群臣壅蔽，也可以更加长远地实现作为整个统治集团整体利益的君主意志。

三晋独特的文化氛围对韩非子治道学说的形成亦不无影响。晋自建国以来“戎狄之民实环之”[④]，晋国往往通过战争、结盟和通婚等方式与少数民族频繁接触。与中原诸国相比，晋国对血缘亲情较为淡漠，形成了以“无亲”[⑤]而轻视礼乐为重要特征的三晋文化。与此相应，晋国崇尚功利，为了争夺利益，晋臣之间每每发生纠纷甚至于兵戎相见。同时三晋颇为重视功业，讲求论功行赏，注重“爵以建事，禄以食爵……功庸以称之”[⑥]。三晋地区商业相对繁荣，这使人们的“契约”观念较重。晋国曾有四次“大蒐礼”，大蒐礼是由狩猎演变而来的一种军礼，具有军事演练和军事动员的意义。在大蒐礼

---

① 《韩非子·说林下》，第 144 页；《史记·韩世家》，第 3619 页；《战国策·韩策二》，第 870 页。
② 《史记·老子韩非列传》，第 4447 页。
③ 杨义：《韩非子还原》，第 65 页。
④ 陈桐生译注：《国语·晋语二》，中华书局 2013 年版，第 325 页。
⑤ 《国语·晋语一》，第 295 页。
⑥ 《国语·晋语八》，第 531 页。

上往往举行建置和变更军事、选任将帅与执政、颁行法律、处罚违法者和济贫选贤等重大事项。[①] 具有军事和法制双重气息的大蒐礼，对三晋的尚法观念具有重要的促进作用。同时频繁的战争又促进了以法治军、以法治国以及上下守法的传统，比如前513年晋国执政赵鞅“铸刑书于鼎”以及魏国李悝“著《法经》”，就是在这一崇法氛围之中发生的。总之，逐利、尚法和重战的三晋文化是韩非子构建治道学说的重要土壤。

林纬毅指出：“韩非所关切的是战国末年这个大时代里，以他韩国公子的身份与固有的爱国热忱，从韩国特有的国情出发，要为祖国提出一套治国、富国、强兵，使国家得以生存的法治思想。”[②] 贵族出身的韩非子确实有为韩国着想的一面，但作为思想家的韩非子并不拘泥于此。韩非子实际上是立足韩国来思考“天下”问题的，他是心怀天下的。这也是《韩非子》中频繁出现“天下”的重要原因。梁启超指出先秦思想家均有一种超越具体国家界限的“纯世界主义”[③] 关怀，法家亦不例外。作为思想家的韩非子，他始终以其独特的方式试图对春秋战国乱世如何“为治”做出理论回应，他在思考如何为这一乱世的君王们设计一套简便高效的治理之道。

春秋战国是一个大变革的时代，这是一个由宗法封建政治向大一统君主集权政治过渡的时代。出于军事与政治目的而建立的周代封建制度维系着周的天下体系，周天子与诸侯之间既保持宗族的类血缘关系，也保持着基于相互间承诺与约定的主从关系，周天子尽管名义上拥有天下的最高统治权，但实际上权力经过层层下移而掌控于诸侯和卿大夫那里，形成一种“阶梯式的权力模式”[④]。尽管西周末年“周室衰……礼乐坏，诸侯恣行，政由强国”[⑤]，诸侯国内亦出现“尾大不掉”[⑥] 以及“政在大夫”和“陪臣执国命”[⑦] 的局面，宗法封建秩序受到冲击，但春秋时代仍然是一个由“礼”统摄一切的

---

① 杨宽：《西周史》，上海人民出版社2016年版，第750—759页。
② 林纬毅：《法儒兼融：韩非子的历史考察》，台北：文津出版社2004年版，第14页。
③ 梁启超：《先秦政治思想史》，《梁启超全集》第12卷，第3699页。
④ 葛志毅：《周代分封制度研究》，黑龙江人民出版社2004年版，第11页。
⑤ 《史记·儒林列传》，第7133、7137页。
⑥ 杨伯峻编著：《春秋左传注》，中华书局1990年版，第1329页。
⑦ 《论语·季氏》，诸子集成本，中华书局2006年版，第354页。

“人文的世纪”[①]。春秋时代的社会观念由周初的彝·敬转变为礼·敬，此时的“礼”更加系统化、理论化和规范化。“礼崩乐坏”只是对周天子而言，对诸侯和卿大夫而言这是一个礼乐制度大发展的时期。礼既是诸侯的治国之大经，又是诸侯国间外交的行为规范。战国却与春秋时代形成鲜明对照，适如顾炎武所言：“春秋时，犹尊礼重信，而七国则绝不言礼与信矣；春秋时，犹宗周王，而七国则绝不言王矣；春秋时，犹严祭祀，重聘享，而七国则无其事矣；春秋时，犹论宗姓氏族，而七国则无一言及之矣；春秋时，犹宴会赋诗，而七国则不闻矣；春秋时，犹有赴告策书，而七国则无有矣，邦无定交，士无定主，此皆变于一百三十三年之间。”[②] 正是由于春秋战国间这一近乎裂变式的反差，王夫之认为战国乃是“古今一大变革之会”[③]。对于战国时代的总体特征，司马迁指出：“天下争于战国，贵诈力而贱仁义，先富有而后推让。……有国强者或并群小以臣诸侯，而弱国或绝祀而灭世。”[④] 刘向则认为：“万乘之国七，千乘之国五，敌侔争权，盖为战国。”[⑤] 战国时代的新变化具体表现在如下方面：

其一，春秋时代作为宗族家长的国君君临天下却不治民，战国时代国君则由“共同体之长转变为家父长制的专制君主”[⑥]。列国国君通过变法扫除宗法贵族对君主集权的障碍，去除包括贵族和国人在内的一切中间阶层对君主权力的制约因素，逐渐完全掌控国家机器，形成了“君主—吏民”的二级统治模式，成为“全国的唯一主人”[⑦]。尤其是战国时代君主完全掌握了制订法令制度的权力，君主权力的专断性甚为鲜明，君主权力得到了前所未有的强化。

其二，通过一系列的制度安排，国君逐渐掌控了官僚系统。与世卿世禄

---

① 徐复观：《中国人性论史·先秦篇》，九州出版社 2013 年版，第 42—45 页

② 黄汝成：《日知录集释·周末风俗》，栾保群、吕宗力校点，花山文艺出版社 1990 年版，第 585 页。

③ 王夫之：《读通鉴论·叙论四》，中华书局 1975 年版，第 1112 页。

④ 《史记·平准书》，第 2421 页。

⑤ 刘向集录：《战国策》“附录”《战国策书录》，上海古籍出版社 1985 年版，第 1196 页。

⑥ ［日］增渊龙夫：《春秋战国时代的社会与国家》，载杜正胜编《中国上古史论文选集》，台北：华世出版社 1979 年版，第 870 页。

⑦ 许倬云：《求古编》，商务印书馆 2014 年版，第 288 页。

制不同，君主官僚制度下的官吏，“任之即官，去之即民”①，政治权力因而向国君大幅度地集中。庞大的职业化和专业化的官僚队伍成为君主全面支配举国民众和征伐列国的具体执行者。

其三，战国时代国君通过“国—郡—县—乡”这一行政系统“层层控制着整个国家”②，将所有臣民悉数纳入支配范围。尽管国家权力是否能够彻底地直接支配基层民众，尚待研究，但是君权的支配力度确实得到了极大的强化，则是不争的事实。郡县长官的人事任免和一切权责均直接源于君主，从理论上讲郡县长官只能绝对忠诚君主，君主因而对全国范围内的一切人事皆有控制权限。

其四，战国时代国家对土地的占有形态由西周春秋时期“虚构王土”下的多级占有制变为“普遍的真正的土地国有制”，其目的在于将民众从宗族组织中解脱出来，增加“农战”的预备人员，又使民众少有迁徙从而便于控制。③ 通过国家授田制、户籍制使所有社会成员一一在册，使编户齐民成为国家各类徭役赋役的最大承担者，君主因而可以彻底掌握并随时随地征用一切人力资源。

其五，春秋末期以降“赐爵”逐渐代替“赐命”，成为君主强化对官吏和编户齐民控制的重要手段。尤其是商鞅变法时爵制中最低的四等爵主要授予对象为平民，卿大夫爵位与官位每每合一，同时授爵以军功大小为主要依据，故而国家对编户齐民的控制变得更加严苛了。④ 战国时期各国已普遍推行赐爵制，至战国末期军功爵制已然发展到了“泛滥的程度”⑤。

其六，通过实行亦兵亦农的常备军制度、什伍制度，战国时代国君逐渐加强了对军队的直接控制，这一时期亦成为“上古时代各国兵力最为强盛、

---

① 童书业：《春秋左传研究》，上海人民出版社 1980 年版，第 371 页。

② 杨宽：《战国史》，第 249 页。

③ 刘泽华：《中国的王权主义》，第 69—76 页；晁福林：《夏商西周的社会变迁》，中国人民大学出版社 2010 年版，第 233—235 页；张金光：《战国秦社会经济形态新探》，商务印书馆 2013 年版，第 17、112、164 页。

④ 杜正胜：《编户齐民：传统政治社会结构之形成》，台北：联经出版事业股份有限公司 2014 年版，第 24、34、50、333、359 页。

⑤ 朱绍侯：《军功爵制考论》，商务印书馆 2008 年版，第 26 页。

军制最为健全的时期”[①]。同时，列国间的相互征伐由春秋时代的贵族式战争演变为灭国绝祀的吞并战争，实力和利益成为邦交间的唯一法则，一切礼义诚信均被摒弃，“富国强兵”“广土众民”进而“并兼天下”成为列国最关心的现实问题。

其七，在这一“海内争于战功”[②] 的时代，士人提出了不同的政治理想和治道设计，他们奔走于列国间，或为“求道”“务治”，或为“显名”“封侯”[③]，列国国君亦通过重士、尊士和养士来招揽治国之才，以求“尊主广地强兵之计”[④]。同时，战国时代形成了利益至上的世风民情，甚至于“亲昆弟同父母，尚有争钱财”[⑤]，列国国君及卿大夫们热衷攻城略地和广土众民等，“利益”以及与之密切相关的“权势”“实力”，成为战国时代所有人际关系的首要原则，各种名目的利害得失成为人们关注的首要问题。

战国时代国家控制了国内近乎一切的人力、物力、财力等资源，对外则试图以武力吞并他国，初步形成了“政治权力支配社会”[⑥] 的政治社会现状。这是韩非子构建其治道学说的历史背景。

第三节　韩非子治道学说的思想背景

春秋战国时代是百家争鸣的时代，处于诸子之殿的韩非子不仅融汇了前期法家诸子的思想，亦以其独特方式批判继承了其他诸子的思想，在这一意义上，韩非子不仅是先秦法家的集大成者，亦是先秦诸子的集大成者。

韩非子吸收了前期法家的思想。《韩非子》之《内储说上七术》《外储说左上》等篇表明，韩非子继承了子产（？—前522）厉行法治、严刑御民的思想观念，在《难三》篇还指出子产治奸无术的弊端。《内储说上七术》《外

① 晁福林：《春秋战国的社会变迁》，商务印书馆2011年版，第769页。

② 《史记·六国年表》，第1314页。

③ 《史记·张仪列传》，第4791、4794、4797页。

④ 《史记·苏秦列传》，第4703页。

⑤ 《史记·张仪列传》，第4794页。

⑥ 2010年5月《文史哲》杂志举办人文高端论坛，围绕“秦至清末：中国社会形态问题”展开讨论。二十余位与会学者对秦至清末的社会形态基本达成了这一共识，即自秦商鞅变法后，国家权力成为中国古代社会发展的决定性因素。

储说左上》等篇表明，韩非子继承了李悝（？—前395）信赏必罚的观念。《有度》《孤愤》《奸劫弑臣》《难势》《用人》《二柄》等篇表明，《管子》一书的法家思想亦是韩非子治道学说的重要理论渊源。[①]《奸劫弑臣》《难言》《五蠹》《和氏》《内储说上七术》《外储说左上》《外储说右上》等篇表明，韩非子继承并发展了吴起（？—前381）的尊崇君势、打压贵族、整顿吏治和讲求大信等方面的思想观念。[②]《定法》《和氏》《内储说上》《奸劫弑臣》《心度》《五蠹》等篇表明，韩非子继承了商鞅（商鞅学派）变法易俗、公开法度、崇公抑私、信赏必罚、以刑去刑、连坐告奸、奖励农战、重农抑商、控制身心等思想观念，另外《韩非子·饬令》与《商君书·靳令》多有重合，这恰恰表明韩非子对商鞅思想的继承。韩非子认为商鞅之"法""不当其能"[③]即无法做到人尽其用，于是主张"立可为之赏，设可避之罚"[④]，还主张赏罚与毁誉相一致，以收到更好的政治控制效果。《定法》《内储说上七术》《外储说右上》等篇表明，韩非子继承并发展了申不害的术论。《难势》《功名》等篇表示，韩非子在慎到"自然之势"的基础上提出了"人设之势"。在前期法家的基础上，韩非子将法术势三者融为一体，使之成为一个相互支撑和循环互补的完备的思想理论。

韩非子也吸收并创造性地转化了道家思想。司马迁将韩非子与老子置于同传，并认为韩非子与庄子等"皆原于道德之意，而老子深远矣"[⑤]。《解老》《喻老》是迄今为止所知最早对《老子》作出注解的作品。另外《六反》《内储说下六微》《难三》《存韩》等篇亦引用了《老子》。韩非子所引用《老子》文本与王弼本《老子》大致相合，共计引用了二十五章，俱见于帛书本，其中九章见于竹简本。韩非子的很多思想观念诸如"道""德""无为""虚""静"等均与老子思想有着千丝万缕的联系。司马迁指出，韩非子"喜刑名法术之学，而其归本于黄老"[⑥]。长期以来学界往往直接将"黄老"直接理解为

---

① 参见胡家聪《管子新探》，第256—258、322—323页。

② 关于吴起在法家思想史上的重要地位，参见高华平《先秦诸子与楚国诸子学》，北京师范大学出版社2016年版，第186—194页。

③ 《韩非子·定法》，第306页。

④ 《韩非子·用人》，第152页。

⑤ 《史记·老子韩非列传》，第4466页。

⑥ 《史记·老子韩非列传》，第4447页。

“老子”，但韩非子所“归本”的“黄老”到底指什么，这是一个悬而未决的学术公案。随着20世纪70年代湖南长沙马堆汉墓帛书的发现、整理与研究，学界大致认为司马谈《论六家要旨》所论的“道家”即是黄老道家。学界一般认为，黄老之学是指战国中后期以道家思想为主干，吸收儒、法、名、阴阳等多家思想，着眼于君主所关心的一系列统治问题，进而试图重构政治秩序的一种政治思想或学术思潮。① 黄老著作以《黄帝四经》（或称《黄老帛书》《黄帝书》）和《管子》四篇为代表，还包括《尹文子》《文子》《鹖冠子》《庄子》相关篇目以及近年出土的黄老文献等。② 韩非子治道学说中的道理、道法、因循、虚静、无为、刑名、人情等观念和学说无不深受黄老之学的影响。③

韩非子尽管大力批判儒家无益于治，但他仍然深受儒家影响。据周炽成统计，《韩非子》中孔子出现的“处数”共计43处，存在于17章。尽管《韩非子》对孔子的记载是多面的，甚至不无冲突，但总体而言韩非子将孔子视作正面人物形象，并将其称为“天下圣人”“儒之所至”“贤者”（“孔子之贤”），对孔子持有尊重和尊敬的态度。④ 具体而言，孔子在韩非子那里有如下形象，一是明赏罚，二是明信，三是明平，四是明君臣上下之分。这些方面恰恰是韩非子深受孔子思想影响的重要表现。⑤ 在《五蠹》篇韩非子尽管批判儒者，但他所批判的是借仁义之辞“以疑当世之法而贰人主之心”的儒者，他并不批判儒家仁义本身，而是强调在争于气力的当今之世以“仁义”治国不如“以法治国”有效。韩非子在《解老》篇对“仁”“义”“礼”的解释如陈澧所言乃“纯乎儒者之言”⑥，这表明韩非子曾经深研过儒家学说，

---

① 参见曹峰《近年出土黄老思想文献研究》，中国社会科学出版社2015年版，第1—10页。

② 陈鼓应：《黄帝四经今注今译》，商务印书馆2007年版，第26页。

③ 陈丽桂：《战国时期的黄老思想》，台北：联经出版事业股份有限公司1991年版，第194—233页；余明光：《东方文化的奥秘》，中国文史出版社2013年版，第87—89页；白奚：《稷下学研究：中国古代的思想自由与百家争鸣》，生活·读书·新知三联书店1998年版，第138页；王中江：《简帛文明与古代思想世界》，北京大学出版社2011年版，第427—465页；王威威：《韩非思想研究：以黄老为本》。

④ 周炽成：《论韩非子对孔子及其思想的认识和态度》，《哲学研究》2014年第11期。

⑤ 参见郑良树《韩非之著述及其思想》，第378—380页；周炽成：《论韩非子对孔子及其思想的认识和态度》，《哲学研究》2014年第11期。

⑥ 陈澧：《东塾读书记》，上海：世界书局1936年版，第146页。

并对儒家思想有精准的把握。韩非子还将《春秋》这一儒家著作当作自己著书立说的重要依据，司马迁认为：“荀卿、孟子……韩非之徒，各往往捃摭《春秋》之文以著书，不可胜纪。”[①] 司马迁的这一说法在《韩非子》中有内证，《备内》篇云：“《春秋》所记，犯法为逆以成大奸者，未尝不从尊贵之臣也。”《外储说右上》篇又谓：“患之可除，在子夏之说《春秋》也：善持势者蚤绝其奸萌。”“子夏曰：‘《春秋》之记臣杀君、子杀父者，以十数矣。皆非一日之积也，有渐而以至矣。’凡奸者，行久而成积，积成而力多，力多而能杀，故明主蚤绝之。今田常之为乱，有渐见矣，而君不诛。晏子不使其君禁侵陵之臣，而使其主行惠，故简公受其祸。故子夏曰：‘善持势者蚤绝奸之萌。’”[②] 以子夏为代表的儒家非常重视君主权势的重要性，主张君主应当运用权力禁奸于未萌，韩非子的尊君重势理论与子夏学说不无关系，从韩非子援引《春秋》之语可见一斑。章学诚谓：“申、韩刑名，旨归赏罚，《春秋》教也。”[③] 武树臣指出，韩非将《春秋》的“正名分”“尊王者”和“大一统”诸义以近乎极端的方式继承了下来[④]，不无道理。司马谈《论六家要旨》谓儒家“列君臣父子之礼，序夫妇长幼之别”，又谓法家“尊主卑臣，明分职不得相逾越”，韩非子的君权理论可谓集儒法两家尊卑等级秩序之要义，并有进一步的发展。韩非子对他之前的近乎所有思想家均有程度不一的批判，但唯独对荀子鲜有微词，这说明他对乃师存有相当敬意。陈千钧指出，韩非子《说难》与荀子《非相》相似，韩非子学说与荀子《君道》的主旨颇有关联。[⑤] 马积高指出尽管韩非子与荀子在一些根本的思想观点上是对立的，但在思想方法上却有惊人的相似处，比如二人均注重研究实际以及参验的方法，二人均注重严谨的逻辑论辩。[⑥] 从荀韩学说的相似处，可以看出韩非子从荀子那里对儒家思想的继承和极端化发展。也正是通过儒家，韩非子以其独特方式将西周春秋“礼乐刑政”中注重建构社会秩序的刑罚政令等制度层面

---

① 《史记·十二诸侯年表》，第1198页。
② 《韩非子·外储说右上》，第231、234—235页。
③ 章学诚著，叶英校注：《文史通义校注·诗教下》，中华书局1985年版，第60页。
④ 武树臣：《法家法律文化通论》，第126—130页。
⑤ 陈千钧：《韩非之时代背景及其学说渊源》，《学术世界》1935第1卷第4期。
⑥ 马积高：《荀学源流》，上海古籍出版社2000年版，第190页。

的文化传统继承了下来。

韩非子还吸收了其他诸子的思想观念。韩非子继承并极端化发展了墨家的很多思想观念，他将“上之所是，必亦是之”① 的“尚同”论极端化地发展为臣民绝对服从的“尊君事上”论，将“以天之志为法”② 变为“以道为法”，将其“尚贤”论变为官僚选拔理论，将“举天下之人皆恐惧振动惕栗”③ 的广设耳目的观念发展为全民告奸论，将“交相利”的功利观念发展为人情论，将“非乐”进一步发展为全面的思想控制。郭沫若曾经指出韩非子与墨家“通了婚姻”④，是值得关注的。先秦时代兵刑不分，这从文化渊源上决定了法家与兵家的密切关系。法家人物比如吴起和商鞅往往亦属兵家，这与兵法两家均追求“富国强兵”不无关系。韩非子重视通过信赏必罚以提高国家实力，讲求政治权谋和极尽冷酷的精密算计，均与他受兵家战术兵法理论的影响颇有关系。⑤ 韩非子还将名家的名实论进行了政治实用主义的改造，将其发展成为强化君—臣—民之秩序的社会分职理论和官僚控制理论。

陈启天指出：“就先秦整个学术说，韩非实集各家的大成，而不同于各家。就法家思想说，韩非实集自管仲以来各法家学说的大成，而胜于各派。”⑥ 从如上分疏看，此论颇有道理。另有不少学者指出韩非融汇了先秦学术思想，比如蔡元培、钱穆、萧公权、童书业以及日本学者泷川政次郎等。⑦ 不过韩非子尽管吸收了绝大多数诸子的思想观念，但这并不意味着韩非子思想就具有杂家化的特征。刘泽华指出：“韩非以法家为旗帜，集先秦诸子思想之大成。”⑧ 韩非子始终立足法家立场来吸收、修正和转化先秦诸子，终成一家

---

① 《墨子·尚同中》，诸子集成本，中华书局 2006 年版，第 48 页。

② 《墨子·天志下》，第 137 页。

③ 《墨子·尚同中》，第 53 页。

④ 郭沫若：《十批判书》，河北教育出版社 2000 年版，第 932 页。

⑤ 李泽厚：《中国古代思想史论》，生活·读书·新知三联书店 2008 年版，第 96—106 页；黄朴民：《先秦两汉兵学文化研究》，中国人民大学出版社 2010 年版，第 227—231 页。

⑥ 陈启天：《增订韩非子校释》，第 940 页。

⑦ 参见蔡元培《中国伦理学史》，江苏文艺出版社 2007 年版，第 51 页；钱穆：《国学概论》，商务印书馆 1997 年版，第 61 页；萧公权：《中国政治思想史》，第 223 页；童书业：《先秦七子思想研究》，中华书局 2006 年增订版，第 296 页。日本学者泷川政次郎《中国法制思想》指出，韩非集儒道杨申等先秦政治思想之大成，转引自杨鸿烈《中国法律思想史》，中国政法大学出版社 2003 年版，第 75 页。

⑧ 刘泽华：《中国政治思想史集》第 1 卷《先秦政治思想史》，第 191 页。

之言。

历史背景并不必然决定思想家的思想特性，至少而言在同一背景下人们的思想和观念往往会有极大差异。[①] 进言之，历史背景和思想背景只是思想家的思想得以“生长”的重要土壤，但真正决定思想特质和理论个性的最终还是思想家的独特思索。韩非子在其特定的历史背景、文化氛围和思想背景下，以其独特的思考方式建构出了独特的治道学说。

① 张岱年、程宜山：《中国文化精神》，第126页。

第二章　韩非子治道思想的理论基础

作为一位大思想家，韩非子在探讨治道时总是将具体的治国之道建立在宏观的理论认识基础上。道理论、变化史观、矛盾观和人情论是韩非子治道学说最重要的理论基础。道理论从形上层面推衍出君主的神圣性和权威性，有了“道”的烘托，君主既名正言顺地独擅绝对权力，亦独占道德和智慧的制高点，“君道同体”因而体现出“王者即圣”的政治逻辑。变化史观在历史演变进程中论证战国时代作为“新圣”的君主进行变法改制和强化集权统治的正当性。矛盾观凸显了战国时代君主政治的诸多两难困境，归根结底论证了君臣之间的势不两立。人情论既为战国时代君臣关系演变为利益关系提供了合理性说明，也为君主绝对不可信任任何臣民提供了理论依据。这些理论既有韩非子承续其他诸子的成分，亦有其自己独到的发展或新见，它们从不同角度支撑起了韩非子治道学说的理论大厦。

第一节　道理论与以道论君

韩非子通过以“理”释“道”建构起了“道理论”，他以“道理”反映一切可见可感事物的“规律”[①]，为人们认识、理解和把握事物的规律提供了理论依据。但韩非子的道理论主要是为现实政治服务的，他通过以“道”论“君”烘托出了君主的神圣和威严，提出“因道全法”从而为国家法令制度提供形而上的依据进而增加了法度的权威性和神圣性，主张最高统治者应当模仿“道”使自己隐于无形从而为自神术和统御术提供了依据。

① 将韩非子之“道”解释为“规律”的学者有侯外庐、冯友兰、张岱年、任继愈、刘宝才、王晓波、许建良、张立文、张觉等先生。

韩非子通过解释老子思想提出了自己的道论，不过韩非子的“道”已迥异于老子之“道”。在老子那里，“道”“先天地生”，“可以为天地母”[①]，是宇宙天地万物的总根源、总依据和总动力[②]。在韩非子那里，“道”主要聚焦于“万物之始”以后的状态。《韩非子·主道》：“道者，万物之始，是非之纪也。”这是韩非子解释《老子·第二十五章》[③]和《第十四章》[④]的结论，陈奇猷指出虽然“韩非亦承认道为先天地生，可以为天下母，故曰万物之始”，但韩非子与老子学说有根本不同，“韩非以是非为道纪”。[⑤]《韩非子·解老》：“所谓有国之母，母者，道也。”许建良指出此处的“母者，道也”并非母子生成关系，而是根基、宗本之意，“因为依据韩非的论述，在此无论如何也推不出‘道’生万物的结论”。[⑥]关于这一点，韩非子之“道”的“俱生”说可以佐证。在解释《老子》“道之可道，非常道也”时，韩非子指出：

> 夫物之一存一亡，乍死乍生，初盛而后衰者，不可谓常。唯夫与天地之剖判也俱生，至天地之消散也不死不衰者谓常。而常者，无攸易，无定理。无定理，非在于常所，是以不可道也。圣人观其玄虚，用其周行，强字之曰道。[⑦]

该段前三个“常”均是形容“道”之特性的。该段中“唯夫与天地之剖判也俱生，至天地之消散也不死不衰者谓‘常’”有两种句读或解读：一是“唯夫与天地之剖判也俱生，至天地之消散也不死不衰者谓‘常’”；二是“唯夫与天地之剖判也俱生至天地之消散，也不死不衰者谓‘常’”。[⑧]依照前者，“道”存在于天地之始以至天地消散以后；依照后者，“道”仅仅存在于

---

① 王弼注，楼宇烈校释：《老子道德经注校释》，中华书局 2008 年版，第 62—63 页。

② 刘笑敢：《老子古今：五种对勘与析评引论》，中国社会科学出版社 2009 年版，第 110—115 页。

③ 《老子·第二十五章》：“有物混成，先天地生。寂兮寥兮，独立而不改，周行而不殆，可以为天地母。吾不知其名，强字之曰道。”

④ 《老子·第十四章》：“执古之道，以御今之有。能知古始，是谓道纪。”

⑤ 陈奇猷：《韩非子新校注》，第 67 页。

⑥ 许建良：《先秦法家的道德世界》，第 285 页。

⑦ 《韩非子·解老》，第 109 页。

⑧ 王晓波：《道与法：法家思想和黄老哲学解析》，台北：台湾大学出版中心 2009 年版，第 9 页。

“天地之始”至“天地消散”之间。不过无论哪种句读方式，均表明韩非子不再关注“天地之先”。

韩非子主要关注“是非之纪”。“是非之纪”的“纪”含有纲纪、纲领、法度、标准和头绪等意，以“是非之纪”为核心的“道”就成为对世间万物具有规定性的东西，往往具有“规律”和“性质”的含义，所谓“道者，万物之所然也。……道者，万物之所以成也”①。在老子那里，“物壮而老，谓之不道，不道早已”②，因此老子反对世俗寻常的“雄”“强”“上”，主张复归于真正合乎“道”的“雌”“弱”“下”等。③ 韩非子却认为，“道，与尧、舜俱智，与接舆俱狂，与桀、纣俱灭，与汤、武俱昌”，“万物得之以死，得之以生；万事得之以败，得之以成”。对此，冯友兰指出韩非子的“道”是指“气”或“精气”，这一精气亦即《管子》四篇所言的“一种细微的物质”④。王晓波亦指出在《管子》“道”—“气”论的基础上，韩非子将“道”与物质合二为一，即“道”“气”合一。⑤ 总之，韩非子的“道”是万物之所以为万物的那个东西，与万物同在，无处不在、无时不有。

韩非子将“道”具体化为“德”，以呈现“弘大而无形”和“不可得闻见”的“道”。《韩非子·解老》：“德者，道之功。”“德”是“道”之功效的体现和结果。侯外庐等指出，韩非子的“德”反映了人类对于“物自身”的认识，体现出“人类对于自然规律可以认识和可以媒介的作用”。⑥ 冯友兰指出韩非子的“道”是一种“其大无外”“其小无内”的构成万物的实体，“德”则指具体某一事物所得于“道”的部分，由于事物有了源于“道”的部分，该事物便有了它的性质和特征。每一事物皆有自己的“德”，于是“道”通过“德”而“普至”万物。⑦ 任继愈等亦指出“德”是“道”的具体表现，“德”的内容亦即“体其道者”。⑧ 朱伯崑指出，在哲学意义上“道”

---

① 《韩非子·解老》，第107—108页。
② 高明：《帛书老子校注》，中华书局1996年版，第386页。
③ 乔健：《论老子思想中所内涵的“绝对性”因素》，《文史哲》2010年第4期。
④ 冯友兰：《中国哲学史新编》上卷，人民出版社2007年版，第600—605页。
⑤ 王晓波：《道与法：法家思想与黄老哲学解析》，第233页。
⑥ 侯外庐等：《中国思想通史》第1卷，第562页。
⑦ 冯友兰：《中国哲学史新编》上卷，第604页。
⑧ 任继愈：《中国哲学史》第1卷，第266页。

指规律，“德”指属性。[①] 可见，“德”是“道”在具体事物上呈现出的属性和性能。

韩非子的“道”和“德”最终具体表现为“理”。《韩非子·扬权》：“夫道者，弘大而无形；德者，核理而普至。”“道”广大而无形状，“德”内含“理”而普遍存在于万物。[②]《韩非子·解老》：“道者，万物之所然也，万理之所稽也。理者，成物之文也；道者，万物之所以成也。故曰：‘道，理之者也。’物有理，不可以相薄；物有理不可以相薄，故理之为物之制。万物各异理，而道尽稽万物之理，故不得不化；不得不化，故无常操。”“道”是万物之所以成为它自己的那个东西，“理”则是万物所具有并且呈现出来的性质、结构、形象、性状等；“道”是万物之所以成为万物的根据，“理”则在万物中展现了“道”的属性，具体表现为方圆、短长、粗靡、坚脆、大小、轻重、白黑等。[③] 万物各有独特的纹理、性状和特征，就不能相互混淆，因此“理”就是“物”的“边界”（“制”）。需要注意的是，韩非两次以“稽”来联结“道”和“理”，“道者，……万理之所稽也。……万物各异理，而道尽稽万物之理”，在蒋重跃看来这是韩非子反复斟酌的结果。据蒋重跃考证，“稽”与“至”“止”“积”“纪”“计”等有相通处，有到达、停顿、积滞、原则和考核之意，“稽”在春秋战国时期从一个日常用语逐渐转变为探求事物本质的语词。[④] 韩非子以“稽”呈现了“道”和“理”之间一般和个别、普遍和特殊、抽象和具体、无形和有形、动和静、常和变的辩证关系。从“道”的角度看，“万物”同一；从“理”的角度看，“万物”相异。韩非子以“理”释“道”，展现出有形世界中事物的具体规定性和可知性。不过事物的“规定性”和“否定性”总是相辅相成的，“理”在规定事物“是什么”的同时，也否定了该事物“不是什么”。因此韩非子指出：“理定而物易割也。……故欲成方圆而随其规矩，则万事之功形矣。而万物莫不有规矩，议

---

① 朱伯崑：《先秦伦理学概论》，北京大学出版社 1984 年版，第 278 页。关于“道”和“德”的关系，朱伯崑分别从哲学、政治学和伦理学三个层面做出了解释。

② 参见［日］太田方《韩非子翼毳》，中西书局 2014 年版，第 88 页；蒋重跃注评：《韩非子》，第 36 页。

③ 《韩非子·解老》，第 108—109、111—112 页。

④ 蒋重跃：《古代中国人关于事物本体的发现——“稽”字的哲学之旅》，《南京大学学报》2013 年第 4 期。

言之士，计会规矩也。”[①] 每种具体事物皆有其相对固定的理即“定理”，由于每物皆有其“定理”，人们才容易理解和把握该事物（“计会”）。每种事物所内含的独特“定理”也就是该事物的“规矩”，因此“万物莫不有规矩”。[②] 经由“理”的中介，“道”成为完全可以被认识、把握和利用的对象，“道”因而每每被韩非子直接称作“道理”。有了这样的“道理”，研究具体的政治问题，设计可操作性的为政方略，建构独特的治道学说，就有了坚实的理论依据。

韩非子探讨“道理”的最终目的是，通过以“道”论“君”烘托出君主的神圣性和权威性。韩非子希望君主“缘道理以从事”，“从于道而服于理”[③]，“以道正己”；同时大力批判君主违背“道理”的行为。不少学者据此指出，韩非的“道”对君主具有某种“制约”作用。这一说法忽略或淡化了韩非的“道”原本就是为现实政治服务的。在《扬权》篇韩非子在论说了“夫道者，弘大而无形；德者，核理而普至”之后做出总结，认为“道不同于万物，德不同于阴阳”，并最终落脚于“君不同于群臣”，进而明确指出“道不同于万物”“君不同于群臣”等均是“道”所衍化出来的。在这里，韩非子将君臣关系俨然拉大到了道物之间的悬殊程度。在老子那里，“道”与“万物”是一种“长而不宰”[④] 的非支配关系，“道”虽然生出并畜养万物却从来不占有和宰制万物。然而，韩非子聚焦于通过“道无双，故曰一”以凸显“君臣不同道”即君主支配群臣的天经地义。韩非子将“君”和“道”置于同一层次的论证方式为君主的至尊权位染上了无比神圣的色彩，君主在人间的政治地位因而被绝对性地凸显了出来。韩非子进而明确指出：“明君贵独道之容。”无论该句话句读为“明君贵独，道之容”，还是“明君贵独道之容”，其意思都非常清楚，即君主应当效法“道”以使自己处于“独”的位置。在《主道》篇中，韩非子在指出“道者，万物之始，是非之纪也”后，紧接着便谓：“明君守始以知万物之源，治纪以知善败之端。”陈启天据此指出：“道

---

① 《韩非子·解老》，第 112 页。

② 参见蒋重跃《道的生成属性及其本体化发展——先秦道论初探》，《南京大学学报》2012 年第 4 期；《古代中国人关于事物本体的发现——“稽”字的哲学之旅》，《南京大学学报》2013 年第 4 期；《战国法家在道论本体化发展中的理论贡献》，《南京大学学报》2016 年第 5 期。

③ 《韩非子·解老》，第 99、102 页。

④ 王弼注，楼宇烈校释：《老子道德经注校释》，第 137 页。

本为道家名万物所由成之理，而法家取之以为君人南面之术。”[①] 此论甚是。君主处于“始”的位置并且能够“知万物之源”，该明君俨然是一位独掌了“道”的先知型人物。独居万物之源和独晓万物之纪的所谓“明君”必定试图使宇宙万物（具体而言就是芸芸众生）屈从于自己的意志，从而理直气壮地“成为万物的最初和最后的决定者”[②]。

韩非子在以“道”论“君”的过程中每每笔锋一转，就直接将“君”与“道”对接起来，由此凸显出了君主的至尊至贵至圣，以及君主以外所有人的至卑至贱至愚。这既为君主统治的正当性“建立了牢固的逻辑支点”[③]，亦为君主集权统治的不容置疑性寻得了终极依据。韩非的“君·道关系”并非思辨的结果，而是一种“被给予”的政治信仰——即君主以外的所有人尤其是群臣对体道之君只需要“信仰”而绝不可“质疑”。这是中国古代一种典型的信仰型政治思维。[④] 在这一“君道同体”[⑤] 的世界里，“道”被君主所独擅因而成为强化集权统治的工具。不少学者已经指出了这一点，侯外庐等指出韩非子将“道”视作与君主密切关联的“手段性的东西”[⑥]；郭沫若、熊十力、刘泽华等指出韩非子的“道”是强化君主集权统治之神圣性和权威性的“护符”[⑦]、“本体依据”[⑧]、“辩护词”与“最高证明”[⑨]；蒋重跃也指出韩非子追求的是“道理论的政治功能和实用效果”，其道理论是为君主政治服务的，这是《韩非子》之《解老》《主道》《扬权》等篇的基本思想。[⑩] 可见，韩非子的“道”对君主统治颇有助益之功。那么，韩非子之“道”又是如何具体为君主统治服务的呢？在笔者看来，韩非子在如下三个层面论证了“道理”

① 陈启天：《增订韩非子校释》，第 688 页。

② 徐复观：《两汉思想史》第 1 卷，华东师范大学出版社 2001 年版，第 81 页。

③ 葛荃：《走出王权主义藩篱：中国传统政治文化研究》，天津人民出版社 2017 年版，第 323 页。

④ 葛荃：《走出王权主义藩篱：中国传统政治文化研究》，第 333—337 页。

⑤ 刘泽华、葛荃主编：《中国古代政治思想史》，南开大学出版社 2001 年版，第 101 页。

⑥ 侯外庐等：《中国思想通史》第 1 卷，第 563 页。

⑦ 郭沫若：《十批判书》，第 942 页。

⑧ 熊十力：《韩非子评论》，第 34 页。

⑨ 刘泽华、葛荃主编：《中国古代政治思想史》，第 101 页；刘泽华：《八十自述：走在思考的路上》，第 305 页。

⑩ 蒋重跃：《道的生成属性及其本体化发展——先秦道论初探》，《南京大学学报》2012 年第 4 期；《战国法家在道论本体化发展中的理论贡献》，《南京大学学报》2016 年第 5 期。

对君主统治的重要作用。

其一，既然世间万物变得有“规律”可寻，那么君主便可以找寻出臣民的行为和心理之“规律”，在掌控和利用臣民之共性的基础上，高效而便捷地使政治事务和社会生活整齐划一。所谓“圣人尽随于万物之规矩”，“循名实而定是非，因参验而审言辞”，均有君主遵循某种规律来治国理政的意思。比如，趋利避害的“人情”正是一种臣民行为和心理的“规律”，而“因人情”便以承认、遵循这一人情规律为前提。

其二，韩非子的道理为法令制度增加了形上色彩，并提供了正当性辩护。先秦诸子讨论君道往往在天、地、人的叙事框架中展开，他们总是希望将一切“人事”寄托在“道”“天道”等最高权威下，人事应当效法天道的运行规律，君主则是天道与人事的沟通媒介。这一“推天道以明人事”的政治思维，在黄老道家那里表现尤其明显。韩非子亦主张君主“待命于天”，“因天之道”[①]，“揆之以地，谋之以天，验之以物，参之以人”[②]，“因道全法”[③]，认为“能象天地，是谓圣人”[④]，还将“天时”视作“明君之所以立功成名”的关键因素之一[⑤]。这些论述的最终目的皆是要推衍出国家法度的权威性——即“道”是世间万物的“是非之纪”，同样“法”则是所有臣民必须遵守的“是非之纪”。

其三，韩非子的道理论为君主的自神术和统御术提供了理论依据。陈奇猷在解释《韩非子·扬权》篇“明君贵独道之容”时指出，这里的“道”亦即《韩非子·定法》篇所云人主所执之“术”。韩非子确实在不少地方直接以“道”指称“术”，并且按照陈先生的说法，将此处的“道”直接视作“术”亦大致可通，也可显示出韩非“道”论的法家特色。但是，若直接以“术”代“道”，那便无法彰显“道”对于“君”的重要意义——即只有“预设”君主独擅了道，才能够保证韩非子在该篇所着重讨论的如下事项被视作不证自明。首先，君主始终位居“中央”，所有臣民只是围绕这一中央的“四方”，因而众星拱月般地助成君主的集权统治。其次，君主独擅了“道”，

---

① 《韩非子·扬权》，第30、31页。
② 《韩非子·八经》，第334页。
③ 《韩非子·大体》，第157页。
④ 《韩非子·扬权》，第35页。
⑤ 《韩非子·功名》，第154页。

才能够名正言顺地独断“名”，进而通过“君操其名，臣效其形，形名参同”的方式来实现“皆用其能”而“上乃无事”的无为之治。最后，独断“道”的君主成为“能象天地”的神君，发号政令每每“若电若雷”，因而在“上下一日百战”的过程中永操胜券。另外，在《主道》等篇韩非子有不少告诫君主模仿“道”以伪装自己的论辞。

君主独擅了“道”，既可以天经地义地占据权力系统的制高点，亦使自己隐于无形，这样就可以有更大的把握在与群臣的权力博弈中立于不败之地。君主统治有了“道”的依托和庇护，就愈发显得强大、威严和神圣。

第二节　变化史观与新圣登场

面对东周乱世，诸子大多从“历史”那里为其理想治道寻找权威依托，比如孔子诉诸周文王和周公，墨子诉诸禹，孟子诉诸尧舜，黄老道家诉诸黄帝。他们大多相信人类的黄金时代在古代而非当今，当今君王因而需要效法古代圣人以治理天下。法家的历史观却与这一复古思潮形成鲜明对比，法家认为古代固然民风淳朴，但时代既然变了，那么当今君王在追求治世时就不必泥古不化。商鞅将历史分为上世、中世、下世或昊英之世、神农之世、黄帝之世[①]，韩非子则将历史类似地分为上古、中世、近古和当今四个时期。上古之世是人兽揖别的时代，人类的生活还保存着动物界的很多样态，有巢氏教人“构木为巢”，改善了人的居住条件，燧人氏教人“钻燧取火以化腥臊”，改善了人的饮食水平。中古之世鲧禹治水，改善了人的居住条件，表明人类试图进一步改造自然以为己所用。近古是殷周之世，桀纣暴乱，汤武取而代之。当今则是以实力赢得生存或兼并天下的时代。[②]

韩非子在中国历史上第一次正面讨论了人口增殖与历史发展、社会状况之间的关系。[③]《韩非子・五蠹》：“古者丈夫不耕，草木之实足食也；妇人不织，禽兽之皮足衣也。不事力而养足，人民少而财有余，故民不争。是以厚

① 《商君书》之《开塞》《画策》，诸子集成本，中华书局2006年版，第15—17、30—31页。

② 参见《韩非子》之《八说》《五蠹》，第326—327、339—341页。

③ 张岂之主编，刘宝才、方光华分卷主编：《中国思想学说史（先秦卷）》，第693页。

赏不行，重罚不用，而民自治。今人有五子不为多，子又有五子，大父未死而有二十五孙。是以人民众而货财寡，事力劳而供养薄，故民争，虽倍赏累罚而不免于乱。”① 古代人口稀少，显得财货有余，故纷争较少；当今人口众多而财货并未明显增加，于是人们的争夺之心和争利之行愈演愈烈。韩非子的这一论述尽管稍显粗疏，但它确实较为全面地呈现了有关人口增长与物质财富增长之间的复杂关系，这为从社会自身而不是从神学或天命处解释历史和社会发展提供了一个新颖视角。

韩非子认为随着生产的发展、人口的增加，人际关系以及人们的“道德”观念亦处于变化中。《韩非子·五蠹》：“上古竞于道德，中世逐于智谋，当今争于气力。”② 上古时人们以仁义道德相标榜，中世时人们在智谋上角逐，当今则在实力上竞争。然而，在韩非子看来，这并不能说明上古之人“仁”而当今之人“鄙”，而主要是因为古时人少而物相对多，当今人多而物相对少。进言之，上古时代人们之所以每每能够做出“让天子”“传天下”这样的辞让之举，是因为那时王天下者必须身体力行，其劳苦程度甚至不亚于监门和臣虏，其吃穿用度与寻常百姓亦无太大差别，因此在上古时代辞让天子并不值得称赞。然而在当今哪怕像县令这样的小官也能够使子孙数代荫其泽，面对如此重利之位，人们自然不再愿意辞让，而是每每争权夺利。韩非子从社会风气和物质条件变化的角度，分析人们在不同时期的“道德”“智谋”和“争力”等表现，这在先秦诸子中独树一帜。

韩非子通过这一变化史观来说明，现实中的统治者应当厉行“法治”以应对战国乱世。法家洞悉战国是一个弱肉强食的时代，唯有提高本国实力才能自存于天下或者兼并天下，“力多则人朝，力寡则朝于人”③。商鞅主张将民众塑造成为对“富国强兵”最为有用的农民和战士，韩非亦主张：“圣人之治也，审于法禁，法禁明著则官法；必于赏罚，赏罚不阿，则民用。官治则国富，国富则兵强，而霸王之业成矣。”④ 抟聚民力物力以形成强大的国家实力，是法家讨论历史变化的重要归结点。战国时代强化君主集权和实施富国

① 《韩非子·五蠹》，第 339—340 页。
② 《韩非子·五蠹》，第 341 页。
③ 《韩非子·显学》，第 354 页。
④ 《韩非子·六反》，第 319—320 页。

强兵战略是互为因果的：只有君主权力强大到使君主成为国家“唯一主人”的时候，才能将全国上下抟聚起来，形成威慑他国的强大实力；反过来，战国时代列国施行的富国强兵战略又进一步强化了君主集权统治。

韩非子在前期法家的基础上讴歌“新圣”的登场。前期法家认为“圣人……不法古，不循今，当时而立功”①，“圣人……与时变，与俗化”②，韩非子进一步认为若将古代的那一套治国理论施于当今，那么“必为新圣笑”，指出“圣人不期修古，不法常可，论世之事，因为之备”③，务必要选择合乎时宜的治世路径。“圣人”在先秦时代是一个极为复杂的概念，近乎所有诸子皆有其独特的圣人观。法家的圣人主要是指能够因乎时变进而完全践行法家之道的理想执政者，韩非子进一步提出了“新圣”概念。④ 一个“新”字将法家的“圣人”与其他诸子的“圣人”划开了界限。韩非子认为唯有“圣人”能够“明能知治”，唯有“圣人”能够“审于是非之实，察于治乱之情”，⑤ 并且明确指出“圣人”便是指那些可以“随时以举事”且“明知知治、严必行之”的“人主”。⑥ 然而，法家“圣人”的所作所为却每每引起“愚戆窳堕之民”的不满。在韩非子看来，民众愚昧，不懂得治乱之道（“民愚而不知乱”），并将圣人重建新秩序和开创新世界的政治改革视作暴乱之举。这具体表现为：“今上急耕田垦草以厚民产也，而以上为酷；修刑重罚以为禁邪也，而以上为严；征赋钱粟以实仓库，且以救饥馑、备军旅也，而以上为贪；境内必知介而无私解，并力疾斗，所以禽虏也，而以上为暴。”⑦ 于是韩非子认为“适民心者，恣奸之行也”⑧，因此他提出若欲实现治世只能“求圣

---

① 《商君书・更法》，第 2 页。

② 黎翔凤撰，梁运华整理：《管子校注》，第 922 页。

③ 《韩非子・五蠹》，第 339 页。

④ 梁启雄释“新圣”为“新兴时代的新圣人”。陈启天指出：“《新释》曰：新圣，韩子自称也。”可见，“圣人”既可以指法术之士，亦可以指理想中的君主，不过一旦承认法术之士意在“得君行道”，那么法术之士和理想中的君主其实并不矛盾。张岱年指出：“作为改革的设计者、推行者和思想家，法家有重大的贡献。他们的人格和这些君主差不多，他们几乎都是为了个人的富贵利达而追随那些喜怒莫测的专制君主。”梁启雄：《韩子浅解》，中华书局 2009 年版，第 466 页；陈启天：《增订韩非子校释》，第 27 页；张岱年、程宜山：《中国文化精神》，第 136 页。

⑤ 《韩非子》之《南面》《奸劫弑臣》，第 87—88、72 页。

⑥ 《韩非子》之《喻老》《南面》，第 123、86—87 页。

⑦ 《韩非子・南面》，第 86 页。

⑧ 《韩非子・南面》，第 86 页。

通之”[1]。韩非子所谓的“愚民”实际上包括了所有不谙法家之道的人，既包括儒者等持“杂反之学”的“学者”，亦包括黎民百姓，还包括那些不践行法家之道的官僚。通过一圣一愚的对比，韩非子意在说明战国时代的施政者们应当像他所描述的“新圣”那般体察治乱之道和把握历史大势。

韩非子的“圣人”已然掌握了历史演变的“规律”，这是其“君道同体”论的必然逻辑。韩非子认为：“道者，万物之所然也，万理之所稽也。”[2] 张纯、王晓波指出，韩非子的“道”不仅是自然物质的本体，而且是“一切自然物质或人事社会规律的总汇之源”。[3] 不过，通观《韩非子》，韩非子并不大关注自然物质，他更加关注社会的规律。韩非子对历史变化的讨论，也是为了找寻和推演出历史的“规律”和“必然性”。这些有关历史和社会的规律只能由体道之圣人洞悉和把握。如上文所言，圣人便是指韩非子理想中的执政者。既然只有圣人般的君主才能把握历史规律，那么在争于气力的“当今”由圣王进行变法改制就是合乎规律的行为。韩非子凸显历史演变的规律和必然性，正是为了从形上层面证明法家之“法”存在的必然性和合理性。法家推行“法治”意在强化君权、增强国家实力和对外征伐，具有强烈的责下和驭民指向，在法家看来这些均合乎历史发展至“当今”的必然要求。然而，法家遮蔽了一个重要问题，即“当今”之所以“乱”并非因为黎民百姓，而正是因为那些高高在上、权势赫赫的列国执政者以及其他在上者。正是由于在上者之间的尔虞我诈和争名逐利，才导致战国时代“海内争于战功”。尽管不少黎民百姓以及汲汲于名利的士人在列国纷争和各种政治斗争中扮演了重要角色，但我们无法否认列国国君才是战国时代各种战乱和权力斗争的真正元凶。芸芸众生更多的是被国君以威逼利诱的方式驱赶到利益角逐场中，成为列国国君争夺天下最高统治权和强化集权统治的牺牲品。[4]

韩非子尽管强调历史是变化的，但是当韩非子理想中的政治体制和政治格局在扬弃“传统”的基础上形成后，他又坚决主张法家的“至安之世”需

---

① 《韩非子·显学》，第356页。

② 《韩非子·解老》，第107页。

③ 张纯、王晓波：《韩非思想的历史研究》，第40页。

④ 芸芸众生亦通过国君建功立业实现了自己的功利需求，但毕竟芸芸众生处于弱势地位。在国君与芸芸众生之间，拥有绝对化权力的国君才是真正的主导者。

要保持稳定性和恒常性，“历史”似乎要“终结”于此。张纯、王晓波指出，韩非所谓的“法与时移”实际上针对的是“他所反对的法”，一旦自己理想的法治得以确立，那么他又主张定法。① 韩非子所言“有道之君贵静，不重变法”②，“国有常法，虽危不亡”③，均是指在经过法家改革后政治制度应当固定下来。另外，若有“先王”能够满足韩非子的理想，那么这样的先王亦是应当受到尊崇的——这也正是韩非子偶尔以“先王”指称其理想君主、以“先王之道”指代其理想治道的关键所在，因此“先王”也是韩非子为现实的君主统治进行全方位论证的理论注脚。④ 从现实政治的立场来思考“为治”的问题，恰恰是韩非子治道学说的重要特质。

第三节　矛盾观与敌对意识

韩非子是先秦诸子中第一位明确提出矛盾律的思想家⑤，他以具体的矛和盾来比喻不可两存事物间的对立性，赋予“矛盾”以形上意义。韩非子的矛盾观强调对立双方的势不两立关系，这种关系在韩非子思想系统中有许多具体体现，并在君臣之间的权力斗争关系上体现得尤其鲜明。正是基于这种认识，韩非子反复告诫君主应当将臣僚尤其是身边重臣视作对君主权力有直接或潜在威胁的敌人。韩非子以此来说明，君主必须绝对控制臣僚，而非被臣僚所控制。

韩非子在两处明确提出了他的矛盾观，在《难一》篇中，他认为儒家所提倡的“尧”和“舜”是矛盾的，尧为明察的圣人就不会有失政，就无需贤明的舜来补偏救弊，反之舜的德政恰恰衬托出尧之有失，可见“舜之德化”与“尧之圣”不可两存，“尧舜之不可两誉，矛盾之说也”。在《难势》篇中，韩非子以“复应之”的角色反驳“应慎子者”，认为依照“贤治”原则，贤人是不受约束的，依照“势治”原则，所有人都应当受到约束，于是“不可禁”的

---

① 张纯、王晓波：《韩非思想的历史研究》，第104页。

② 《韩非子·解老》，第104页。

③ 《韩非子·饰邪》，第91页。

④ 刘泽华：《中国政治思想史集》第3卷《王权主义和思想与社会》，第78—79页；陈蕙娟：《韩非子哲学新探》，台北：文史哲出版社2004年版，第27—121页。

⑤ 周钟灵：《韩非子的逻辑》，人民出版社1958年版，第6页。

“贤”就与“无不禁”的“势”构成矛盾关系，二者是“不可两立”的。

韩非子的矛盾观是先秦时期朴素辩证法观念发展的结果。比如《周易》所言的大小、否泰、损益、刚柔、乾坤、阴阳、君子小人等一系列相反相成的概念范畴，春秋时期史伯反对“以同裨同”而主张有差别和矛盾的统一，管仲在政治领域主张“因祸而为福，转败而为功”①，晏婴有关“可”“否”的相关论述，《老子》的成缺、祸福、有无、难易、长短、高下、前后等体现“反者道之动”辩证法的观念，墨家的“同异交得”观念等，均是韩非子矛盾观产生的思想土壤。不过韩非子更加强调矛盾双方的势不两立，即一方必须压制和战胜另一方，具体表现在如下方面。

在古今关系上，韩非子坚决主张变古而厚今，“变古”意味着改变西周春秋的贵族政治，“厚今”则意味着肯定战国时代列国变法的政治成果，从而为新圣的登场提供历史和理论依据。在贤治和势治关系上，韩非子反对必待贤而治，主张中主以人设之势实施集权统治，同样在德法关系上主张“不务德而务法”②。在法术之学与其他思想的关系上，韩非子认为儒墨等一切无益于国富兵强和主尊的思想学术均是杂反之学，是必须被清除的国之蠹虫，所谓“言行而不轨于法令者必禁”③。同样在“有用”“无用”的关系上，韩非子主张“举实事，去无用”④，一切无助于强化君主权威和国富兵强的人事物均应当被禁止。在公私关系上，韩非子主张立公灭私，对臣民而言君主法度是唯一的公，一切背离法度的人事均是私，臣民只能绝对无私而一心为公。同时，韩非子还建议君主亦要克制过甚己欲以合乎法度之公，从而强化法度的威严性和震慑力。在君臣关系上，韩非子坚信君臣之间势不两立，君主若能清醒地认识到君臣“异利”就可以称王，如若天真地以为君臣间利益相同且可以患难与共则必被劫杀。在法术之士与当途重人的关系上，韩非子认为二者是你死我活的关系。在君民关系上，韩非子认为君主必须牢牢把控民众的一切生死祸福，使其统统抱有一颗“尽力事主之心”⑤。在国家和社会的关系上，

① 《史记·管晏列传》，第4415页。
② 《韩非子·显学》，第355页。
③ 《韩非子·问辩》，第301页。
④ 《韩非子·显学》，第357页。
⑤ 《韩非子·饰邪》，第92页。

韩非子主张国家必须凌驾于社会之上，一切社会事务务必以国家公利为依归。在社会一元和多元的关系上，韩非子反对多元化，主张抟铸起一个以君主为核心的一元化社会控制体制。在内政和外交的关系上，韩非子认为治强不可责于外，主张“严其境内之治”① 以加强本国实力，万万不可将国家事务寄托于外交和外援，否则不仅无助于开疆拓土，而且会导致亡国灭族。与此密切相关的是，在自恃与恃人的关系上，韩非子坚决主张“自恃无恃人”②，“明主坚内，故不外失”③，君主若不“自恃”，那么希望自己的国家不受侵略，就无疑是一种侥幸心理。在治国之道的适然性与必然性上，韩非子主张君主务行“必然之道”，即君主运用一切手段控制臣民，增强国家实力，使他国不得不朝于己。可见，韩非子的矛盾观始终与战国时代的现实政治密切相关。

韩非子通过讨论这些“矛盾关系”试图说明，君主应当在各种错综复杂的关系中认清形势、权衡利弊、通盘考虑，从而做出果断抉择，使自己始终处于“控制”他者的主动位置，而不是成为“被控制”的对象。其中，你死我活的“国际”关系④和势不两立的君臣关系，是韩非子关注的重点，因为韩非子对矛盾观的讨论最终均是为了给君主如何在处理一系列矛盾关系的基础上实施有效的国家治理以最好的建议。韩非子尽管对国际关系和君臣关系的认识有很大不同，但均强调了列国之间和君臣之间的敌对意识。基于这一敌对意识，韩非告诫君主，在治理国家时务必要将国家的生存权尤其是面临的各种直接或间接的外部威胁，纳入考量范围。⑤

在前期法家、黄老道家、兵家及纵横家等的基础上，韩非子明确主张先发制人地消灭敌人，所谓“先战者胜”⑥，“夫王者，能攻人者也”⑦。这种不得已的先发制人策略，反映出战国末期因列国纷争而来的各方政治力量相互斗争的现实性和残酷性。不仅列国之间是尔虞我诈的战争关系，而且国内君

① 《韩非子·五蠹》，第 349 页。

② 《韩非子·外储说右下》，第 255 页。

③ 《韩非子·安危》，第 149 页。

④ 本书所用的“国际关系”与现代国际关系理论中的“国际关系”不是一个概念。

⑤ 笔者对韩非子“敌人意识”的解读，受到了万俊人和左高山的启发。参见左高山《敌人论》，中国人民大学出版社 2016 年版。

⑥ 《韩非子·心度》，第 365 页。

⑦ 《韩非子·五蠹》，第 349 页。

臣之间亦是权力博弈关系。韩非子引黄帝之言曰“上下一日百战”①，这是韩非子矛盾观在君臣关系上的集中体现。此处“下”可以指所有臣民，不过主要还是指重臣。通观《韩非子》，上下一日百战的论辞绝非虚言，而是韩非子对君主的重要提醒——即只要时机成熟，君主所用的高级官僚随时随地可能反叛而成为君主的敌人，重臣尤其是君主必须严加提防的头号潜敌。尤锐指出，韩非子将君主的每一个臣下视作君主的潜在敌人，反复告诫君主应当通过各种手段控御潜敌，进而维护权位的绝对稳固。② 此论甚是。君主只有将群臣统统视作潜敌，随时随地做好防备，才可能防患于未然。《韩非子·内储说上七术》：“尽敌之，无奸也。”注云：“君亦当尽敌于臣，皆所防疑，则奸绝也。”诚为确诂。韩非子深信敌人潜藏于君主所能触及的所有地方（“奸邪满侧”③），因此他提醒君主万万不可信人，“信人则制于人”④。韩非子一再告诫君主必须时时处处压服群臣，否则必被群臣反噬。正是由于“预设”了敌人无处不在、无时不有，韩非子反复提醒君主应当保持冷静和清醒的头脑，要尽可能地伪装自己，隐藏喜怒哀乐在内的一切重要信息，使自己完全暗化和隐蔽化，以防自己的任何行为被臣僚所利用。《孙子兵法·虚实》：“能因敌变化而取胜者，谓之神。”⑤ 韩非子的理想君主正是这种“因敌变化而取胜”的“神君”，只不过他是在政治领域展开与敌人的较量。有学者指出，韩非子是“一个伟大的兵”⑥，韩非子建构的是强者如何征服和支配弱者的国家暴力控制理论（君主是专制时代最大的强者）⑦，韩非子学说是一种“军事化的政治学”⑧，《韩非子》虽非兵书但与兵书颇有相通之处⑨，这是颇有道理的。君主越是将君臣关系视作势不两立的关系，就越是忌惮群臣并不断要求臣僚绝对

① 《韩非子·扬权》，第 34 页。

② Yuri Pines，“Submerged by Absolute Power：The Ruler's Predicament in the *Han Feizi*”，in Paul R. Goldin，eds.，*DAO Companion to the Philosophy of Han Fei*，Berlin：Springer，2012，pp. 75 –76.

③ 《韩非子·扬权》，第 33 页。

④ 《韩非子·备内》，第 82 页。

⑤ 《孙子兵法·虚实》，诸子集成本，中华书局 2006 年版，第 102 页。

⑥ 郭沫若：《十批判书》，第 952 页。

⑦ 张星久：《中国政治思想史（古代部分）》，第 117 页。

⑧ 卢瑞钟：《韩非子政治思想新探》，第 210 页。

⑨ ［日］汤浅邦弘：《竹简学：中国古代思想的探究》，白雨田译，东方出版中心 2017 年版，第 207 页。

服从。这透显出君主惧怕被臣僚所壅劫的深深的权力危机感。这一权力危机感，显示出战国晚期伴随君主权力的不断集中化，君主权力的安全性也日渐受到关注。在先秦诸子中，韩非子是对权力安全性关注最多的一位思想家。

你死我活的国际关系和势不两立的君臣关系内含强烈的敌对意识，基于这种敌对意识，韩非子告诫君主在治国理政时应当具有危机意识，尤其需要将臣僚统统视作潜敌，这既是韩非子明显异于其他诸子的地方，也是韩非子治道学说的独特处。基于这种鲜明敌对意识的矛盾观，韩非子建构起了以“控制”与“反控制”为核心的治道学说，这在先秦诸子中可谓独树一帜。韩非子治道学说的核心问题之一，便是君主需要不择手段地伺察、防备和驯服具有直接或潜在威胁的群臣，然而君主又不得不利用本身具有潜在威胁的臣僚，因此君主对群臣总是“制伏”与“利用”并重。

第四节　人情论与君臣市交

韩非子洞悉战国以来的君主统治必须得落实到对“人”的控制上，而控制人就必须要找寻和利用有关人的“规律”，趋利避害的“人情”恰恰就是君主实施高效统治需要加以利用和掌控的规律。韩非子通过以“情”论“人”刻意凸显出人趋利避害的本能反应，强调了一切社会关系中利益因素所起的关键作用，并最终落脚于讨论君臣市交上。韩非子之所以强调君臣间乃是利益交换关系，一是告诫君主绝对不可轻信任何人，二是提示君主应当善于选人用人，运用利益杠杆调动官僚奉法守职的积极性。一旦君主牢牢掌控了人情，那么他的统治就可以事半功倍。

韩非子的“人情”是指人在接人待物过程中表现出的趋利避害的真实情态，经典表述是：“夫安利者就之，危害者去之，此人之情也。”① 尽管韩非子偶尔以“性”来认识“人”，比如“民之性，喜其乱而不亲其法”，“民之性，恶劳而乐佚”② 等，但通观《韩非子》，韩非主要还是以“情”论

① 《韩非子·奸劫弑臣》，第69页。

② 《韩非子·心度》，第365页。另外韩非在他处亦有论及“性”处，比如“子母之性，爱也”(《八说》)、“夫智，性也”(《显学》)。这些“性”其实即是“天”。

“人”。韩非子以人情来呈现人好利恶害的真实情态和本能反应，这是先秦性情论发展演变的重要结果。先秦时期“性”“情”每每互用、连用，但二者毕竟有别。“性”的本字是“生”，指草从地下生长出来。郭店简《语丛二》《语丛三》《缁衣》《成之闻之》《性自命出》以及丙本《老子》，上博简《孔子诗论》《性情论》等的“性”与“生”“眚”相通①，表明“性”是在继承“生”这一原始意义的基础上发展而来的。“情”的本字是“青”，意指草木之青色。从二者本字就可看出，“性”更加注重内在之本体，“情”则注重外在之形式。正因如此，先秦时代“性”往往侧重于展现思想家对人之所以为人的终极关怀和思考，着重体现人之精神追求的内在根据；“情”则更侧重于展现事物的“质实”和人的“情实”。② 郭店楚简《性自命出》《语丛二》、上博简《性情论》较早且有意识地将情性分开③，荀子进一步指出：“不事而自然谓之性。性之好恶、喜怒、哀乐谓之情。……性者、天之就也；情者、性之质也；欲者、情之应也。”④ 《礼记·礼运》篇亦云：“何谓人情？喜、怒、哀、惧、爱、恶、欲，七者弗学而能。”可见，性情皆乃人生而俱有者，只是相对“性”而言，“情”主要指从性处流露出来的种种感情、情绪、感受及其相应的行为表征。进言之，“性”难以视、难以知，“情”可观可感。韩非子颇为强调在政治中一切人事均须被明确“参验”，而“情”恰恰具有这种可以被明确感知的特点，这是韩非子以“情”论“人”的关键所在。关于韩非子“人情论”与先秦性情论的复杂关系，我们将在第七章做进一步的讨论，这里仅就人情论与君臣市交的关系问题做一分析。

韩非子首先在社会关系中讨论“人情”，认为一切社会关系无不包含利益和算计。《韩非子·备内》：“医善吮人之伤，含人之血，非骨肉之亲也，利所加也。故舆人成舆，则欲人之富贵；匠人成棺，则欲人之夭死也。非舆人仁而匠人贼也，人不贵，则舆不售；人不死，则棺不买。”⑤ 医生善于吮吸病人

① 相关讨论参见欧阳祯人《先秦儒家性情思想研究》，武汉大学出版社2005年版，第61—62页。

② 欧阳祯人：《先秦儒家性情思想研究》，第85—89页。

③ 武汉大学简帛研究中心，荆门市博物馆编著：《楚地出土战国简册合集·郭店楚墓竹书》，文物出版社2011年版，第99—100、152页；马承源主编：《上海博物馆藏战国楚竹书（一）》，上海古籍出版社2001年版，第228页。

④ 《荀子·正名》，第274、284页。

⑤ 《韩非子·备内》，第83—84页。

伤处，吸出脓血，并非与病人间有骨肉亲情，而是如此做就有利益回报。造车的希望人们富裕和尊贵，造棺材的却希望人们早死，这并非因为造车的人仁慈而造棺材的人狠毒，而是因为人若不富不贵，那么车子就卖不掉，人不早死，那么棺材就无法及时卖出。《韩非子·说林下》："鳣似蛇，蚕似蠋，人见蛇则惊骇，见蠋，则毛起。渔者持鳣，妇人拾蚕，利之所在，皆为贲、诸。"① 鳝鱼形似蛇，蚕似毛虫，人们见到蛇和毛虫皆甚惊恐。然而捕鱼者抓鳝鱼，妇女养蚕，这些均是受利益的驱动。《韩非子·外储说左上》："夫卖庸而播耕者，主人费家而美食，调布而求易钱者，非爱庸客也，曰：如是，耕者且深，耨者且熟耘也。庸客致力而疾耘耕者，尽巧而正畦陌畦畤者，非爱主人也，曰：如是，羹且美，钱布且易云也。"② 雇主愿花费家财为雇工准备美食，并非真的爱那些雇工，而是因为唯有如此，耕地的才会耕得更深，锄草的才会锄得更细。同样，雇工们肯努力耕耘田地，并非因为爱东家，而是因为这样做，饭菜才会更加可口，东家的钱才更加容易挣。另外《说林上》和《说林下》记载有不少有关列国之间使用权谋诈术的故事，韩非子以此来说明列国间唯有利益趋向和实力高低才是最终的决定因素，这也与战国时代尔虞我诈的国际关系是一致的。

韩非子进而指出家庭内的至亲之间亦有相当的利害考量。《外储说左上》篇曰："人为婴儿也，父母养之简，子长而怨；子盛壮成人，其供养薄，父母怒而诮之。子、父，至亲也，而或谯或怨者，皆挟相为而不周于为己也。"③ 人在婴童时父母若抚养不周，等长大后就埋怨父母。子女在成年时赡养父母不力，父母就要责怪他们。父母与子女是至亲关系，有时责备，有时埋怨，都是因为抱着相互依赖的心理，认为对方未能周到地照顾自己。韩非子甚至认为父母"虑其后便，计之长利"，"产男则相贺，产女则杀之"，并明确以"计算之心相待"来形容父母对生男生女的态度。④ 兄弟之间亦是如此，"桓公，……争国而杀其兄，其利大也"⑤。没有血缘关系的夫妻之间更是如此，

① 《韩非子·说林下》，第 137 页。
② 《韩非子·外储说左上》，第 204—205 页。
③ 《韩非子·外储说左上》，第 204 页。
④ 《韩非子·六反》，第 319 页。
⑤ 《韩非子·难四》，第 292 页。

卫人之妻祷告意外的钱财不要太多，否则丈夫“将以买妾”[①]，便是显例。韩非子明确指出：“父母之所以求于子也，动作则欲其安利也，行身则欲其远罪也。”[②] 这表明他并非全然认为家庭关系中只有利害关系，但是仍将家庭关系中的“利”予以凸显，这无疑体现出韩非子坚决认同趋利避害的“人情”具有普遍性：“父母之于子也，犹用计算之心以相待也，而况无父子之泽乎？”[③]

韩非子讨论“人情”最终归结到君臣市交上。《备内》篇谓：“人臣之于其君，非有骨肉之亲也，缚于势而不得不事也。故为人臣者，窥觇其君心也无须臾之休，而人主怠傲处其上，此世所以有劫君弑主也。为人主而大信其子，则奸臣得乘于子以成其私……为人主而大信其妻，则奸臣得乘于妻以成其私……夫以妻之近与子之亲而犹不可信，则其余无可信者矣。……后妃、夫人太子之党成而欲君之死也，君不死，则势不重。情非憎君也，利在君之死也。”[④] 这一段对君臣关系的表述最直白也最具特色。韩非子认识到臣之所以服从君，乃是因为君主的强大威势使然；反之，君主之所以为君主则是因为他掌控着巨大的权势。君主的“势位”已然成为所有臣民时时刻刻觊觎的最大利益所在，所谓“人臣者，窥觇其君心也无须臾之休”。在战国末期以来的君主政治中，君主权力不断集中，得到前所未有的强化，但同时君主的权位也更加受到臣僚的觊觎。任何人只要占据君位这一权力制高点，那么他就可以控制治下之人而无须听命于任何他者。[⑤] 既然君主权位是人人欲得之“大利”，加之一切社会关系乃至家庭关系无不存在利益算计，那么君主必须清醒地认识到，君臣关系只是一种利益关系，在君臣之间决无完全超越利害关系的其他因素，所有臣僚只是慑服于君主的威势。韩非明确指出：“君臣异心，君以计畜臣，臣以计事君，君臣之交，计也。”[⑥] 在这一前提下，君主必须清醒地认识到一切臣僚皆在思谋着如何明夺或暗劫君权因而成为君权潜在的威胁者，因此君主对所有臣僚均要保持高度的警惕心，哪怕是膝下子和枕边人。

---

① 《韩非子·内储说下六微》，第 182 页。
② 《韩非子·六反》，第 320 页。
③ 《韩非子·六反》，第 319 页。
④ 《韩非子·备内》，第 82—84 页。
⑤ 雷戈：《秦汉之际的政治思想与皇权主义》，上海古籍出版社 2006 年版，第 161 页。
⑥ 《韩非子·饰邪》，第 93 页。

韩非子通过趋利避害的“人情”来表明君臣间实乃一种利益交换关系，这既是他对战国时代逐利世风和官僚制度发展的理论回应，亦是他对西周春秋宗法政治批判的结果。

首先，韩非子正视并承认了战国时代一切人际关系乃至国际关系中利益因素起着至关重要的作用。战国时代商业活动有所发展，市场交换频繁，出现了“上下交征利”① 的状况。苏秦功成名就后昆弟妻嫂对他的态度②，孟尝君和廉颇失势之后门人食客对他们的态度③，鲜明地展现出时人趋炎附势的真实情态。战国时代列国之间常常背信弃义，一味追求利益和注重实力，为了本国利益每每将他国利益作为交换筹码。在此情势下列国国君最关注的也只是利益，梁惠王见到孟子便问何以“利吾国”，便是显例。韩非子以人情来考量一切人际关系，显然与这一利来利往的时代氛围颇为契合。

其次，韩非子的君臣市交论与战国逐渐形成并不断完善的官僚制度的发展颇有关系。春秋战国时期新型官僚制度逐渐代替世卿世禄制度，领取俸禄的官僚逐渐代替宗法制下的家臣。与之相应，俸禄制度、赏金办法、玺符制度、上计考核制度、监察制度以及选官任官制度等亦逐渐确立。尽管列国官僚制度的发展不完全一致，但至少有一点大致相同，即此时维系君主与官僚关系的不再是宗法血缘和采邑，而是爵禄。列国君主为了招揽更多人才往往将俸禄和爵位作为筹码，“县（悬）爵重赏以招致之”④，“劳大者其禄厚，功多者其爵尊，能治众者其官大”⑤。在此基础上，韩非子进一步指出官僚制下的君臣关系只是一种买卖关系，“臣尽死力以与君市，君垂爵禄以与臣市”⑥，形象地概括了官僚制度下君主与官僚之间的新型关系。

最后，韩非子刻意强调家庭和家族关系中的利益因素，还与他反对西周春秋的贵族政治和儒家思想密切相关。儒家在很多方面继承并发展了西周春秋礼治传统，试图将“亲亲”的父子角色规范和“尊尊”的君臣角色规范融

---

① 《孟子·梁惠王上》，诸子集成本，中华书局 2006 年版，第 22 页。

② 《史记·苏秦列传》，第 4684、4731 页；《战国策·秦策一》，第 64—70 页。

③ 《史记》之《孟尝君列传》《廉颇蔺相如列传》，第 5028、5032、5289 页。

④ 《荀子·君道》，第 159 页。

⑤ 《战国策·秦策三》，第 142 页。

⑥ 《韩非子·难一》，第 269 页。

为一体，使所有社会角色统统处于“礼”的规范内，在政治伦理一体化的基础上建构出一种“双向型”的社会规范系统。进言之，儒家的礼治尽管是一种等级森严的社会和政治规范系统，但是在儒家看来只有君、父尽到他们应尽的责任，处于下位的臣、子才有服从的义务。法家却认为儒家的治国方略没有剑及屦及的政治效力，为了佐助君主实施高效的国家治理，他们坚决反对贵族政治和儒家治道，倡导“法治”从而建构出臣民绝对服从君主的单向型政治规范，韩非子更是将这一单向型伦理规范大大地向前推进了，而君臣市交论恰恰为这一政治方略提供了理论基础。

韩非子将“人情”视作君主进行有效国家治理和人身支配的天然资源，最终目的是将臣僚的“私利”统统纳入合乎国家之“公利”的轨道。春秋时代已经有人明言“恶死而欲富贵”① 乃人所共有的反应，不少先秦文献亦表明人之好利恶害实乃当时人的共识②，韩非子进一步指出君主治国理政必须顺任和利用人情，即“凡治天下，必因人情”。承认人有趋利避害的本性，往往会导致两个不同的发展方向：一是任人自主自为，为建构自由和谐的社会提供基础；二是以权力为后盾将人引导至合乎统治者利益的方向。韩非子的“人情论”显然属于后者。韩非子颇为反对臣僚的自主自为，反之一再强调臣僚的所有行为均须处于国家法令制度的规范范围。在韩非子看来，臣僚的“私义”是臣僚按照一己之私心行事，信于朋友，只顾个人安逸以及自己家庭和家族的利害得失；君主的“公义”则是在令行禁止的过程中维护国家利益，从而实现国富兵强和君主之尊。维护臣下私义，国家就陷入乱境；维护君主公义，国家就归于治世。在这一意义上，君主公义与国家公义是一致的。为了实现“人臣去私心行公义”③，君主应当明公私而审法禁，体现君主意志同时也代表国家公利的法度因而成了臣僚必须遵循的唯一行为准则。这体现出韩非子从国家和君主的角度，思考如何因循人情、如何去私就公的实用性政

---

① 《国语·吴语》，第678页。

② 参见《左传·昭公二十年》，《论语》之《里仁》《述而》《颜渊》，《老子》第十二、第五十八章，《墨子》之《尚同上》《兼爱上》，《孟子》之《万章上》《万章上》《尽心下》《告子上》《滕文公下》，《礼记》之《坊记》《礼运》，《荀子》之《正名》《性恶》，《庄子·德充符》。前期法家亦多认为人皆趋利避害。《战国策》对各类人物近乎媚态和疯狂争权夺利的描述，何尝不是当时逐利世风的真实写照呢？不过先秦时代对人趋利避害描述最彻底、最露骨者，当属韩非子。

③ 《韩非子·饰邪》，第93页。

治思维。同样，君臣市交并不是一种“平等”的买卖交换关系，其中内含着支配与被支配的主从关系。臣下尽管可以得到君主给予的“官职”和“爵禄”，但这些“回报”只不过是君主控制臣僚的砝码；反过来，君主恰恰利用臣僚对功名利禄的本能需求，维护和加强了统治。

第三章　韩非子的“势”论与绝对君权理论的建构

在先秦诸子的视野里，“势”是一个复杂的概念，所谓“势者，名一而变无数者也”①。先秦诸子大多从不同角度讨论“势”，韩非子则在吸收慎到及其他诸子思想的基础上提出了自己独特的“势”论。《韩非子》论“势”的篇目至少有36篇，占全书的三分之二②，足见“势”在韩非子思想系统中的重要性。梁启超曾经指出法家的“势治”是一种“专制行为”③，之后许多学者认为韩非子通过论“势”旨在构建一种绝对的君权理论。不过值得进一步讨论的是：其一，韩非子“人设之势”的内涵到底指什么？其二，韩非子指出其人设之势是为“中主”而设，但他又反复强调只有圣君明主才能实现天下大治，那么“中主”“明主”“人设之势”与“治世”之间的逻辑关联到底是怎样的呢？其三，韩非子又是如何通过论“势”建构出独特的君权理论的呢？其四，在绝对尊君的同时，韩非子又为什么对君主做出高低上下的品评，并大力批判乱君暗主呢？探讨这一系列问题，既有助于展现韩非子在东周乱世就如何“为治”所做的独特思考，亦有助于进一步呈现韩非子思想的复杂性和深刻性。

第一节　以“威势”为核心的君主之势

张岱年指出：“势的基本含义是事物由于相互之间的位置而引起的变化趋向。”他进而指出中国哲学史中“势”可分为三个层面：一是“事物与事物

① 《韩非子·难势》，第299页。

② 罗独修：《先秦势治思想探微》，新北：花木兰文化出版社2009年版，第89页脚注2。

③ 梁启超：《先秦政治思想史》，《梁启超全集》第12卷，第3672页。

之间的相对位置”，亦即今言之形势；二是“由此等相对位置而引起的变化趋向”，亦即今言之趋势；三是在社会政治生活中统治者与被统治者分别处于不同位置，统治者因而具有管束和压制被统治者的权力，亦即今言之权势。① 形势和趋势层面的“势”较为抽象，具有形上意味，往往指事物本身的规律或事件变化的趋向，比如顾野王《玉篇·力部》所言“势，形势也”，即是此意。《孙子兵法》亦每每从形势和趋势的意义上论“势”，比如《势》篇云：“善战者求之于势，不责于人。”“善战人之势，如转圆石于千仞之山者，势也。”②

韩非子论“势”亦从形势、趋势层面入手。在《观行》篇韩非子指出天下有三条确信无疑的道理（“信数”），一是尽管拥有聪慧，却有办不成的事情（“智有所不能立”）；二是尽管力气甚大，却有举不起的东西（“力有所不能举”）；三是尽管身强力壮，却有无法战胜的对手（“强有所不能胜”）。韩非子进而指出君主即便拥有尧一般的智慧，若无众人之助就无法立“大功”；即便有乌获一般的劲力，若得不到众人之助肯定无法举起自己；即便有孟贲、夏育一般的强劲之力，若无法术亦无法永远取胜他者。这些均是因为“形势”不允许之故。同样，乌获觉得千钧的东西很轻而自己身体很重，离朱可以看清百步以外的细微之物却无法看清自己的眉毛和睫毛，这些亦是“形势”不利使然，所谓“势不便也”。③ 这些具有规律意义的形势和变化趋向是人力无法改变的。为了事半功倍地治理天下，君主就需要“因可势”，即顺任和利用“势”。《功名》篇亦有类似观点：“非天时虽十尧不能冬生一穗；逆人心，虽贲、育不能尽人力。故得天时，则不务而自生；得人心，则不趣而自劝；因技能，则不急而自疾；得势位，则不推进而名成，若水之流，若船之浮。守自然之道，行毋穷之令，故曰明主。”④ 张纯、王晓波指出，韩非的“势”并非君主依照个人的主观意愿“随意行使的权力，而是根据一切客观‘形势’（包括其‘权势’）以达成主观愿望的一种力量”⑤。诚为的见。

---

① 张岱年：《中国古典哲学概念范畴要论》，《张岱年全集》第4卷，河北人民出版社1996年版，第592—593页。

② 《孙子兵法·势》，第71、79页。

③ 《韩非子·观行》，第146页。

④ 《韩非子·功名》，第154—155页。

⑤ 张纯、王晓波：《韩非思想的历史研究》，第117页。

韩非子论“势”最终归结于君主的“威势”，这是政治学意义上的“势”，《说文新附·力部》所言“势，盛力，权也”，《类篇·力部》所言“势，盛力也”，《集韵·蔡韵部》所谓“势，威力也”，[①] 均有这种意涵。需要注意的是，《说文新附》以“权”解释“势”颇具深意。“权”最初总是与秤砣相联系，秤砣以其杠杆力学上的优势地位，能够以铢称镒，甚至每每具有四两拨千斤的巨大力量。由此不难推出，君主亦以其政治上的“优位”，使自己拥有泰山压顶般的政治威势以统御万民。[②] 君主所拥有的此种威势，便是一种“盛力”。

君主的“威势”是君主以其政治上的优势地位，对臣民所形成的政治支配力。它具体表现为，君主对臣民的“支配”和臣民对君主的“服从”。问题的关键是，自三代“家天下”的政治格局形成尤其是战国时代新型君主登上历史舞台以来，“生而在上位”的君主拥有相应的“权”“位”已然是一个事实，但是并非所有君主都能够拥有并保持住足以完全掌控臣民的“南面之威”。于是，韩非子所建构的“势”论既要立足于王权世袭这一事实，又要凸显其独特的“人设”色彩。对此，我们将在后文予以申述。这里我们首先指出，韩非子的“势”主要体现为两个方面：一是君主的强大威势，这是势的核心。这一君主威势以君主权位为后盾，以“道”为形上依托，以“法”“术”为手段，以“因人情”为归结点，以使人“不得不”服从的“力”为表现。二是由君主的威势所营造出来的制度环境和社会导向等客观情势。法家所建构的制度环境和社会导向尽管需要通过君主“抱法处势”来营造，但是它一经形成，便能够超越具体某个君主而相对独立地运作，于是此种威势的构建便不再以君主是否圣明为必要条件，才德平庸的君主也可以实现。通过这一制度环境和社会导向，君主可以将自己的政治意志直达于治下臣民，支配官僚系统进而治理民众，于是，君主以尽可能少的政治参与反而获得了尽可能多的政治回报。

“威势”既是君主使臣民不得不服从的关键因素，也是其征伐天下的基础。《喻老》篇云：“势重者，人君之渊也。君人者，势重于人臣之间，失则

① 宗福邦、陈世饶、萧海波主编：《故训汇纂》，商务印书馆2007年版，第474页。

② 张再林：《中国古代“势”的形上学的理论建构及解构》，《学海》2014年第1期。

不可复得矣。简公失之于田成，晋公失之于六卿，而邦亡身死。故曰：‘鱼不可脱于深渊。’”① 君主必须谨记，威势乃是使臣僚不得不服从的最重要原因，这种威势一旦被臣僚所夺取，必将招致国亡身死的政治败局。《外储说右下》篇载秦昭王言曰：“彼民之所以为我用者，非以吾爱之为我用者也，以吾势之为我用者也。”② 这可视作韩非子假借秦王之口，直白地告诉君主，民之所以服从君，并非心甘情愿，而是君主之势的强大威慑力使其不得不服从。韩非子进一步指出：“夫国之所以强者，政也；主之所以尊者，权也。”③ “万乘之主、千乘之君所以制天下而征诸侯者，以其威势也。”④ 在战国的大争之世，君主最应当依凭的是自身的强大威势，而这一威势以君主对本国臣民和各种资源的全面掌控为前提。

正是在这一意义上，韩非子指出：“威势者，人主之筋力也。”“夫国之所以强者，政也；主之所以尊者，权也。”⑤ 韩非子将“威势”以及与之紧密相关的“政”和“权”视作君主实施强力统治的根本保障。实际上，先秦法家历来将权势视为君主之所以为君主的关键因素，这是法家学派的重要特色。《管子·法法》篇云：“凡人君之所以为君者，势也。”在“势”对君主重要性的论述中，这一段最为鲜明和直白，可视作法家势论的经典表述。《商君书·慎法》篇曰：“主之所以尊者，力也。”这里的“力”是兼并天下的“实力”“国力”，终归得依靠君主运用强势以抟聚之。虽然先秦时代不少思想家从不同角度讨论了“势”对于君主的重要性，但是鲜有思想家如法家这般坦白地指出，“权势”就是君主的“命根子”。⑥ 正因如此，他们告诫君主必须时时处处牢牢把控威势，严加提防所有臣僚对权柄的任何觊觎，所谓“权势不可以借人”是也。

韩非子还援引动物世界的弱肉强食法则，以说明绝对掌控权势的重要性。《二柄》篇云：“夫虎之所以能服狗者，爪牙也。使虎释其爪牙而使狗用之，

① 《韩非子·喻老》，第116—117页。
② 《韩非子·外储说右下》，第254页。
③ 《韩非子·心度》，第365页。
④ 《韩非子·人主》，第362页。
⑤ 《韩非子》之《人主》《心度》，第362、365页。
⑥ 刘泽华：《中国政治思想史集》第3卷《王权主义和思想与社会》，第323页。

则虎反服于狗矣。人主者，以刑德制臣者也。今君人者释其刑德而使臣用之，则君反制于臣矣。”[①]《人主》篇记：“虎豹之所以能胜人执百兽者，以其爪牙也，当使虎豹失其爪牙，则人必制之矣。今势重者，人主之爪牙也，君人而失其爪牙，虎豹失其爪牙之类也。”[②]《八说》篇谓：“今生杀之柄在大臣，而主令得行者未尝有也。虎豹必不用其爪牙而与鼷鼠同威。”[③] 虎豹之所以能够战胜和制伏弱小的狗鼠，乃是因为它们拥有更加威猛的爪牙和更加强悍的筋力。同样，君主之所以使臣民不得不服从，亦是因为他拥有权势这一爪牙和筋力。在韩非子看来，如若君主能够得当地运用“势”，那么臣民就如同被驯化了的兽鹿一般，唯有服从君主支配。[④] 先秦时代尽管有不少以兽畜比喻君主的例子[⑤]，但是鲜有如韩非子这般以动物界强者制伏弱者的例子来隐喻君主绝对把控“势”的重要性，这一论证方式可谓独树一帜。这些论述也从一个侧面表明战国中晚期随着权力的不断强化，君主与重臣之间权力斗争的残酷性。

第二节 “人设之势”与“中主之治”

韩非子将“势”视作君主之所以为君主的关键因素，那么他必然极为警惕任何臣僚以“贤”名对在位之君的政治威胁，也颇为反对将“贤”视作君主在位的必要条件。在《难势》等篇韩非子论证了贤势不相容和势之足用的观点，最终得出结论，即相比势而言，君主自身的贤德其实无关宏旨，最关键的是“抱法处势”。《难势》篇中“慎子”“应慎子者”和“复应之者”分别提出了层层递进的三个辩辞，它们共同构成了一个“正负正”的论辩格局。[⑥] 慎子提出“势位之足恃，而贤智之不足慕”，应慎子者则提出唯有贤者在位用势才可臻于天下大治，韩非子最后以复应之者的角色在反驳应慎子者的基础上阐明了自己的观点。

---

① 《韩非子·二柄》，第 27 页。
② 《韩非子·人主》，第 362 页。
③ 《韩非子·八说》，第 330 页。
④ 《韩非子·内储说上七术》，第 170 页。
⑤ 吕思勉：《吕思勉读史札记》，上海古籍出版社 2005 年版，第 164—165 页。
⑥ 张素贞：《〈韩非子〉难篇研究：韩非子的辩论术》，第 302 页。

第一，韩非子完全赞同慎到有关“贤势之不相容”和“势之足用”的观点。这一点不仅贯穿于《难势》篇的始终，亦可以从《韩非子》其他篇目得到印证。比如《功名》篇记，如桀一般的暴君之所以能够“制天下”并非因其“贤”而是因其“势重”，如尧一般的仁德者“不能正三家”并非因其“不肖”而是因其仅仅是一个“位卑”的“匹夫”，可见“不肖之制贤也以势”。正是由于对君主而言“势”位比“贤”德更加重要，韩非子就认为君主即便拥有贤德却没有相应的威势，也无法使人服从，所谓“有材而无势，虽贤不能制不肖”。“势”具有使在下者不得不服从的威慑性效力，更具确定性，这是韩非子之前慎到所极力强调的。《庄子·天下》篇云：“慎到弃知（智）去己，而缘不得已。”这里的“知”和“己”其实就是“贤”的重要表现，“弃知去己”亦即“去贤”。蒋锡昌对此指出，“不得已”指涉“不得不然”的人事之“势”，“缘不得已”就是利用和顺任使人不得不然的势位。①蒋锡昌以“不得不然”解释“不得已”，极为准确地把握住了慎到乃至所有法家重视“势”的关键——即一旦占据权位和拥有权势，就可以使臣民不得不屈服，哪怕该君主是桀纣般的人物。

第二，韩非子以“偷换概念”的方式反驳了应慎子者，从而凸显了“势”相对于“贤”的绝对优先性。应慎子者认为，“势”具有“便治而利乱”的特点，贤者用势则天下治，不肖者用势则天下乱，现实的情形却是，在上位者“贤者寡而不肖者众”，因此如若“释贤而专任势”，那么必然出现“以势乱天下者多”和“以势治天下者寡”的状况。应慎子者尤其指出：“势者，养虎狼之心而成暴乱之事者也，此天下之大患也。”② 这不禁使人想起《孟子·离娄上》的名言，即“惟仁者宜在高位。不仁而在高位，是播其恶于众也”③。儒家虽然亦尊君重势，但是他们更加强调应当由仁贤之君在位，即仁者在位的应然状态。儒家“祖述尧舜，宪章文武”的真正用意就在于，期盼君主应当以理想之中的尧舜文武作为修德行仁和勤政爱民的楷模。应慎子者还指出：“夫欲追速致远，不知任王良；欲进利除害，不知任贤能：此则不

① 蒋锡昌：《庄子哲学》，上海书店 1992 年版，第 239 页。

② 《韩非子·难势》，第 298 页。

③ 《孟子·离娄下》，第 286 页。

知类之患也。”[①] 此语与《荀子》的《王霸》《儒效》《君道》等篇的论述和意旨颇为相似。先秦儒家内部的思想差异虽然不小，但是他们有一个大致的共同点——即追求贤者在位的应然状态，并对暴君处势保持高度的警惕之心。不少学者认为应慎子者是儒家，这颇有道理。值得关注的是，韩非子在这里将应慎子者的“尚贤”和“任贤”理解成为“必待贤”而治，这其实并不符合应慎子者之言和儒家的基本思想。这里的应慎子者以及所有儒家士人均未提出将“势位”空留出来以“待贤而治”，他们只是强调“贤者任势”的重要性以及仁贤之君宜在高位的理想状态。[②] 同时，韩非子还运用“矛盾”的逻辑原理来说明，在君主世袭时代生而在上位者的“贤”可遇不可求，因此“贤治”和“势治”并不相容，以此来反驳应慎子者，然而，应慎子者在强调“任贤”重要性的时候并无“去势”之说。可见，所谓“贤治”与“势治”不相容，只是韩非子（以及慎到）为了强调君主独擅势位的极端重要性，从而刻意加以凸显的观念。

第三，韩非子预设绝大多数君主是才德平庸者，进而主张营造出一种“人设之势”，使中等资质的君主通过运用人设之势也能够实现天下大治。在《难势》篇韩非子将君主分为三类，一类是尧舜般的贤者，一类是桀纣一般的暴者，第三类是介于尧舜与桀纣之间的普通君主即“中主”。韩非子认为尧舜生而在上位，社会便呈现“治”的发展趋向；桀纣生而在上位，社会则呈现“乱”的发展趋向。这种人力所不能改变的发展趋向就是“自然之势”。[③] 尧舜桀纣一般的人物皆是“千世而一出”，中主在位才是现实政治之常态，因此不能待“贤”而求“治”。与其苦苦等待贤者在位，不如预设在君权世袭时代生而在位者往往是平庸之君，在这一前提之下，君主如若“抱法处势”，便能实现治世。韩非子将“抱法”与“处势”并立，足见“法”对营造君“势”的重要性。不过，讨论韩非子的“势”绝不能囿于“法”，而是要立足

① 《韩非子·难势》，第299页。

② 另见卢瑞钟《韩非子政治思想新探》，第190页；张素贞：《〈韩非子〉难篇研究：韩非子的辩论术》，第310页。

③ 绝大多数学者认为“自然之势”是世袭王权，王威威则指出“自然之势”是“人力所不能改变的事物的变化趋向，当然也包括社会的变化趋向”。参见梁涛主编《中国政治哲学史》（第一卷），中国人民大学出版社2017年版，第262页。

于他的整体思想学说。不少学者已经指出，韩非子人设之势的核心内容是君主如何“行法”和“用术”，并最终落实到对赏罚二柄的绝对掌控上。[①] 这是颇有道理的。

如果进一步从以下方面来阐释人设之势，那么就可以明白韩非子人设之势的主旨，就是为生而在上位的普通君主设计一套能够实现治世的治国方略，使其拥有令天下不得不服从的强大威势，拥有这一威势的君主，即便缺少儒家强调的内在贤德，也能够以简驭繁、事半功倍地实施高效治理。君主需要通过以道固势、以法治国、以法术治吏、操控人情、主导社会舆论导向等以形成强大的威势。当然，在战国时代提升国家实力是采用上述原则的基础，是以“势”掌权同时以“势”治国思想的核心内容。

君主应当以“道”固“势”。韩非子的“道”尽管也有“万物之始”之意，但更加聚焦于“是非之纪”和“万物之所然”的层面，成为对世间万物具有规定性的东西，具有规律法则等意义，往往表现为具体的“理”。韩非子在以“道”论“君”的过程中每每笔锋一转，就将君主与道直接对接起来。在《扬权》篇韩非子认为“道不同于万物”，将讨论重点最终落脚于“君不同于群臣”，并明确指出这些均为“道”衍化而出，从而将君臣关系拉大到了道物之间的悬殊程度。他进而指出：“明君贵独道之容。”这是说君主应当效法“道”以使自己处于“独”的位置。君主独擅了“道”，即使“法”的形上依据“道”和现实主体“君”合二为一，又使君主隐于“无形”的自神术有了理论依据。以“道”论“君”所内含的政治逻辑是，以本根性的东西来论证现实中君主统治的合理性，在这一理路中，君主被圣化为“道理”和“规律”的唯一知晓者和主宰者，成为既拥有最高权力又掌握一切“知识”和“理性”的全能型“超人”[②]，君主之“势”因为有了“道”的依托和庇护，就显得愈发强大、威严和神圣。

君主应当以“法”佐“势”、以“势”行“法”。法家的“法”指的是一套有别于西周春秋“礼制”且在战国时代渐次得以推行的制度体系。法家的

① 代表性学者有萧公权、陈启天、梁启雄、唐君毅、冯友兰、王元化、张纯、王晓波、刘泽华、郑良树、葛瑞汉、安乐哲、谷方、杨阳、余莲等先生。

② 刘泽华：《中国政治思想史集》第3卷《王权主义和思想与社会》，第321页。

“法”尽管在理想层面源于“道”（“因道全法”），但既然“君道同体”，那么它本质上必然体现为君主意志，这样“道”的意义一定会被大大消解，而“君”的地位则通过“道”的附着而变得更加合理乃至神圣，因此“君道同体”最终的归结点一定在“君”而不在“道”。不过，韩非子极力反对君主胡作非为，而强调君主通过“制度”的自动化运行来稳健地实现合乎统治阶层整体利益的意志。正因如此，韩非子一再告诫君主需要保持沉着冷静，做到克制内敛，切勿使用有悖于既定法令制度的“智能”和“贤巧”来治国理政。君主运用法度治理国家，既可以避免“诛赏予夺从君心出”① 的“人治”状况，又可以收到事半功倍的政治效果。正是在这一意义上，韩非子认为“道法万全，智能多失”②。韩非子之所以认为中主若能抱法处势就可实现治世，其关键便在于明确而相对稳定的“法”具有弥补君主个人智能之不足的作用。

君主应当运用一切可能的手段支配官僚系统，使臣僚既不敢壅蔽君主，又不得不恪尽职守，从而成为君主“治民”和“制天下”的霸王之佐。韩非子认为：“任人者，使有势也。”③ 战国以来君主统治的悖论在于，君主为了维持更加高效的对国家事务的治理，必须选任官吏组成官僚系统，但是被委任的官吏在获得权力之后每每有背离君主之势。“大臣得威，左右擅势”恰恰是导致君主身危国亡的重要原因。正因如此，韩非子一再告诫君主万万“不可信人”，哪怕是枕边人和膝下子亦不可全然相信。君主一方面依照“明”的法令制度来控制官僚系统，使臣僚各司其职和各尽其能；另一方面又无所不用其极地利用一切“暗”的手段控制官僚系统中的重臣而不是被控制。在将官僚系统尤其是其中的重臣完全控制之后，君主就可以使官僚系统代替君主治理民众从而营造出强大威势。

“人设之势”最终落实为君主对赏罚之“柄”的绝对把控上，而这正是因循“人情”之“势”的结果。④ 在法家的世界里，人都极度自私因而必然

---

① 《慎子·君人》，诸子集成本，中华书局 2006 年版，第 6 页。

② 《韩非子·饰邪》，第 92 页。

③ 《韩非子·八说》，第 325 页。

④ 张祥龙将韩非子的“人情”解释为“生存的基本‘势态’”。参见张祥龙《拒秦兴汉和应对佛教的儒家哲学》，第 15—21 页。韩非子的“自为”之情正是君主“人设之势”得以运行的关键所在。参见王宏强《韩非子“人情论”新探》，《史学月刊》2017 年第 11 期。

在言行举止中表现出强烈的功利主义倾向，所谓人“皆挟自为心”也[①]。不过，人皆趋利避害的真实情态和现实趋向（“势”），恰恰成为法家构建人设之势的重要政治资源。对此，韩非子的经典表述是：“凡治天下，必因人情。人情者，有好恶，故赏罚可用；赏罚可用，则禁令可立而治道具矣。君执柄以处势，故令行禁止。柄者，杀生之制也；势者，胜众之资也。”[②] 正是因为“人情”必然表现出趋利避害之势，君主便可以使用赏罚权柄对臣民的言行举止予以全面的规范和引导，使其处于君主制定的法度范围之内。君主只有完全掌握了赏罚之柄，才算得上是“处势”，才可以实现令行禁止，从而实现以“势”“胜众”。这也正是法家为什么在指出“君之所以为君者，势也”的同时，也认为“君之所以为君者，赏罚以为君”[③] 的重要原因。不宁唯是，还需要在社会舆论导向上极力褒奖顺从者，而大力贬斥悖逆者。“赏誉同轨，非诛俱行。”[④] 对于那些“赏之誉之不劝、罚之毁之不畏、四者加焉不变”的“不令之民”，则毫不留情地“除之”。[⑤] 在这一系列制度化的因势利导之下，官僚系统和社会风尚逐渐以尊君利上为唯一旨趣，于是，君主尽管缺少儒家之贤德或者即使拥有“智”“贤”却不使用，仍然可以在“因势”的过程中形成臣民统统为君主“造势”的强大惯性，进而使之成为一种习惯。

韩非子并未从“上帝”“天命”那里为君主统治寻找根基（他认为“龟策鬼神不足举胜”[⑥]），而是将目光聚焦于治下臣民，即“得助于众”[⑦]。人设之势的意义就在于，通过一系列的制度设计和人为建构，使臣民在全体一致为君主造势的过程中，形成有别于宗法贵族政治的中央集权体制。在这种人为设计的制度环境中，体现君主意志的法度将臣民的思想言行悉数纳入被支配范围，君主无须内修仁德，亦不必过于劳心费神和以身示范，便可以“必然”地实现并且维持高效的国家治理。这便是人设之势基础上的“中主之治”。

---

① 《韩非子·外储说左上》，第205页。
② 《韩非子·八经》，第330页。
③ 黎翔凤撰，梁运华整理：《管子校注》，第569页。
④ 《韩非子·八经》，第337页。
⑤ 《韩非子》之《外诸说右上》《说疑》，第231、308页。
⑥ 《韩非子·饰邪》，第89页。
⑦ 《韩非子·难势》，第297页。

第三节　追求明主、批判暗主与尊君重势

韩非子强调“人设之势”是为“中主”而设，但实际上真正能够有效营造和运用人设之势的君主绝非平庸之君。韩非子对此有清醒的认识，这从《韩非子》大量有关圣君明主和暴君暗主的表述可以得到印证。韩非子一方面通过诉求“明主”来描绘出理想的君主形象，另一方面通过批判“暗主”来反衬出君主的不当行为。对明主的追求和对暗主的批判，均导向了绝对尊君。

通观《韩非子》，韩非子将理想的君主主要表述为“明主”“圣人”和“明君”，同时还称为“明王”“圣王”“圣君”“智主”“圣主”“贤主”“有道之君”“有道之主”“上君”“有术之主”“有术之君”和“大人”等，参见表 3 – 1。

表 3 – 1　　　　韩非子的理想君主及其出现次数和章数

韩非的理想之君	出现次数	出现章数	韩非的理想之君	出现次数	出现章数
明主	95	28	圣君	1	1
圣人	55	19	有道之君	3	2
明君	31	16	有道之主	3	3
圣王	9	2	有度之主	2	1
明王	5	5	有术之主	1	1
圣主	3	2	有术之君	1	1
贤主	2	2	大人	1	1
上君	2	2	智主	1	1

（注：“圣人”在《韩非子》中出现 71 次，其中 55 次指韩非的理想之君，其他 16 次或指法术之士，或指聪慧的臣下，或指儒家圣人，或指墨家圣人等。“大人”出现 3 次，其中只有 1 次指理想君主。）

从该表可见，韩非子主要以“明”和“圣”来形容他的理想君主，现就“明”“圣”稍作解释。“明”的正体字为“朙”，《说文解字》释曰：“朙，照也。从月从囧。”段玉裁《说文解字注》释云：“从月者，月以日之光为光也。从囧，取窗牖丽廔闿明之意也。”可见，“明”原指月光进入窗户开启着

的漆黑房间，使得房间明亮起来。因此“明”最初与人的视觉密切相关，比如《尚书·太甲中》谓“视远惟明”，《论语·季氏》谓“视思明”，上博简《容成氏》篇谓“尧乃老，视不明”①，《荀子·劝学》云“目不两视而明”。由此引申出人的“明察”“明辨”“明断”等能力之意。《韩非子》中仍然保留这一含义，比如《喻老》谓“自见之谓明”，《难四》云“知微之谓明”，《外储说右上》篇引申子之言曰“独视者谓明”。关于“圣”，甲骨文作，表示供奉、敬拜的土地神。《说文解字》释曰：“通也。从耳呈声。”《说文解字》释“通”为“达”。“圣”与殷代巫通达上天的能力有关，指巫师上通天命和下启人事的一种禀赋，具体表现为大巫师通过占卜等形式，听闻、通达并且反映上天的命令和意志的超凡能力。周代的“圣”主要指贵族统治者在处理政治事务时应当具备的德性和能力，“圣人”主要指在秩序建构中起主导作用的王者或贵族，其中春秋时代的“圣”更加强调人的道德因素在治国理政过程中的作用。逮至诸子时代“圣人”具有更加复杂的内涵：儒家的“圣人”主要指有“仁”德者，既把握了社会秩序建构的基本原理，又具有建构人伦秩序和政治秩序的德性、能力和资格②；老子的“圣人”主要是体悟绝对的和根本的“道”的理想之人③；墨子的“圣人”往往就是理想中的“治天下”的“王者”④。

先秦时代“明”“圣”的含义尽管不同，不过在韩非子那里“明”“圣”在指涉理想君主的层面上却无本质差异。⑤ 韩非子每每将明主、圣人等同视之，比如《外储说右下》篇谓：“圣人不亲细民，明主不躬小事。”《解老》篇云：“圣人不引五色，不淫于声乐；明君贱玩好而去淫丽。”《说疑》篇曰：“圣王明君……内举不避亲，外举不避仇。”⑥ 另外，韩非子还以“有道”

① 马承源主编：《上海博物馆藏战国楚竹书（二）》“释文”，上海古籍出版社 2002 年版，第 263 页。

② 成云雷：《殷周文化传统与先秦儒家圣人内涵的政治维度》，《史学月刊》2007 年第 10 期。

③ 乔健：《论老子的“精英意识”》，《文史哲》2012 年第 5 期。

④ 《墨子》之《兼爱上》《节用中》，第 62、101 页。

⑤ 《韩非子》的“圣”具有复杂的含义，除了指韩非子的理想君主外，还指涉先秦时代的“圣”观念。比如《五蠹》篇谓“仲尼，天下圣人也”，这是指儒家的圣人；同篇还将“圣人”视作具有超凡能力的“王天下者”；《外储说左上》篇谓“墨子之说，传先王之道，论圣人之言，以宣告人”，这是对墨子圣人的回应；《解老》篇云“圣人用神也静”，这是韩非子以黄老之学来解释老子思想。

⑥ 《韩非子》之《外储说右下》《解老》《说疑》，第 258、106、310 页。

“智”“有术”“贤”[①] 等来指称理想君主。具体而言，韩非子从形上之道、制度之法、治吏查奸之术、权柄之势和理想治世等五个层面呈现了他的圣君明主理论。

第一，君主应当推天道以明人事，模仿无形的“道”，隐藏喜怒哀乐，使自己在臣民面前隐于无形，从而保持神秘的威严之势。

先秦诸子讨论治道往往在天、地、人的叙事框架中展开，希望将一切人事寄托在“道”“天道”等最高权威下，主张人事应当效法天道的运行规律，认为君主是天道与人事沟通的媒介。韩非子希望君主遵道循理，便体现了中国古代“天人同构”的政治思维。受黄老之学的影响，韩非子认为君主应当效法“爱精神”而“保精气”的“圣人”。《扬权》篇谓：“虚静无为，道之情也。”[②]《解老》篇云：“虚则德盛。”“圣人之用神也静。”[③] 在韩非子看来，唯有保持“虚静”状态，圣人才能够实现“宝其神则精盛”的状态。不过，这种“爱精神”的修养工夫论在韩非子的治道学说中并不占关键位置，他主要通过援引黄老之学为君主营造一种神秘的威严之势。

韩非子认为君主应当模仿“道”来治国理政——即君主独擅“道”，既使自己占据无法被超越的权力制高点，亦使自己隐于无形，从而在与群臣的权力博弈中始终立于不败之地。在《主道》篇中“明君”是一位独掌了“道”的先知型人物，他处于“始”的位置并且能够“知万物之源”。在该篇中，韩非子还指出：“道在不可见，用在不可知。”“道”之“不可见”的特性被用来论证君主在治国理政过程中亦要保持一种“不可知”的状态，“不可知”的君主因而披上了一层神秘面纱。韩非子又紧接着指出：“虚静无事，以暗见疵。”[④] 君主以“虚静”的姿态，静静地在“暗”处观察所有臣僚的不端行为。在《扬权》篇韩非子以“道”“物”之别来比拟君臣间的绝对上下秩序，所谓“道不同于万物，……君不同于群臣”。这种将“君”与“道”置于同一层次的论证方式为君主的至尊地位蒙上了无比神圣的色彩，君主在人间的政治地位被绝对地凸显了出来。韩非子紧接着明言：“明君贵独道之容。”

---

① 韩非子追求的“贤主”之“贤”与他所反对的“贤势不相容”的“贤”，内涵完全不同。

② 《韩非子·扬权》，第 32 页。

③ 《韩非子·解老》，第 95、101 页。

④ 《韩非子·主道》，第 19 页。

君主独断了“道”，这便为其高效统治寻得了形上依据，君主因而成为无所不在、无所不能、无从捉摸，超乎所有臣民和人事之上的最高权威。①

第二，君主在立法时依据“因道全法”“法与时转”“法因人情”和“以法释名”四项原则，在用法时坚持“信赏必罚”“立公废私”和“赏罚与毁誉相一致”三大原则，在守法责成中提高国家治理的效力。

法家的“法”是“富强之法”，是一套“抟力以致强，杀力以持强”② 的制度体系，具有公开性、固定性、翔实性和强制性等特点。作为“立法”的理想人选，“圣王”③ 具有超凡智慧，在立法时坚持如下原则：其一，“因道全法”。《饰邪》篇谓：“先王以道为常，以法为本。”④ 这里的“先王”是韩非子的假托之辞，亦即圣王，这是说“法”应当从“道”那里寻得形上根据，以增强“法”的威严性。其二，“法与时转”。在争于气力的战国时代因乎时变地以“法”代“礼”，通过改变治理方式以更具强制力的国家机器来提高统治效能，增强国家实力，所谓“圣人之治民也，法与时移而禁与能变”⑤。其三，“法因人情”。理想的执政者制定和颁布法令制度，应当合乎臣民追逐功名利禄而躲避严刑峻法的真实情态，同时依据人们的不同才能和各自优长，“立可为之赏，设可避之罚”⑥。为了最大限度地将人们的言行悉数调整到合乎国家法度的范围内，在立法之时就须贯彻“重罚”原则，使人们的言行总是能够调整到底线范围之内。其四，“以法释名”。“名”是先秦时代颇具政治规范性的概念，韩非子主张以“法”释“名”，使法度成为唯一的政治准则和社会规范，从而实现“治当其名”的理想状态。

伴随权力集中化程度的加强，君权的力度也达到了前所未有的程度，但这并不意味着君主可以随心所欲；恰恰相反，君主应当守法而治。其一，坚持“信赏必罚”原则。《韩非子·外储说左上》：“明主积于信。”“信”在先秦时代具有复杂含义，在韩非子那里主要指君主严格依照法令制度治国理政，

---

① 参见施觉怀《韩非评传》，南京大学出版社 2002 年版，第 185 页。
② 蒋礼鸿：《商君书锥指》，中华书局 2014 年版，第 60 页。
③ 《韩非子·守道》，第 149 页。
④ 《韩非子·饰邪》，第 92 页。
⑤ 《韩非子·心度》，第 366 页。
⑥ 《韩非子·用人》，第 152 页。

具体表现为“信赏尽能”和“必罚明威”[1]。在治国理政中信守法度，是君主以一人之力应对大国治理的必然要求，因为君主通过守法可以实现以一驭多，以尽可能少的政治参与获得尽可能多的政治效益，从而提高国家治理的效率。尽管法家之法以约束和规范臣民行为为首要任务，但是若连最高执政者亦能守法，按照法度的规范进行自我约束，这实际上也有助于防范臣民在“法”外投君所好和阿谀奉承。因为守法之君的个性化行为将大大减少，这也将大大减少臣民尤其是重臣揣摩君心的把柄。其二，坚持“立公废私”原则。《韩非子·饰邪》：“明主之道，必明于公私之分，明法制，去私恩。”[2] 国家的法令制度尽管由君主所制定，但它一经确立就具有超越具体某个君主的特性，因此在理论上君主的恣心所欲在“法”面前亦是一种“私”，理想的君主应当节制过甚的欲望以合乎法度之公。其三，坚持“赏罚与毁誉相一致”原则。韩非子指出：“明主之道，……赏誉同轨，非诛俱行。”[3] 君主在行赏时务必赞扬之，在施罚时务必贬斥之，营造出遵守法度的舆论氛围，如此方能在更大程度上引导人们遵循法度，从而增加法度威信，提高法度的威慑力。可见，在君主政治中，守法而治实际上是君主在自我克制的基础上牺牲短期利益以谋取长远利益的重要治国方略，尽管对君主的行为具有规范的意义，但并不以制衡君主为最终目的。

第三，君主一方面依照法令控制官僚系统，使臣僚各司其职和各尽其能，另一方面又无所不用其极地利用一切手段防范、惩治和控制重臣而不是被控制。

战国以来君主主要通过控制官僚系统来实现治理基层民众，治吏是本，治民是末，君主因而应当抓本以逐末。君主的治吏原则有三：其一，“使法择人”。《有度》篇：“明主使法择人，不自举也；使法量功，不自度也。”[4] 君主制定明白易知的制度，以“利害之道”明示天下，使人知晓从事何种职事以及如何奉职才可以建功立业、获得恩宠从而加官晋爵，那么自会有人试图进入这一体制。其二，“因任授官”。在君主面前，所有臣民只具有功能和数量上的差异，却无本质不同，因此君主在委任官吏时务必摆脱宗法贵族势力

① 《韩非子·内储说上七术》，第 158 页。
② 《韩非子·饰邪》，第 93 页。
③ 《韩非子·八经》，第 337 页。
④ 《韩非子·有度》，第 23 页。

的羁绊，应当"推功而爵禄，称能而官事"，"有功者受重禄，有能者处大官"，如此方能将"贤能之士"悉数纳入君主麾下。① 其三，"循名责实"。在明主之治下，所有臣僚的所作所为必须完全合乎其岗位和职事要求，符合者受赏，僭越或违逆者受罚，臣僚的一切言行无不处于法度之内，因而（在理论上）也无时无刻不处于君主的控制范围内。

韩非子认为群臣尤其是握有大权的重臣以及其他的近旁之人，时刻觊觎着君主权位，因此君主必须时时处处保持高度警惕，并预设所有臣僚均有犯上作乱的可能性。为了尽可能地防范重臣，君主必须做好各种形式的自我伪装，对自己的行踪、饮食、起居均要做到尽可能的保密，不随意展现好恶和透露真实想法，所谓"明主观人，不使人观己"②。不宁唯是，君主还需要主动出击，在宫廷斗争以及与重臣的权力博弈中将"控制"与"反控制"的各类宫廷宦术隐秘地运用到炉火纯青的地步。

第四，君主务必将所有大权悉数掌控于自己手中，从而形成控制国家和社会的必胜之势。韩非子认为："任人者，使有势也。"③ 君主任用官吏，就意味着君主将一部分权力暂时让渡于臣僚。战国以来君主集权统治的悖论在于，君主为了维持更加高效的统治，必须选任官吏组成官僚系统，但是被委任的官吏在获得权力后每每有背离君主的趋势。在先秦诸子中，韩非子最洞悉于此。首先，韩非反复提醒君主应当充分认识到牢牢掌控一切权力的重要性，这些权力包括君主对所有人事的知情权、财政权、命令权、人事权、舆论控制权和赏罚权。这些权力中最关键的是赏罚权，它是其他一切权力的基础。"赏罚者利器也，君操之以制臣，臣得之以拥主。"④ 因此君主必须坚持"赏罚一从君出"的原则，使人们知晓他们的富贵贫贱和生死祸福完全由君主掌控而非出自任何权贵重臣，君主保留对一切赏罚的知情权和最终裁度权⑤，"利于民者，必出于君，不使人臣私其德"⑥。其次，君主必须将举国政事悉

---

① 《韩非子·人主》，第 361 页。

② 《韩非子·观行》，第 146 页。

③ 《韩非子·八说》，第 325 页。

④ 《韩非子·内储说下六微》，第 182 页。

⑤ 《韩非子·八经》："赏罚必知之，知之则治道尽矣。""赏罚必知之，知之则治道尽矣"原作"赏罚必知之，知之道尽矣。"据陈奇猷之说改，参见陈奇猷《韩非子新校注》，第 1048 页。

⑥ 《韩非子·八奸》，第 38 页。

数操于一己之手，形成对基层社会的全面控制，所谓“事在四方，要在中央。圣人执要，四方来效”[①]。最后，君主必须绝对掌控国家的最高权力，韩非子颇为忧心国虽已治但政治果实却被臣下所夺，所谓“全众传国，最其病也”[②]。

第五，君主在全方位和深层次地进行人身支配和资源支配的基础上，形成一个颇为强大的国家权力系统。该权力系统对编户齐民社会形成有效治理，臣民莫不绝对服从国家，“贤臣”最核心的职责是“明法辟、治官职以戴其君”[③]，“良民”的不二选择是做农民和战士。一切无益于农战的社会事务、经济事务和思想学术都在禁绝之列。《六反》篇云：“圣人之治也，审于法禁，法禁明著则官法；必于赏罚，赏罚不阿，则民用。官治则国富，国富则兵强，而霸王之业成矣。”[④] 君主以严刑峻法将举国民众抟聚起来，以国富兵强的政治资本实施开疆拓土和广土众民战略，最终成就霸王之功和帝王之业。韩非子一再提醒君主，万万不可将成就霸王之业寄托于他国，而应当“自恃”。

合乎上述五个方面要求的君主，实非平庸资质的中主，而往往需要超高的政治素质。萧公权[⑤]、熊十力[⑥]、冯友兰[⑦]、史华兹[⑧]和高柏园[⑨]等前辈学者已经指出了这一点，不过需要对其中的一些观点稍作辨析。几位学者均注意到韩非子之明主的难能可贵程度不亚于儒家的尧舜，不过韩非子的理想君主并非如熊十力和高柏园所言是儒家的尧舜。作为理想君主的楷模，儒家的尧舜必然或者理应拥有仁德，韩非子的理想之君却无需仁德。不宁唯是，韩非子还大力批判“仁君”，将君主施行仁政视作一种“适然之善”，认为儒家的“推政”与法家的“必然之道”是截然对立的。[⑩] 在韩非子看来，明主一定能够洞悉必治之道和必然之理，在保持极度冷静和自我克制的过程中守法责成

---

① 《韩非子·扬权》，第30页。

② 《韩非子·说疑》，第312页。

③ 《韩非子·忠孝》，第358页。

④ 《韩非子·六反》，第319—320页。

⑤ 萧公权：《中国政治思想史》，第250页。

⑥ 熊十力：《韩非子评论》，第54页。

⑦ 冯友兰：《中国哲学简史》，涂又光译，北京大学出版社2013年版，第159页。

⑧ Benjamin Schwartz, *The World of Thought in Ancient China*, Cambridge, Massachusetts and London: The Belknap Press of Harvard University Press, 1985, pp. 342 – 343.

⑨ 高柏园：《韩非哲学研究》，台北：文津出版社1994年版，第118—119页。

⑩ 《韩非子》之《八说》《显学》，第327、355—356页。

和循名责实，最高效和最省事地管理国家事务，营造出一种主尊国富兵强的必胜之势，从而实现“独制四海之内”① 的治世理想。合乎韩非子这一理想的君主，当然不是他自己所言的中主，毋宁是“超人”——一位把控绝对权力又集合人间一切智慧的超人。②

在追求圣君明主的同时，韩非子大力批判乱君暗主，他每每将之称作“不明之君”“无术之主”“暗主”“乱主”“无道之君”等，参见表3－2。

表3－2　　韩非子批判乱君暗主的次数与章数

韩非批判的暗主	出现次数	出现章数	韩非批判的暗主	出现次数	出现章数
不明之主	31	7	无道之主	4	4
无术之主	29	13	亡君	1	1
世主	18	7	下君	1	1
暗主	8	5	暴人	1	1
乱主	8	4	暴君	1	1
乱君	1	1	惑主	1	1

（注：“无术之主”1次，另有28处以“无术”批判君主；“不明之君”1次，另有14次以“不明”形容君主；悖乱暗惑之主1次，另有7处以“暗”形容君主；《韩非子》并无“无道之主”一词，笔者这里以此指称韩非子对无道之主的批判。）

从该表可知，韩非子批判君主所使用的词主要有不明、无术、暗、乱等，而这些词与韩非子所追求的明主之明、有术、有道等形成鲜明对照。据笔者统计，韩非子在《主道》《扬权》《说难》《观行》《功名》《大体》《忠孝》《饬令》《制分》9篇中没有明确批判君主外，在其他篇目对君主均有批判，《韩非子》批判君主次数共达297次。③ 通观《韩非子》，韩非子对他所知的近乎所有君王都不大认可。与其他诸子颇有不同，韩非子每每指名道姓地批判君王，《韩非子》因而亦是先秦诸子中批判君主人数最多的著作。参见表3－3。

① 《韩非子·有度》，第24页。

② 韩非对圣君明主的诉求合乎先秦诸子“圣化”君主的思路。参见刘泽华《中国政治思想史集》第3卷《王权主义和思想与社会》，第319页；刘泽华：《中国的王权主义》，第237页。

③ 这一数字是指《韩非子》对君主的批判次数总和，既包括韩非对君主指名道姓的批判次数，亦包括韩非以“人主”“世主”等词所呈现的批判次数。

表3-3　《韩非子》对乱君暗主的批判

乱君暗主的行为	君主举例	出现篇目
权势下借，大权旁落	齐简公、宋桓侯、齐景公、赵惠文王、齐宣王、晋厉公、楚倾襄王、鲁昭公、韩宣惠王、魏文侯、吴王、赵王、中山君、魏王、楚王、韩王、宋君、鲁哀公、齐桓公、宋君、齐湣王、赵武灵王	《二柄》《十过》《喻老》《内储说下六微》《内储说下六微》《外储说右下》《外储说右上》《难三》《外储说右下》
无术以知奸，被臣下明劫暗壅	商纣王、东周诸天子、晋幽公、齐康公、燕王哙、宋桓侯、楚共王、齐庄公、赵武灵王、齐湣王、齐王、魏王、楚王、中山君、鲁哀公、楚平王、虞君、虢君、郐君、赵王、鲁穆公、赵敬侯、齐简公、晋平公、郑昭公、宋君、卫灵公、鲁哀公、鲁襄公、卫嗣公	《爱臣》《奸劫弑臣》《内储说下六微》《内储说下六微》《难三》《说疑》《人主》《难一》《内储说上七术》
无法控制宫廷内斗，致使权位不稳，甚至遭到劫杀	晋献公、郑君、卫君、东周威公、楚成王、韩哀侯、齐简公、宋桓侯、郑君	《内储说下六微》
太信臣下，随意表露情感，受臣侵逼	越王勾践，楚灵王、齐桓公、燕子哙、赵武灵王、晋献公、东周天子、郑君、齐威王	《二柄》《备内》《外储说右上》《难二》
不行参验之道，未使群臣各安其分	齐桓公、宋襄公、魏昭公、邹君、赵简子、齐桓公、韩宣王	《外储说左上》《外储说左下》《难二》《说林上》
背离法度，赏罚不信，致使国贫兵弱主卑	韩君、赵君、楚共王、齐孝公、燕惠王、魏景湣王、齐简公、魏君、燕君、中山君、楚厉王、晋文公、韩献子、齐景公、齐桓公、赵简子、齐王、魏惠王	《存韩》《初见秦》《有度》《奸劫弑臣》《饰邪》《外储说左上》《难三》《难一》《难二》《内储说上七术》
不自恃，恃他国	韩宣惠王、曹君、越王勾践、楚王、许君、郑君、韩王、燕王、秦昭王、宋君、鲁穆公	《十过》《饰邪》《用人》《难三》《说林上》
恃鬼神，不恃法度	燕王喜、赵悼襄王、魏景湣王、“山东”诸国之君	《饰邪》

续表

乱君暗主的行为	君主举例	出现篇目
刚愎自用，贪于刻下享受，追求眼前利益	楚灵王、晋平公、智伯、戎王、齐景公、徐偃王、虞君、虢君	《十过》《喻老》
不听“忠臣”之谏	吴王夫差、鲁庄公、商纣王、曹君、齐君、商王武丁、魏惠王、魏武侯、夏桀、周敬王、楚惠王、赵鞅、秦襄王、齐桓公、曹君	《难言》《十过》

（注：表中的不少君主是笔者通过与《左传》《战国策》《史记》等史料相比照之后得出的，不过仍有一些君主无法查证——比如“韩君”“赵君”“楚王”“齐王”等，笔者照录《韩非子》原文）

从该表可知，韩非子对君主的批判主要集中于，君主不实行法家之道因而造成国贫兵弱和主卑势弱。笔者从如下五个方面予以分疏。

第一，权借在下，失去对国家、社会和臣民的有效控制。其一，君主未能牢牢把控国家的最高权力。韩非子明言：“所谓亡君者，非莫有其国也，而有之者，皆非己有也。”① 先秦时代君主与国家的界限在实际的权力运作中尽管无法做出明晰的区分，但韩非子无疑是先秦诸子中最鲜明地告诫君主应当绝对独断国家之最高权力的思想家。其二，君主未能有效控制官僚系统和防范重臣的壅蔽。韩非子不厌其烦地告诫君主，必须时时处处防范群臣对君主权位的觊觎——这些内容占据了《韩非子》的大部分。不过韩非子所重视的恰恰是很多君主所轻视的，这些乱君暗主往往权借在下致使“大臣专制”。其三，君主无法直接控制民众。君主治理官僚系统的目的在于更全面更高效地治理社会和控制基层民众，然而君主一旦失去对国家最高权力和官僚系统的有效控制，那么他必然无法对基层社会形成有效治理和控制。基层民众因而落入权贵重臣的控制，成为重臣壅蔽君主和成就私利的政治资本。其四，君主失去控制力的关键在于他失去对赏罚之权的控制，要么失去一柄，要么二

① 《韩非子·八奸》，第 38—39 页。

柄俱失。君主一旦失去“杀生之机、夺予之要”①，就必然无法有效地管理国家事务。

第二，在复杂残酷的君臣斗争中，无法查奸、防奸和除奸。在先秦诸子中，韩非子最忧心于君被臣所壅劫，不仅将君臣关系视作一种利益交换关系，而且视作一种权力斗争关系。正因如此，韩非一再提示君主不可轻信任何臣下，告诫君主要保持危机意识，将与君主有接触的一切人皆视作对君主权位有直接或潜在威胁的奸臣，甚至将同床、太子亦纳入防备之列。然而，乱君暗主恰恰放松了对奸臣的警惕，甚至相信臣下会心悦诚服地服从君主。在韩非子看来，君主失去对臣下的控制主要体现为如下五种情况：一是君主未能充分认识到君臣之间权力斗争的残酷性，太过信任臣下，随意表露情感，致使群臣投君所好进而侵逼君主；二是君主过于自信，未能有效地运用法术，往往“释法而以臣备臣”②，却被群臣所壅蔽；三是君主未能有效地运用参验无为之道，未使臣下恪尽职守和各安其分，反而使群臣结党营私和欺上凌下；四是君主未能做到兼听独断和神秘莫测，致使臣下总是有机可乘；五是君主在惩治奸臣时心慈手软，甚至对奸臣之行熟视无睹。这五种情况均指向君主权柄被臣下所窃取，君主权威受到挑战，直至君臣易位。

第三，背离“以法治国”原则，导致主卑国贫兵弱。韩非子的“法”至少具有两层含义：一是法度具有刚性的“责下”功能，详密地规定了臣民的义务和责任。尽管君主亦应守法，但是君主守法恰恰增加了法度的威严，在更大程度上强化了君主和君法的政治威慑力，这样一来，臣民越是守法便越是依附于君主。韩非子一再提醒君主只应当相信法度，杜绝人们的任何法外之举，其关键就在于此。二是法度具有全面的“驭民”功能。君主守法责成，通过将民众塑造成为农民和战士，可以实现主尊国富兵强进而兼并天下。然而乱君暗主每每背离法度，表现有四：其一，“释法禁而听请谒”，致使“群臣卖官于上取赏于下”，而“民无尽力事主之心”，造成“有功者愈少”和“奸臣愈进”的局面。③ 其二，公私不分，并未认识到“富国强兵”以及因之而来的“主尊”，对于

---

① 《韩非子·三守》，第82页。

② 《韩非子·南面》，第85页。

③ 《韩非子·饰邪》，第92页。

国家治理的极度重要性。其三，赏罚不信，既损害法度的威严性，亦无法使臣民悉数为君主所用，致使大臣“不务尊君”，民众“不务厚国”，从而导致“亡国之廷无人”的绝境。① 其四，治强不责于内政，而是寄于外援，致使国家无法在列国纷争中保存自我，面临“绝世”之虞，更遑论兼并天下。总之，“慢法”既无法有效管理国家事务和治理民众，亦无法增强国家实力，造成贫弱局面。

第四，不用法术之道，而信无用之学。韩非子的理想政治状态是，臣民不敢欺叛君主，完全服从君主，所谓“使天下不得不为己（君）视，使天下不得不为己（君）听”，“不恃其不我（君）叛也，恃吾（君）不可叛也；不恃其不我（君）欺也，恃吾（君）不可欺也”。② 法术之士所承载的正是圣君明主之道，世俗“学者”则统统暗于“使天下必为己视听之道”，法术之士因而成为极少数值得君主信赖的“忠臣”。③ 正是在这一意义上，韩非子一再提示君主应当听从忠臣之劝。然而乱君暗主往往“过而不听于忠臣”④，“察无用之辩，尊远功之行”⑤，未将“学者”“言古者”“带剑者”“患御者”和“工商之民”视作国家的蠹虫，没有在思想上引导民众，未将无益于公利的思想文化事业禁绝，亦未重用对国治兵强和地广主尊甚是有益的“耿介之士”。⑥ 韩非子认为“人主非肯用法术之士，听愚不肖之臣”⑦，“所贵与其所以为治相反”⑧，这是世之所以乱的关键所在。值得注意的是，韩非子大力批判君主施行仁政，认为“世主美仁义之名而不察其实，是以大者国亡身死，小者地削主卑”，君主“以仁义自饰”实乃一种亡征。⑨ 只不过，韩非子所理解的“仁义”已迥异于儒家的原意。在儒家那里，仁义至少意味着执政者拥有体恤民生的仁爱之德，然而，在韩非子这里仁义惠爱却意味着“法”外施恩，所谓“以公财分施谓之仁人”⑩。无视法度、滥施暴政致使臣民离心离德、怨恨

---

① 《韩非子·有度》，第 23 页。
② 《韩非子》之《奸劫弑臣》《外储说左下》，第 71、221 页。
③ 《韩非子》之《问田》《孤愤》《奸劫弑臣》，第 71、55、303 页。
④ 《韩非子·十过》，第 40 页。
⑤ 《韩非子·八说》，第 326 页。
⑥ 《韩非子》之《五蠹》《显学》，第 339—357 页。
⑦ 《韩非子·人主》，第 363 页。
⑧ 《韩非子·诡使》，第 314 页。
⑨ 《韩非子》之《奸劫弑臣》《亡征》，第 74、81 页。
⑩ 《韩非子·八说》，第 324 页。

在心的“暴人”，与分财滥施的“仁人”均是亡国之君。[①] 虽然先秦诸子之间往往相互诘难（“非其所是，是其所非”），却鲜有将儒家的仁君做如是观者。从对儒家的态度可以看出，韩非子对“无用之学”批判的激烈程度。

第五，贪欲过重，不知权衡利弊，未能区分眼前利益和长远利益。韩非子一再提醒君主需要克制自己，保持冷静态度，善于审时度势，在虚静无为中实现管理国家事务和治理民众，以维持恒久稳固的统治。然而乱君暗主每每与韩非子的设想恰恰相反。其一，恣心所欲，乃至飞扬跋扈。《韩非子·亡征》：“很刚而不和，愎谏而好胜，不顾社稷而轻为自信者，可亡也。”其二，无法区分大利和小利，每每“爱小利而不虑其害”[②]，“计其入，不计其出，出虽倍其入，不知其害”[③]。其三，贪于眼前享受，“不务听治，而好五音”，“耽于女乐，不顾国政”，“好宫室台榭陂池，事车服奇器玩，好罢露百姓，煎靡货财”。[④] 其四，性格暴躁，“变褊而心急，轻疾而易动发，心悁忿而不訾前后者”，“多怒而好用兵，简本教而轻战攻”。[⑤] 其五，决事无主，“柔茹而寡断，好恶无决而无所定立”，“知有谓可，断而弗敢行”。[⑥]

以上五个方面大体反映了韩非子对乱君暗主的态度。其中，君主无法牢牢把控权势、管理国家事务和治理民众，反而成为被控制的对象，这是韩非子批判乱君暗主的焦点所在，其他所有的批判均是围绕这一核心展开的。君主无法有效且敏锐地觉察、防范和惩治重臣，这是导致君权旁落的最大原因。君主背离以法治国原则，从而导致主卑国贫兵弱。君主不践行法家的理想治道，却信用无益的佞辩愚学，使得所养非所用。君主往往欲望过甚，不知通权考虑，一叶障目地迷恋于刻下的物欲享受，舍弃了更加长久的集权统治所带来的大利。

对暴君乱主在位的批判，往往有两层含义：一是对君主制度本身的批判，二是虽然批判君主个人行为，却不质疑君主制度本身。前者针对的是君主制度之“政”，而后者则针对的是君主制度之“治”。约略而言，在中国古代思

---

① 《韩非子·八说》，第 324—329 页。
② 《韩非子·十过》，第 42 页。
③ 《韩非子·南面》，第 87 页。
④ 《韩非子》之《十过》《亡征》，第 40、78 页。
⑤ 《韩非子·亡征》，第 80 页。
⑥ 《韩非子·亡征》，第 78、79 页。

想文化史上，除极少数无君论者外，绝大多数思想家均是在君主制度的大前提之下批判暴君乱主和颂扬圣君明主的。正因如此，刘泽华指出：“对暴君、暗主的批评是对圣主、明君企求的衬托。这一点是诸子的共同思路。”无论诸子对暴君暗主给予了何种形式的批判，“这一切都没有导致对君主制度的否定和怀疑，由此而引出的是，希望圣主君临人间。暴君和圣主无疑有着明显的区别，这种区别有重要意义，会给国计民生带来不同的后果。但这种差别只有个性意义，在制度上并无原则的区分。在中国古代对圣君的希望与美化没有削弱君主专制，而是起了强化作用”。① 正是在这一政治思维模式下，许多思想家的治道学说都具有“得君行道”的鲜明指向。

不过，同样是在肯定和认同君主制度的前提下批判暴君乱主，思想家的批判力度和深刻性仍有不少差异。比如，儒家从对“桀纣”一类的暴君批判引出了“诛一夫”式的“革命”论，姑且不论儒家是否有完整的、具有操作性和可行性的具体革命措施，但这无疑给执政者以极具挑战性的警示，至少意味着，面对在位的暴君乱主，治下臣民揭竿而起尚具有正当性。然而，韩非子尽管对暴君乱主的批判力度不可谓小，激烈程度不可谓弱，但他终归坚决主张，对君主具体施政行为的批判，必须以绝对尊君为根本前提。这也就能够部分地解释为什么韩非子在批判乱君暗主的同时，又始终认为，即使对待“桀纣”一类的暴君也不能突破君臣之大防的底线。从上文分疏来看，韩非子对乱君暗主的批判，实际上在更高的层次上肯定了圣君明主实施高效统治的必要性和正当性。无论是对圣君明主的企求，还是对乱君暗主的批判，二者均导向了对君主进行全方位和深层次的政治控制的肯定和认同，从不同方面凸显了君主把控“势”的重要性，体现出绝对尊君的倾向。

不少学者指出韩非子是君主本位论者②，从君主的角度来思考治道正是韩非子学说的关键特征。笔者进一步从以下五个方面论说为什么韩非子会有如此鲜明的尊君重势观念。

第一，“武力夺权”和“世袭传位”是三代以来获得“势位”最主要的方式，这从根本上决定了王者对最高权位的垄断。夏禹开启了“家天下”的

---

① 刘泽华：《中国的王权主义》，第127页。

② 比如郭沫若、熊十力、牟宗三、唐君毅、王元化、周勋初、杜正胜、刘泽华等先生。

时代[①]，商汤以战争方式“革夏命”[②]，“小邦周”也以战争方式取代“大邑商”[③]，武力争夺以及与之相伴的强力控制始终是权位获得的首要方式。在宗教祭祀权、军事指挥权和族权的基础上，夏商周三代的王权不断强化，与之相伴王权的垄断性亦不断强化。[④] 王权的垄断性集中体现在权力的世袭性上，夏商周三代的王位继承大致是依照世袭原则的，其差别只在于父死子继、兄终弟及、嫡长子继承制等具体传承方式上。逮至春秋战国时期周天子王权式微，宗法结构秩序失范，下位者每每以下克上，三家分晋、田氏代齐和三桓专鲁均是显例。不宁唯是，列国为了争夺天下的最高统治权而展开残酷的断杀，春秋时代至少有 110 个国家被灭，战国时代又有 16 个国家被灭，剩下的就是所谓战国七雄。[⑤] 可见，从禹至韩非子所处的时代，暴力夺取和世袭继承始终是获得君主权位的两种最主要方式，“打天下”构成了“家天下”的最大理由。值得注意的是，从商周到春秋战国时代统治上层不时出现弑君夺权事件，这表明对权力构成致命威胁的往往是统治高层之间的政治斗争。只有在如此长时段的历史视野下，才能理解为什么法家尤其是韩非子反复告诫君主务必牢牢控势，将“势”视作君主之所以为君主的关键因素，并坚决反对任何臣下觊觎君位了。

第二，在战国时代强化君权既是变法的重要目的，又是在列国纷争中取得生存权甚或一统天下的重要政治前提。韩非子认同这一现实，并论证其合理性。春秋时代世卿世族之间相互吞并，及至战国时代世家大族除了少数变成诸侯国国君外，几乎都烟消云散。春秋中期以前的封建国家仍然是层层分封的体制，“侧室”“贰宗”等分层级地掌握着一定的统治权力，春秋晚期开始及至战国时代列国国君将政治控制权力逐渐延伸到了基层社会。春秋时期国君的权力受到宗法贵族的约束，及至战国时代宗法贵族受

---

① 《礼记・礼运》指出禹是“小康之世”的开始，自此之后“天下为家”，“各亲其亲，各子其子”。

② 《史记・殷本纪》，第 157 页。

③ 《尚书・大诰》：“天休于宁王，兴我小邦周。”1965 年陕西宝鸡出土的《何尊》铭文云：“文王受兹（大命）……既克大邑商。”参见马承源《何尊铭文初释》，《文物》1976 年第 1 期。

④ 王震中：《中国古代国家的起源与王权的形成》，中国社会科学出版社 2013 年版，第 434、470 页。

⑤ 许倬云：《中国古代社会史论：春秋战国时期的社会流动》，邹水杰译，广西师范大学出版社 2006 年版，第 70、74 页。

到不同程度的打压，社会结构中只剩下国君与被统治者两橛，“君主就变成了权力的惟一来源，与毫无权力的被统治者适成对比”。春秋时期虽然有列国之间的战争，但是华夏诸邦毕竟属于一个大宗族，因此战争规模较小，及至战国时代列国纷争达到了空前规模，“各国都必须集中一切力量，为生存而斗争”。[①] 在这一大变局中，诸侯国君权力日渐强大，列国间相互攻伐兼并，二者相互促进又互为因果。诚如萧公权所言：“强大者兼并，既兼并而愈臻强大。侵略与自卫皆有待于富强。于是君权之扩张遂同时成为政治上之需要与目的。”“君之受尊，遂有不得不然之势。法家承认此新史实而加以说明，权势之理论，于是成立。”[②] 另外韩非子所处的韩国历来君权不振，国力孱弱，这也在相当程度上刺激了韩非子对君主之“势”的格外关注。

第三，春秋战国时期兴起一股“禅让”思潮和“让贤”之风，韩非子主张尊君重势，与他批判这一思潮不无关系。在世袭制下绝大多数君主并非贤者，劝谏当政君主和教育王储成为改善君主的政治素质及其施政方式的惯常手段。然而，劝谏君主的效力甚微，教育王储的有效性早在春秋时代既已受到质疑。楚庄王时的太子傅士亹便明言：“夫善在太子，太子欲善，善人将至；若不欲善，善则不用。”[③] 与此同时，有人主张“让贤”，进而对君权世袭制度提出质疑。《墨子》的《尚贤中》和《尚同上》篇就认为应当立贤者为天子。[④]《礼记·礼运》所言的“天下为公”表明当时有儒者对最高权力之“公有”抱有期望。[⑤] 大致被界定为公元前 4 世纪后半叶的郭店简《唐虞之道》和上博简《子羔》《容成氏》等极力推崇将权位禅让与贤者，比如《唐虞之道》将“上德授贤”视作“圣”“仁”之举[⑥]，《容成氏》指出传说中的君王“有天下也，皆不授其子而授贤”[⑦]。战国时代也确实发生了禅让事件，公元前 314 年燕王哙将王位让于其臣子之，燕国因而陷入了子之和太子之间

---

① 许倬云：《求古编》，第 283—288 页。

② 萧公权：《中国政治思想史》，第 223、225 页。

③ 《国语·楚语上》，第 584 页。

④ 参见《墨子》之《尚贤中》《尚同上》，第 34、44 页。

⑤ 参见梁涛《郭店竹简与思孟学派》，中国人民大学出版社 2008 年版，第 158—166 页。

⑥ 武汉大学简帛研究中心、荆门市博物馆编著：《楚地出土战国简册合集·郭店楚墓竹书》，第 61 页。

⑦ 马承源主编：《上海博物馆藏战国楚竹书（二）》“释文”，第 250 页。

的权力争斗，同时也招致了齐国的入侵并险些亡国。[①] 关于此事，《韩非子·外储说右下》篇有两种说法，一种是燕王误信使者苏代，为了学习齐桓公任用管仲而将国政悉数交付子之；另一种说法是燕王听从隐者潘寿，为了学习尧而特地重用子之。前一种说法是为了说明君主不应当贸然借鉴他国的经验，同时告诫君主他国使者往往通过讨好本国权贵来达成游说之目的；后一种说法则是为了说明君主不应当借鉴上古之事，并且提示君主切勿轻信隐者，因为隐者往往通过迎合朝中重臣使自己名声显扬。无论如何，燕王哙始终是韩非子大加批判的暗主形象，子之则是韩非子极力反对并一再提示君主必须戒备的重臣形象。韩非子以燕王"好贤"为例来说明，君主必须严防臣下以"贤"名壅劫君主，"任贤，则臣将乘于贤以劫其君"[②]。韩非子还认为，"舜逼尧，禹逼舜，汤放桀，武王伐纣"皆属"人臣弑其君"的事件，舜、禹、汤和武王皆怀"贪得"之心，其行乃是"暴乱之兵"，天下不应当颂扬此类以下犯上的政治行为。[③] 韩非子的这一论述与《庄子·盗跖》篇的表述颇为相似，但庄子通过反思尧舜汤武来抨击君主制度本身，韩非子却进一步肯定了世袭制下君主制度的合理性，并通过反对禅让来说明，君主因世袭而来的"势位"必须得到绝对的尊崇——即"人臣毋称尧舜之贤，毋誉汤武之伐，……专心于事主者为忠臣"。他对"贤臣"的要求是"明法治，辟官职以戴其君"，"国乱则治之，主卑则尊之"。[④] 实际上韩非子最忧心于"主上卑而大臣重"和"主失势而臣得国"。[⑤] 基于这种强烈的"责下"意识，韩非子反对任何臣僚以任何理由占据君主权位，哪怕该臣僚实际上比君主更"贤"。

第四，韩非子的尊君重势论与诸子学说中的尊君指向不无关系。先秦诸子尽管有不同的治道设计和治世理想，但却有一个大致相似的看法，他们（除老庄和农家外）大多强调治世必须有一个秩序的象征和权威的依托，并认

① 《史记·燕召公世家》，第2712—2715页；《战国策·燕策一》，第934—935页。

② 《韩非子·二柄》，第28页。

③ 《韩非子·说疑》，第311页。

④ 《韩非子·忠孝》，第358—360页。

⑤ 《韩非子·孤愤》，第59页。

为君主是这一象征和依托的不二人选。墨子的“尚同一义”①，孟子的“天无二日，民无二王”②，《管子》的“一国而两君，一国不可理也”③，荀子的“君者，国之隆也。……隆一而治”④，慎子的“天下无一贵，则理无由通”⑤，《商君书》的“治莫康于立君”⑥，黄老帛书的“主失立（位）则国无本，……主两则失其明”⑦，均凸显出君主在秩序建构和社会治理中不可或缺的重要性。在权力配置问题上，诸子大多认同君主掌控诸如生杀予夺、军政立法和财政经济等一切国家权力。在中央与地方的关系上，诸子也大多认同中央集权。儒家主张“礼乐征伐自天子出”⑧。墨家主张“自上正下”⑨，天下人层层向上负责，最终“尚同”于天子，“天子之所是，皆是之；天子之所非，皆非之”⑩。法家主张政令、人事和财政“必由中央之人”⑪，“百县之治一形”⑫。这些均是韩非子尊君重势的思想底色。诸子主张君主集权大致体现出三种立场，一是民众立场，二是国家立场，三是君主立场。约略而言，儒家和墨家基于民众立场而主张集权，法家则站在国家和君主立场而主张集权。不过，在战国时代君主与国家之间的界限不甚明显⑬，在理论上君主与国家既有同一的一面，也有二分的一面，但在实际上二者往往合二为一⑭。这样就能够部分地解释为什么韩非子每每将“君”“国”并举了。然而，韩非子毕竟明确主张“君”应当将“国”视作“车马”，这说明“国”已然被视作“君”的工具了。在韩非子构建的理想治世里，国家凌驾于社会之上，君主则凌驾于国家之上，君主始终稳固地端坐于权力金字塔的顶端。这便是韩非子所言“事在四方，要在中央。圣人执

① 《墨子·尚同下》，第55页。
② 《孟子·万章上》，第376页。注，此语为孟子引用孔子言。
③ 黎翔凤撰，梁运华整理：《管子校注》，第472页。
④ 《荀子·致士》，第175页。
⑤ 《慎子·威德》，第2页。
⑥ 《商君书·开塞》，第17页。
⑦ 陈鼓应：《黄帝四经今注今译》，第77页。
⑧ 《论语·季氏》，第354页。
⑨ 《墨子·天志下》，第130页。
⑩ 《墨子·尚同中》，第46页。
⑪ 黎翔凤撰，梁运华整理：《管子校注》，第578页。
⑫ 《商君书·垦令》，第4页。
⑬ 梁启超：《先秦政治思想史》，《梁启超全集》第12卷，第3689页。
⑭ 刘泽华：《先秦士人与社会》，第219页。

要，四方来效”的要旨所在。在先秦诸子的基础上，韩非子将君主推向了政治权力系统的顶峰。上述有关韩非子“势”论的旨归正在于此。刘泽华指出，在中国古代王贵“五独”，即势位独一，权力独操，决事独断，地位独尊，天下独占。[①]将这一说法用于评价韩非子的尊君重势论，最是恰当。如何佐助君主最大程度、更为高效地集中权力进而运用权力以管理国家事务和治理民众，始终是韩非子治道学说的核心问题。

第五，韩非子的尊君重势论有其内在的理论根据，道论、人情论、矛盾观、历史观、治乱观和秩序观共同支撑起了绝对君权的理论大厦。韩非子从“道”的高度肯定了“君”占据绝对势位的不证自明性，他在《扬权》篇指出“道不同于万物”，“君不同于群臣”，这从形上层面确认了君臣之间不可更易的绝对上下关系。韩非子认为一切人际关系皆可归结为利益的算计关系，君臣之间更是如此，“人臣之于其君，非有骨肉之亲也，缚于势而不得不事也”[②]。不宁唯是，君臣之间还是一种势不两立的权力斗争关系，“爱臣太亲，必危其身；人臣太贵，必易主位”[③]。实际上大臣“太亲”“太贵”不必然危及君主权位，但是韩非子连用数个“必”字以警示般的语气提醒君主必须严加防范一切臣下，这透显出韩非子极度焦虑于君主势位之可能被侵夺。韩非子刻意强调血亲关系亦有利害考量的真正目的其实是要告诫君主，在权力最高层中至亲哪怕是父子在巨大利益诱惑尤其是权力诱惑面前亦会变质[④]，君权受到的致命威胁往往来自君主并未充分重视的“家贼”，所谓“祸在所爱”[⑤]也。韩非子以其变化史观力图说明，古时君主因权力而来的物质回报并不比普通民众多，于是人们对势位的追求不怎么热心，因此君主的势位相对安全；当今君主所拥有的权力以及因权力而来的各种利益回报颇为可观，以至于所有人都想占据君位，故而君臣、君民之间的矛盾便凸显了出来，君主如何牢牢把控势位就成为一个重要的政治问题。韩非子诉求“治世”，反对“乱世”，并将实现治世的理想完全寄托于君主绝对独擅势位的基础上。在“争于

① 刘泽华:《中国政治思想史集》第 3 卷《王权主义和思想与社会》，第 206—210 页。
② 《韩非子・备内》，第 82—83 页。
③ 《韩非子・爱臣》，第 16 页。
④ 《韩非子》之《奸劫弑臣》《六反》，第 73、319 页。
⑤ 《韩非子・备内》，第 84 页。

气力”的战国时代唯有“抟力”才是生存之道和强国之途，不过韩非子深信君主势位的绝对安全比“富国强兵”更为重要，并明确指出君主如若不能采取手段绝对把控势位，纵然国家富强了，亦不过是“以其富强也资人臣”①。《韩非子·八奸》：“所谓亡君者，非莫有其国也，而有之者，皆非己有也。”②这正是韩非子在君国并举的同时又将“尊主”置于“安国”之前的关键所在。在君主权位的绝对稳固面前，其他一切已然无关宏旨。韩非子始终将君主视作“秩序”的最高象征，这是他对战国时代秩序失范之社会现实的理论回应。张素贞以“秩序”二字总结韩非子思想，这是颇有道理的。③ 总之，韩非子思想系统内的很多观念最终导向了尊君重势。正是在这一点上，韩非子学说具有高度的自洽性。

以上从历史背景、现实原因、思想背景和内在理论根据等方面，分析了韩非子尊君重势的内在逻辑。郑良树认为韩非子的权势理论具有“权力绝对万能”④ 的指向，这是颇有道理的，韩非子确实是在绝对君权的前提下追寻治世理想的。然而，不能因此便将韩非子等同于政客佞臣之流⑤，在我们看来韩非子始终以一位思想家的角色思考着东周乱世如何复于“治”这一天字号课题。

第四节　“明主”与“势治”的乌托邦

由上可知，“人设之势”的理论初衷是为中主而设，但能够真正有效营造和得当运用人设之势的君主绝非平庸之君，而是圣君明主。在韩非子看来，明主必然能够体悟道理并因循道法，同时颇具远见卓识，这样他就必然能够处理好

---

① 《韩非子·定法》，第 305 页。

② 《韩非子·八奸》，第 39 页。

③ 参见张素贞《国家的秩序——韩非子》，中国友谊出版社 2012 年版。

④ 郑良树：《韩非之著述及其思想》，第 499 页。

⑤ 黄公伟指出，法家论“势”完全从统治阶级着想，“此种观念是战国法家强权主义的‘媚君’术”；王长华指出：“先秦士子大多以守道为己任，他们对现实政治和君主常持一种审慎的批判态度，以道制势的倾向比较明显。而韩非却基本上放弃了士人的独立立场。”参见黄公伟《法家哲学体系指归》，台北：商务印书馆 1983 年版，第 206 页；王长华：《春秋战国士人与政治》，上海人民出版社 1997 年版，第 206 页。这些说法并非没有道理——韩非子确实颇似荀子所言“无礼义而唯权势之嗜者”（《荀子·非十二子》），但是作为思想家的韩非子毕竟不同于政客佞臣，韩非子学说鲜明地体现出中国古代“得君行道”的思维范式。

眼前利益和长远利益的关系，避免因为治国方略的选择失误而导致亡国失权；在权力运作中，保持沉着冷静和克制内敛，始终将一己之私欲收缩于国家法度范围之内，从而在个人意志与国家意志之间保持适度的平衡；在与群臣的权力博弈中，保持异常清醒的警觉状态，谙熟宦术且城府颇深。可见，韩非子的明主实际上是一位拥有超凡聪慧、颇富行政理性且大智若愚的君主。

完全合乎这些期望的君主，便真正具有足以有效治理臣民进而统御天下的强大威势。拥有这些政治品质的君主，有别于西周春秋时代权力颇受限制的周天子和列国之君，代表了战国时代权力不断得到强化的国君们所追求的理想类型。对“权力”的讨论，也正是韩非子“势”论的核心问题之一。

战国时代的国君对国家事务的管理之权，逐渐摆脱了分封体制以及宗法贵族集团的限制。法家顺应了这一历史大势，并从理论上论证了其合理性。韩非子则进一步讨论了君主应当如何防范臣僚对君主权力的觊觎和窃取。《韩非子·主道》篇载重臣对君主有“五壅”：“臣闭其主曰壅，臣制财利曰壅，臣擅行令曰壅，臣得行义曰壅，臣得树人曰壅。”① 重臣壅劫君主的这五个方面，所反映的正是战国时代君主权力最主要的方面，即权位的恒久稳固、朝廷信息的畅通上达、财货的公有即君有、赏罚权柄的独断、人事权的独掌。不过，这些权力决非君权之全部。研究表明，战国时代君主权力在不断扩大，列国国君有将一切权力集中起来的趋势。② 如果承认一切权力最终皆得归结为赏罚之权，那么只要牢牢掌控了赏罚大权，便意味着掌握了权力的根本。正因如此，韩非子指出：“有赏者君见其功，有罚者君知其罪。”③ 当举凡大小之事，其最高裁度权和最终决定权均牢牢掌控于君主时，君主的威势就真正地显现了出来，所谓“刑赏出于独则君威振”是也。由于一切大权皆集中于君主，所以毋需对权力做细致的规定。不规定权力的具体内容，这本身就是一种权力，权力因而总是可以因时因地地增加新的内容。当然，这并不是说君主对治下的所有人和事皆需亲自过问，而是说只要君主想要支配任何一个人和任何一件事，那么他就完全可以做到，却无任何实质性的制衡力量（不

① 《韩非子·主道》，第 19 页。

② 许倬云：《求古编》，第 286—310 页。

③ 《韩非子·难一》，第 267 页。

像西周春秋的贵族政治，权力总是受到层层限制)。

在韩非子的理想世界里，所有人被纳入了君法范围之内，因而成为完全被支配的对象，那些不为赏罚所动，因而对君主权力形成某种对抗的反常分子会被悉数诛杀，所有“奸伪无益之民”“不使之民”“世之贤士”“轻物重生之士”“无用之辩”以及“远功之行”等“不为主用”的人和事均在摒除之列。另一方面，权力的触角直击治下所有人，君主因而实现了对国家和社会的全面支配。李若晖指出：“君权的无边界性就是君权的神圣性，一旦君权的边界被显现，君权就失去了作为统治根基的神圣性，将有整体坍塌之虞。有人处于君权控制之外就是对于君权边界的显现。”[①] 实际上，韩非子一句“势不足以化则除之”[②] 已然道出了君权的无边界本质。在战国时代如何将民众打造成为争霸天下的农民和战士，是列国国君最为关注的现实问题。同时，日渐成熟的官僚制度，渐次推行的编户齐民制、常备军制、什伍制和郡县制等，为列国进行大规模的全民动员提供了制度性保障。韩非子完全继承了法家通过“制民”“胜民”进而将民众塑造成为耕战之士的主张，试图对民众进行全面的人身支配。不宁唯是，君主还要对臣民进行相应的精神支配，使法度成为全社会的唯一行动指南，在禁绝不法之“言”“事”的同时“禁其心”[③]，于是臣民不得不“无有二心”[④] 地保持千人一面和众口一词的服从状态。

在战国时代强化君权是为了营造出一种使人服从的必胜之势。营造这种必胜之势，既是在大争之世里国家取得基本生存权的需要，也从一个侧面反映了春秋战国时期的历史发展趋势。法家则从理论层面论证了如何因循趋利避害的人性/人情，通过制度性的奖惩机制来营造出必胜之势。战国时代臣民逐渐受到君主/国家的直接支配。对臣僚而言，他们的职位和爵禄是君主/国家给予的；对民众而言，当时最主要的生产资料土地是国有的，[⑤] 春秋晚期以降渐次施行的严格的户籍管理制度使民众变为编户齐民，于是关乎民众生计的一切几乎处于君主/国家的全面掌控之中。正是由于君主掌控了臣民们生

① 李若晖：《久旷大仪》，第 10 页。
② 《韩非子・外储说右上》，第 231 页。
③ 《韩非子・说疑》，第 306 页。
④ 《韩非子・有度》，第 23 页。
⑤ 张金光：《战国秦社会经济形态新探》，第 17、39—41 页。

存、生活和发展的所有可能路向，君主便可以通过奖惩机制来支配臣民。不过相较庆赏而言，法家更加看重惩罚对于营造君主威势的重要性。尽管有加官晋爵和良田大宅的利诱，但毕竟无法确保君主的绝对威势。最明显的是，近旁侍臣和朝廷重臣并非没有荣华富贵，但他们恰恰构成君权最大乃至致命的威胁。任何臣僚如若触犯君法和冒犯君威，他（不管是否权贵重臣）必将受到已然明示的严惩（直至诛杀），那么其他的臣僚便“不敢”再窥觇君心和觊觎君权了。《韩非子·内储说上七术》篇云：“使吾法之无赦，犹入涧之必死也，则人莫之敢犯也。”① 君主“无赦”→犯禁者“必死”→其他人“莫敢犯”，这体现出君主权力前所未有的力度，也体现出韩非子对“绝对确定性”的追求。法家认为：“人君者，莫贵于胜；所谓胜者，法立令行之谓胜。”② 君主正是通过信赏必罚式的“立法行令”，形成对臣民的压倒性态势，从而营造出“政胜其民”③ 的强大威势。

韩非子认为：“明君之道，使智者尽其虑，而君因以断事，故君不穷于智；贤者敕其材，君因而任之，故君不穷于能；有功则君有其贤，有过则臣任其罪，故君不穷于名。是故不贤而为贤者师，不智而为智者正。臣有其劳，君有其成功，此之谓贤主之经也。”④ 英明之君使臣僚们绞尽脑汁般地贡献智慧，并根据他们的建议和计谋来决断事情，所以君主在智慧方面总是无穷无尽；英明之君使臣僚们竭尽所能地展现其才干，并根据他们的真才实学来加以拔擢任用，所以君主在贤才方面亦不会穷尽。若是有了功劳，君主便独据贤名；一旦有了过失，那过失之责则全在臣僚那里，臣僚不仅得承担责任，而且必须得顶替罪名，所以不管成败如何，君主总是名利双收。在这一意义上，君主尽管并非贤智之人，却总是那些出谋划策和具体执行政令的臣僚们的老师。这一“臣有其劳，君有其成功”的治道设计，便是韩非子的“贤主之经”。《八经》《三守》等篇亦有类似观点。在韩非子的理想中，英明之君以其摄人心魄的强大威势，一方面使近旁重臣感到君主高高在上且遥不可及，使他们相信尽管得到了高官厚禄，但只要胆敢悖逆君主，必将受到严惩；另一方

① 《韩非子·内储说上七术》，第 166 页。

② 黎翔凤撰，梁运华整理：《管子校注》，第 920 页。

③ 《商君书·说民》，第 10 页。

④ 《韩非子·主道》，第 18—19 页。

面却又使基层官吏和民众感到君主就在近旁，使他们相信尽管与君主的现实距离相对遥远，但君权的触角已然触及每个人。正是从这一意义上讲，君主以其“威严之势”“制人之势”和“必胜之势”，“使天下不得不为己视，天下不得不为己听”，他尽管“身在深宫之中而明照四海之内”，“天下弗能蔽弗能欺”。[①]

韩非子的这一势治思路，体现出鲜明的“以力服人”[②] 的霸道思维。儒家主张君主内修己德以教化和感召臣民从而使其心悦诚服，展现出鲜明的理想主义色彩；法家则体现出强烈的功利主义和现实主义倾向，他们主张君主运用势法术的权力运作和强力支配，使人不得不服从。这是法家对战国时代渐趋功利化和暴力化的政治现实的理论回应。在法家看来，在尔虞我诈的国际交往和列国纷争的争战局面中，只有依靠以强大军事实力为依托的威势才能够取得生存空间甚或一统天下。为了应对不断的对外军事征伐之需，又需要不断加强本国的支配动员能力。这是法家在战国时代对如何“为治”所做的独特思考。

韩非子深信，只有圣君明主才能营造并驾驭好人设之势，进而实现上述政治理想。这就能够部分地解释《韩非子》中为什么圣君明主出现的频率要远远高过中主，同时，也说明向来被视为具有现实主义倾向的法家学说，其实也有其独特的理想主义色彩。不过韩非子也清醒地认识到，君权世袭时代明主难求。能够完全合乎他的理想的君主，在历史上从来没有出现过，在现实中也不存在。[③] 正因如此，韩非子对他所知的近乎一切君王都不大认可，他不仅极力批判暴君乱主，对很多的“世主”亦不怎么满意。从上文可知，韩非子对乱君暗主的一系列批判，直击君主统治的软肋。这大概与他的“公子”身份颇有关系，也反映出他对君权世袭时代君主的真实境况洞悉透彻，这就使得他对现实中的君主颇有些恨铁不成钢的孤愤之感。

尽管先秦诸子大多都有程度不一的尊君倾向，并从不同角度描绘了以君主统治为前提的治世蓝图，但是鲜有诸子如韩非子一般在大力批判君主的同时又极力尊君。关于这一点，从他对桀纣的态度中可以看出。韩非子明确将汤武之行视作“反君臣之义”“为人臣而弑其主”的“暴乱”之举，将桀纣

---

① 《韩非子·奸劫弑臣》，第 71 页。

② 《孟子·公孙丑上》，第 131 页。

③ 秦始皇在某些方面暗合了韩非子的明主形象，但他的很多行为恰恰是韩非子所极力反对的。不过，秦始皇也在某些方面发展了法家思想。

之亡的原因仅仅归罪于桀纣之臣却完全无视桀纣本身的无道行径,[①] 如此决绝之辞在其他诸子那里极为少见。韩非子进而坚决反对所有臣僚以任何理由弑夺君权。他明言“人主虽不肖，臣不敢侵也”，甚至于“主而诛臣，焉有过”。[②] 纵然君主再怎么昏庸无道乃至荒淫无度，臣僚都不应当有任何的反叛之心和革命之举，儒家对“独夫”进行诛杀的“革命”观念在韩非子那里荡然无存——君主永居权位，俨然被视作天经地义。将这一观念反过来说，便正是我们所讨论的：任何臣民决不可窥测君威、弑夺君势，只能为君主造势。

韩非子的“势”论，体现出他对国家治理和社会秩序的独特期待。法家深信，以“君臣上下之分”[③] 为核心的政治秩序乃是实现“治世”的关键所在。面对春秋战国礼废乐坏和秩序失范的社会现实，诸子百家皆从不同角度思索着如何使天下复归于“治”的重大问题。法家学派的重要特色在于，他们更加强调“尊主卑臣，明分职不得相逾越”[④]，并以此来构建其独特的治道学说。在君权世袭时代，生而在上位者不必尽贤，但法家认为“多贤不可以多君，无贤不可以无君”[⑤]，并明确将君臣关系的更易视为一种乱象。韩非子明言，天下之所以至今未得到有效治理，正是由于没有绝对维护君臣上下之分。[⑥] 在韩非子看来，最好的“治世”应当是这样的：

> 贤者之为人臣，北面委质，无有二心。朝廷不敢辞贱，军旅不敢辞难；顺上之为，从主之法，虚心以待令，而无是非也。故有口不以私言，有目不以私视，而上尽制之。为人臣者，譬之若手，上以修头，下以修足；清暖寒热，不得不救入；镆铘傅体，不敢弗搏，无私贤哲之臣，无私事能之士。故民不越乡而交，无百里之戚。贵贱不相逾，愚智提衡而

① 《韩非子》之《爱臣》《说疑》《忠孝》，第 16、311、358 页。

② 《韩非子》之《忠孝》《外储说左下》，第 358、224 页。一旦君主已然成为“不肖”“有过”之君，那么他所掌握权力的有效程度就会大打折扣。这其实一再被韩非子明确反对。这说明韩非子学说的矛盾性和深刻性。参见本书第七章。

③ 司马谈：《论六家要旨》，《史记・太史公自序》，第 7636 页。

④ 司马谈：《论六家要旨》，《史记・太史公自序》，第 7645 页。

⑤ 《慎子》“逸文”，第 9 页。

⑥ 《韩非子・忠孝》，第 358 页。

立，治之至也。[①]

在这样的治世中，上下有序，贵贱不愆，重臣不敢壅蔽君主，其他臣僚必须唯君法是从，整个官僚系统是管理国家事务和治理民众的高效机器，人们的“口”“目”“心”等一切个性化的“私”必须合乎法度之“公”。如此整齐划一的政治秩序和社会状态，便是“治之至”。在《大体》篇韩非子还从“天道”“自然”的宏大视野中，强调了明主“守法”对实现“治世”的关键作用：“不引绳之外，不推绳之内；不急法之外，不缓法之内；守成理，因自然；祸福生乎道法，而不出乎爱恶。”[②] 在这样的“至安之世”里，明主通过“因道全法”将一切国家和社会事务纳入法度范围之内，同时排除了对“道法”可能产生影响的“私智”和“爱恶”。正是由于君主将自己个性化的情感好恶也收缩至法度以内，所以臣民在依照法度行事之时便无郁积于心底的怨恨，所谓“上无忿怒之毒，下无伏怨之患”。如此一来，就可以实现法家所追求的“长利积”而“大功立”的治世理想。法家之所以说出“法虽不善，犹愈于无法”[③] 这样的决绝之辞，关键原因便在于法度具有“一人心”的作用，而“一人心”的根本目的便是维持以君臣上下之分为核心的绝对秩序。韩非子指出：“明君有权有政，乱君亦有权有政，积而不同，其所以立异也。”[④] 韩非子坚信只有圣君明主（而非中主）才能营造并维持强大威势，并大力批判乱君暗主的恣意妄为，不过在“秩序”的绝对稳定面前，君主的“明”与“暗”已然无关宏旨！

---

① 《韩非子·有度》，第 23 页。

② 《韩非子·大体》，第 156 页。

③ 《慎子·威德》，第 2 页。

④ 《韩非子·心度》，第 365 页。

第四章　韩非子的“法治”与社会控制

“法”字未见于甲骨文，最早见于商代金文，商周金文作“灋”，马王堆帛书作。关于“法”，《说文解字》释曰：“刑也。平之如水，从水；廌，所以触不直者；去之，从去。”法律像水一样地平正，所以从水；廌是用来抵触不正直的一方神兽，使不正直者离开它，所以从廌从去。“法”最初与“刑”有关，其强制性亦源于刑，而刑又有刑法、刑罚、规范等意涵；“法”与“水”亦有内在关联，“水”则与原始社会的禁忌有关。出于集体的自我保护意识，原始氏族形成了相应的禁忌，对于违反禁忌者往往处以流放之刑，尤其在以“水”为界的部落，将违反禁忌者流放于“水”的另一面实乃一种极为严酷的刑罚，于是“水”就具有行为准则的文化意蕴。许慎以“水”释“法”，就是从强制的行为规范意义上来理解“法”的。“廌”出现于甲骨文、金文、陶文、简牍、帛书等。尽管学者对廌到底是什么样的兽尚有争论，不过大体认同廌有辨曲直和正刑罚的功能。这正是“廌”与“法”之间的内在关联。“去”的甲骨文为，从大，从凵，“大”为“矢”，“凵”为“弓”。矢弓皆是远古社会重要的生产工具和武器，人们常常刻上族徽或记号，这样在因所获猎物的归属等问题上产生争执时，矢弓上的记号就成为解决争端的重要证据。总之，“法”在上古时代就指社会权威机构通过神判或人判形式来宣示的具有强制性的行为规范。①

西周的“礼乐刑政”已包含“法”，《礼记·乐记》：“礼以道其志，乐以和其声，政以一其行，刑以防其奸。礼乐刑政，其极一也，所以同民心而出治道也。”正因如此，“礼”“法”往往互用或并举，如《周礼·春官宗伯》

---

① 参见武树臣《法家法律文化通论》，第1—53页。

篇云：“小史掌邦国之志……读礼法……凡国事之用礼法者，掌其小事。”《礼记·明堂位》篇载“鲁王礼”时谓“礼乐刑法政俗”。法家主要继承并极端化发展了“礼乐刑政”中“刑政”的方面，不过法家的法以维护君主集权统治为依归，周礼则以维护宗法贵族统治为目的。法家的法尽管包括法律，却不限于法律，它囊括了战国时代近乎一切旨在强化君主集权的政治制度和规范系统。对此，章太炎、陈启天和萧公权等已指出这一点。[①] 法家还将“法”称为“国法”[②]“法制”[③]“法度”[④]“法禁”[⑤]“法式”[⑥]“法数”[⑦]“法律”[⑧]“法令”[⑨]“法辟”[⑩]“度量”[⑪]“度数”[⑫]“宪令”[⑬]等，他们将“法”视为“国之权衡”[⑭]“天下之程式”[⑮]“万民之仪表”[⑯]和“臣之所师”[⑰]。

法家并无“法治”一词，却有“据法而治”[⑱]“缘法而治”[⑲]“垂法而

---

① 章太炎：《訄书》（初刻本、重订本），上海三联书店2000年版，第84、265页；陈启天：《中国法家概论》，上海：中华书局1936年版，第4—5页；萧公权：《中国政治思想史》，第199、237页。

② 参见《管子·任法》，《商君书》之《说民》《赏刑》，《韩非子》之《内储说上六微》《显学》。

③ 参见《管子》之《八观》《法禁》《君臣上》，《商君书·君臣》，《慎子·威德》，《申子·君臣》，《韩非子》之《扬权》《用人》《饰邪》《八说》。

④ 参见《管子》之《明法》《明法解》《形势解》《兵法》《君臣上》《七臣七主》，《商君书》之《慎法》《修权》，《慎子》“逸文”，《韩非子》之《有度》《亡征》《解老》《安危》《外储说左上》。

⑤ 参见《管子》之《重令》《任法》《正世》《法禁》，《韩非子》之《亡征》《饰邪》《六反》《八说》《五蠹》等篇。

⑥ 参见《管子》之《形势解》《明法解》，《韩非子·主道》。

⑦ 参见《管子》之《七臣七主》《形势解》，《韩非子·有度》。

⑧ 参见《管子》之《七臣七主》《法法》，《韩非子·饰邪》。

⑨ 参见《管子》之《八观》《重令》《七臣七主》《形势解》《明法解》，《商君书·定分》，《韩非子》之《备内》《解老》《外储说左下》《问辩》《诡使》《八说》《八经》。

⑩ 参见《管子·君臣上》，《韩非子·忠孝》。

⑪ 参见《管子》之《任法》《明法解》《权修》《幼官》，《商君书·君臣》，《慎子》“逸文”，《韩非子》之《扬权》《解老》《守道》《难二》《难三》《诡使》。

⑫ 参见《管子》之《形势解》《明法解》，《商君书·错法》，《韩非子》之《奸劫弑臣》《难一》《问田》。

⑬ 参见《管子》之《权修》《八观》，《韩非子·定法》。

⑭ 《商君书·修权》，第83页。注：严万里校《商君书》无“法者，国之权衡也”，今从蒋礼鸿据《群书治要》所补阙文。

⑮ 黎翔凤撰，梁运华整理：《管子校注》，第1213页。

⑯ 黎翔凤撰，梁运华整理：《管子校注》，第1181页。

⑰ 《韩非子·定法》，第304页。

⑱ 参见《商君书·更法》。

⑲ 参见《商君书·君臣》。

治”[①]“任法而治”[②]“循法而治”[③]“以法治国”[④]等。自梁启超以“法治主义”指称先秦法家“以法治国”思想以来，以“法治”指称先秦法家的法思想大致得到了学界的认同。百余年来学者每每从现代“法治”的角度来审视法家“法治”，绝大多数学者认为法家法治与现代法治二者迥然有别，亦有学者认为法家内含中国迈向现代化的“本土思想资源”。在学界研究的基础上，笔者主要在先秦的历史语境和思想背景中来审视法家法治。具体而言，本章试图从先秦礼法转变、儒法学派之争和驱民于农战三个维度来疏解韩非子的法治论，指出法家法治的要义是君主以国家机器为后盾实施全方位的社会控制，韩非子则进一步主张绝对化的社会控制。

法家对社会和民众的控制又表述为“御民”[⑤]“牧民”[⑥]“畜民”[⑦]“治民”[⑧]“使民”[⑨]“厉民”[⑩]“胜民”[⑪]“制民”[⑫]“劝民”[⑬]“弱民”[⑭]“用民”[⑮]“一民”[⑯]“齐民”[⑰]以及“道（导）民”[⑱]等。这些语词的侧重点或有不同，

---

① 参见《商君书·壹言》。

② 参见《商君书·慎法》。

③ 参见《韩非子·用人》。

④ 参见《管子·明法》《韩非子·有度》。

⑤ 参见《管子》之《牧民》《权修》《匡君中匡》《明法解》，《商君书·慎法》，《韩非子》之《奸劫弑臣》《功名》《外储说左上》《外储说左下》《外储说右下》《难三》《难势》《心度》。

⑥ 参见《管子》之《牧民》《小问》《权修》。

⑦ 参见《管子》之《权修》《幼官》《法法》《君臣上》，《韩非子》之《二柄》《饰邪》《外储说右上》。

⑧ 参见《管子》之《七法》《重令》《君臣上》《君臣下》《正世》《小问》，《商君书》之《农战》《开塞》《壹言》《弱民》，《韩非子》之《饰邪》《解老》《外储说右下》《心度》。

⑨ 参见《管子》之《牧民》《八观》《法法》《君臣下》，《商君书》之《更法》《垦令》《说民》《算地》《画策》慎法》，《慎子》“逸文”，《韩非子》之《奸劫弑臣》《外储说右上》《六反》《五蠹》。

⑩ 参见《管子·权修》。

⑪ 参见《管子·小问》，《商君书》之《说民》《靳令》《算地》《开塞》《画策》，《韩非子·诡使》。

⑫ 参见《管子》之《正世》《禁藏》，《商君书·画策》。

⑬ 参见《管子》之《权修》《重令》《匡君小匡》《版法解》，《商君书·农战》，《韩非子》之《诡使》《八说》。

⑭ 参见《商君书·弱民》。

⑮ 参见《管子》之《权修》《八观》《法法》，《商君书》之《说民》《农战》《算地》《错法》《靳令》《修权》《徕民》《赏刑》《画策》《弱民》，《韩非子》之《定法》《显学》《五蠹》《忠孝》《心度》。

⑯ 参见《管子》之《法法》《任法》《明法解》，《商君书》之《农战》《算地》《壹言》《画策》，《韩非子》之《有度》《心度》。

⑰ 参见《管子·君臣下》，《韩非子》之《观行》《问田》《八经》。

⑱ 参见《管子》之《牧民》《君臣上》，《商君书·君臣》，《韩非子·八说》。

但是在君主控制社会以实现臣民统统为国家/君主所用这一点上却无二致。为了实现高效的君主集权统治和一统天下，只有更大程度和更加有效地控驭民众；反之，高效且彻底地御民最终必然归结至强化君主集权统治。法家顺应了“海内争于战功”以及因之而来举国不得不进行对外征伐的残酷现实，亦符合战国时代加强君主集权统治的政治需求，试图缔造一个强大的君主权力系统进而提升国家实力，但同时也使国家凌驾于社会之上，在强力范导民众绝对服从国法的过程中使其变为顺民。需要注意的是，尽管我们将官僚系统中的官吏称为“臣”“官”“吏”，将基层民众称为“民”，不过在法家尤其是在韩非子那里，臣民对君主而言只具有数量、职能和功用意义上的相对差异，在作为君主统治工具的意义上并无本质区别，因此“民”随时可以被擢拔为“吏”，“吏”则随时可以被罢黜为“民”，于是韩非子的“御民”实际上包括“治吏”和“治民”两个层面。关于“治吏”层面的御民将在下一章做专门讨论，本章主要聚焦于“治民”层面的御民，并稍带提及与此紧密相关的其他内容。①

第一节 从礼法转变看韩非子“法治”的社会控制

礼法分别代表了西周春秋和战国两个不同时代的社会控制系统。“礼”是一套基于血缘姻亲或者类血缘关系、强调道德自律和舆论影响的社会控制系统；“法”则是一套明确而公开、具有鲜明强制力的社会控制系统。在礼治社会，各级统治者的权力层层消弭于分层设计的宗法封建体系中，周天子无法直接控制诸侯国的卿大夫，更遑论直接控制基层民众，国君的权力亦受到贵族和国人的约束。在法治社会，君主则成为国家的唯一主人，他完全掌控了立法权，使法令制度具有强烈的控制臣民的趋向，他运用法度直接控制治下的所有臣民，没有任何势力或制度可以真正约束君主（除非君主自律）。礼治社会是一个家国同构的多级分权社会，法治社会则是一个君国至上的君主集权社会。

在周代宗法封建制下，“礼”是政治、伦理和宗教三位一体的社会规范系

---

① 在韩非子的治道体系中，君主是通过治吏来实现治民的。从逻辑上说应将官僚控制置于社会控制之前，但本书的撰述并未按照这一逻辑。重要原因在于：吏属于广义上民的一部分，基于法的社会控制在许多时候亦是适用于吏的，首先讨论社会控制有利于从总体上展示君主对所有臣民的治理逻辑，在下一章讨论君主对官僚系统的整体控制主要是基于法，而君主对重臣的重点控制已不满足于法，就顺理成章。

统。王国维指出，立子立嫡制、庙数制和同姓不婚制三项制度是周之所以纲纪天下的关键所在，它们的目的是将在上者与在下者都纳入“道德”，使天子、诸侯、卿大夫、士和庶民形成一个“道德之团体”，于是“周之制度、典礼，乃道德之器械”，周礼之道德的核心就在于“尊尊”和“亲亲”二义。[①]“尊尊”强调宗法制度下大宗与小宗之间、天子与诸侯之间、诸侯与卿大夫之间尊卑贵贱的等级秩序和人伦秩序，这一等级秩序和人伦秩序体现出家国同构的国家秩序和天下一家的天下秩序，每每通过典制、宫室、衣服、舆马、饮食、器物等体现出来；“亲亲”则强调礼乐文化氛围中基于各种血缘亲疏而来的关系，通过嫡庶长幼之别、大宗小宗之分以及繁密的祭祀节文、丧服之制和亲属称谓等来体现。《礼记·大传》篇云：“上治祖祢，尊尊也；下治子孙，亲亲也；旁治昆弟；合族以食，序以昭穆。别之以礼义，人道竭矣。”“人道亲亲也。亲亲故尊祖，尊祖故敬宗，敬宗故收族。”梁启超将这一家国同构的政治称作“伦理的政治”和“家族本位的政治”，[②] 杜正胜则将宗法政治中的血缘关系称为“假氏族血缘联系”[③]，颇能反映西周春秋宗法贵族政治的特点。在礼乐文化氛围中，并非所有贵族之间皆有实实在在的血缘关系，而是说统治者通过“礼”将全国各宗族的人都视为亲属[④]，于是父子、兄弟、甥舅、姻娅等身份所呈现的血缘和类血缘关系，以及孝悌慈友、和睦忠信等德行就成为维持礼治社会的内在纽带。

宗法封建体制是一种阶梯式的多级权力模式[⑤]，这使得各级统治者的政治权力均相对有限。诸侯和大夫的权力尽管分别来源于周天子和诸侯，但周天子、诸侯和大夫却共享天下的统治权，统治权力因而逐级分割——即周天子尽管对诸侯拥有册封、发布政令、兴兵讨伐、禁止诸侯间相互侵凌等权力，但他的直接控制地域实际上只限于王畿一带；诸侯在其国内享有实际的统治权；大夫在其家内亦有相应的统治权。宗法贵族政治因而体现出双向型伦理关系——即在上者与在下者之间尽管处于严格的等级贵贱秩序中，但他们的权利与义务却是

① 参见王国维《观堂集林·殷周制度论》，谢维扬、房鑫亮主编：《王国维全集》第 8 卷，浙江教育出版社 2009 年版，第 303—318 页。

② 梁启超：《先秦政治思想史》，《梁启超全集》第 12 卷，第 3622、3623 页。

③ 杜正胜：《周代城邦》，台北：联经出版事业股份有限公司 1979 年版，第 110 页。

④ 裘锡圭：《关于商代的宗族组织与贵族和平民两个阶级的初步研究》，《裘锡圭学术文集》第 5 卷，复旦大学出版社 2013 年版，第 135 页。

⑤ 葛志毅：《周代分封制度研究》，第 11 页。

相互的，在上者尤其需要尽到应尽之责任（尽管这种双向型伦理有其一定的限度）。正是在这一双向型伦理社会里，宗子是以“全宗族代表的身份来支配宗族财产的。‘庇族’‘收族’对宗子来说不仅仅是一种美德，而是必须承担的义务。”[①] 正因如此，周天子尽管是天下之大宗和共主，但他仍然需要尽到天子之职责和本分。周厉王因为“专利”而被逐，王子朝对此指出“厉王，王心戾虐，万民弗忍”[②]，就反映出人们对礼治社会双向型伦理规范的认同。

春秋时代是一个以“礼”为象征的“人文的世纪”，中国古代的贵族文化也发展到了最后亦是最高的成熟阶段。[③] 春秋贵族政治的重要特征便是政治权力的“非绝对化”[④]，这尤其体现为臣下和国人每每对国君的权力形成了相当程度的约束。比如，春秋时期臣对君的进谏每每促使君主改变其既定政策和措施，晏婴谏齐景公便是其中的显例。[⑤] 臣亦可以通过各种方式对抗君的刚愎行为，比如面对“愎谏”和“违卜”的晋惠公，庆郑选择“去之”致使晋惠公被活捉[⑥]；先轸不满晋襄公妄听妇人之言，当面发出“亡无日”的感叹，并“不顾而唾”[⑦]。面对君的不堪行为，臣可以逐君，比如孙文子驱逐卫献公就是典型的“逐君”事件，并且得到了周王室的认同。[⑧] 在权力非绝对化的贵族社会，臣道表现为“义则进，否则奉身而退”[⑨]，诚如晏婴所言“臣献其否以成其可”“臣献其可以成其否”[⑩]。同时，作为诸侯国军事力量基础的国人常常在诸侯国国内和国际政治生活中具有举足轻重的作用，甚至影响诸侯国国君的废立和列国之间战争的胜负。比如宋襄公败于楚，“国人皆咎公”[⑪]；

---

① 裘锡圭：《从几件周代铜器铭文看宗法制度下的所有制》，《裘锡圭学术文集》第5卷，第208页。

② 杨伯峻编著：《春秋左传注》，第1476页。

③ 徐复观：《中国人性论史·先秦篇》，第42—44页；钱穆：《国史大纲》，商务印书馆1996年版，第68页；余英时：《中国知识人之史的考察》，广西师范大学出版社2004年版，第41—42、127页。春秋时代尽管有许多的非礼现象并呈现出“礼崩乐坏”的态势，但对整个社会而言这却是一个礼制大发展的时期。

④ 乔健：《中国古代思想研究》，民族出版社2008年版，第1—18页。

⑤ 杨伯峻编著：《春秋左传注》，第1237—1238、1415—1418页。

⑥ 杨伯峻编著：《春秋左传注》，第354—355、356页。

⑦ 杨伯峻编著：《春秋左传注》，第499页。

⑧ 杨伯峻编著：《春秋左传注》，第1010—1012页。

⑨ 杨伯峻编著：《春秋左传注》，第1113页。

⑩ 杨伯峻编著：《春秋左传注》，第1419页。

⑪ 杨伯峻编著：《春秋左传注》，第397页。

楚灵王战败，右尹子革对曰“请待于郊，以听国人”[①]；“卫侯欲与楚，国人不欲”[②]；曹宣公“既葬，子臧将亡，国人皆将从之。成公乃惧”[③]。国人具有如此重要的政治影响力，因此时人每每将“国人所尊”[④] 视作具有威望的重要条件。在西周春秋礼治社会，臣下和国人对国君的行为能够产生如此重要的影响，这在中国古代历史上真可谓是“一朵奇葩”[⑤]。有学者指出战国以前“抑制王权的贵族主政思想更为流行”[⑥]，这是颇有道理的。既然在上者并不完全掌控绝对化的权力，那么遇到政治冲突时就应当通过“双向”而非自上而下的“单向”途径来解决。正因如此，各级统治者对民众的控制力自然就相对有限。

法家试图彻底改变宗法封建的礼治社会，他们从“立法权”入手来强化君主集权统治，从而在根本上为君主以自己意志（具体而言是君主统治集团的意志）进行全面深入的社会控制打开了方便之门。费孝通指出维持规范的力量是礼法之异的重要表现。[⑦] 李若晖进一步指出，“强制力”的有与无是礼法之别的关键所在。“礼”尽管也具有强制力，但这种客观上的强制性并非礼之根本。进言之，礼“本身不是为了强制力而设计的”；“法”却全然不同，“整体而言，法就是为了强制他人才制定的”。[⑧] 所谓社会关系中的“强制”是指一方为了将自己意志强加于另一方，在违背对方原本意愿的前提下所使用的强迫行为。[⑨] 这里的强制与本书所使用的“控制”意思相近。法家的“法”便是以国家强制力为后盾，将以统治集团整体利益为核心的君主意志强加于所有臣民之上的社会控制体系；“由君立法”则从源头上保证了“法”始终以君主意志为核心内容。韩非子指出君主或圣王是立法者。[⑩] 这实际上是

---

① 杨伯峻编著：《春秋左传注》，第 1347 页。

② 杨伯峻编著：《春秋左传注》，第 452 页。

③ 杨伯峻编著：《春秋左传注》，第 867 页。

④ 杨伯峻编著：《春秋左传注》，第 1377 页。

⑤ 杜正胜：《周代城邦》，第 21 页。

⑥ 胡新生：《先秦政治思想史上的道义与功利之争》，《文史哲》2017 年第 3 期。

⑦ 费孝通：《乡土中国》，北京大学出版社 2012 年版，第 81—84 页。

⑧ 李若晖：《郡县制时代——由权力建构与社会控制论秦至清的社会性质》，《文史哲》2011 年第 1 期。

⑨ 李晓明：《非强制行政论》，吉林人民出版社 2005 年版，第 2 页。转引自李若晖《郡县制时代——由权力建构与社会控制论秦至清的社会性质》，《文史哲》2011 年第 1 期。

⑩ 《韩非子》之《饰邪》《守道》，第 93、149 页。

法家的一贯主张，《管子·任法》篇曰“生法者君也”，同书《法法》篇谓“圣人能生法”，慎到认为“以道变法者君长也”[①]。

梁启超提出：“法家最大缺点，在立法权不能正本清源。”[②] 梁启超的这一说法是他参照现代民主法治得出的结论，迄今为止不少学者援引是说并深以为然。在立法权上无法做到正本清源，这固然是法家的缺点，但这恰恰也是理解法家法治的关键处。西周春秋的礼，其制定者往往是贵族群体，其生成过程受到习俗传统等各种因素的有效制约。在宗法封建制下，周天子尽管偶尔亦有立法权，但立法的正当性基础却存在于世官制之中[③]，被赋予神性的祖先往往是对礼进行合理性说明的终极根据，因此“礼”的专断性和控制力远不如“法”那般全面、彻底而绝对。法家的“君生法”从根本上保证了君主是唯一的法原，君主因而随时随地可以将自己的意志载入法度之中。于是，在法治世界里君主始终是唯一的控制方，所有臣民永远是被控制方因而在君主面前一律平等。这是历来法家强调“君生法”的重要逻辑。

公元前536年郑国子产“铸刑书”[④] 和公元前513年晋国赵鞅“铸刑鼎”[⑤]，可视作“君生法”的早期实践。杜正胜对此指出，逮至春秋晚期“民”已渐次成为直接隶属于国家的编户齐民，战争、纳税以及政权之维持均得依靠这些编户齐民，于是统治者不得不正视这一作为政权统治基础的阶层，子产等人正是以公布刑书的方式来获取“民心”的，公开承认“民”的法律地位，因此“刑书之公布即象征编户齐民法律的诞生”[⑥]。此种“编户齐民法律”的公布，恰恰就是君主直接掌控立法权因而可以直接控制基层民众的重要象征[⑦]；“君生法”则意味着贵族和平民在君主面前被齐一化，国君的政治

① 《慎子》“逸文”，第9页。

② 梁启超：《先秦政治思想史》，《梁启超全集》第12卷，第3677页。

③ 世族世官制度是西周王朝政权机构建立的根本法则。参见朱凤瀚《商周家族形态研究》（增订本），天津古籍出版社2004年版，第426页。

④ 杨伯峻编著：《春秋左传注》，第1274—1275页。

⑤ 杨伯峻编著：《春秋左传注》，第1504—1505页。

⑥ 杜正胜：《编户齐民：传统政治社会结构之形成》，第240—244页。

⑦ 相关讨论参见李若晖《郡县制时代——由权力建构与社会控制论秦至清的社会性质》，《文史哲》2011年第1期。另外2016年出版的《清华大学藏战国竹简》（六）有《子产》篇。研究表明《子产》篇载子产在立法过程中，将作为统治者命令的“令”的地位看得比传统法度中的“刑”高，并且体现出法度一元化的倾向。参见王沛《刑书与道术：大变局下的早期中国法》，法律出版社2018年版，第114—130页。

权力无需受到贵族集团的掣肘，国家/君主的控制力可以直达原子化的个体臣民那里，君主权力因而向绝对化的程度迈进了一大步。

法家所主导的列国变法的重要目标便是打击宗法贵族[①]，以“法治”取代“礼治”，以绝对化的“尊君”代替宗法封建的“亲亲”和“尊尊”，以臣民对君主的单向服从关系取代礼治时代的双向伦理关系，进而建构起一个以集权君主为核心、以国家直接控制民众的社会控制系统。李悝在“集诸国刑典”的基础上编纂成了《法经》，其目的在于“为王者之政”，通篇是“罪名之制”，体现出“深文峻法”的特点。[②] 在魏国主持变法时，他将依靠祖荫坐享富贵爵禄的贵族后代称为“淫民”，在褫夺淫民爵禄的同时通过“食有劳而禄有功”即依照个人才干优长做出可信赏罚，“以来四方之士”[③]。在废除世官世禄制度的过程中，君主将赏罚大权逐渐收入一已之手，君主权力因而得以强化。[④] 唯有国君权力强大到令行禁止的地步，才能够在“尽地力之教”[⑤]的基础上抟铸起一个富强之国以对外征伐。公元前 390 年吴起在楚国开始主持变法，他将楚之所以国贫兵弱的原因归结为“大臣太重，封君太众”，权贵之臣每每上逼君主而下虐百姓，其中的“公族疏远者”更是无能无用[⑥]，不利于楚国通过令行禁止来“争利于天下”[⑦]。于是，吴起将变法矛头直指贵族：封君子孙若三代以后仍无甚功劳，便收回爵位及俸禄，并裁汰“不急之

① 需要注意的是，早在春秋时期诸侯国君已通过消灭大族、削夺、转封或改封、减少分封等方式来打压贵族以强化权力，向集权政治过渡。（刘泽华：《中国传统政治思想反思》，生活·读书·新知三联书店 1987 年版，第 14—16 页）牟宗三指出，“废公族”等“并非法家之成就。此乃共同体破裂后，必向此趋之大势。有法家亦如此，无法家亦如此。法家于此无增益也。其所增益者，只是顺之而凝结”。赵鼎新指出商鞅变法后秦国贵族的影响力进一步下降，但这并非全然是法家改革使贵族在秦国失势使然，因为早在春秋时代秦武公既已极力打压贵族，秦国的贵族传统在秦国的影响力原本就甚微弱。参见牟宗三《历史哲学》，《牟宗三先生全集》第 9 册，第 129、155 页；赵鼎新：《东周战争与儒法国家的诞生》，夏江旗译，华东师范大学出版社 2011 年版，第 139—141 页。

② 《法经》内容俱已亡佚，此处据《晋书·刑法志》和桓谭《新书》的记载。

③ 向宗鲁校证：《说苑校证》，中华书局 1987 年版，第 296 页。

④ 比如魏王的命令本身便具有法律效力，并且魏王对基层的直接控制甚严甚细。参见《睡虎地秦简·为吏之道》附《魏户律》《魏奔命律》，睡虎地秦墓竹简整理小组编：《睡虎地秦墓竹简》，文物出版社 1990 年版，第 174、175 页。

⑤ 《史记·孟子荀卿列传》，第 4988 页。

⑥ 《战国策·秦策三》，第 178 页

⑦ 吴起之语，参见《淮南子·道应训》，诸子集成本，中华书局 2006 年版，第 198 页。

枝官”，同时，大规模削减官吏的俸禄以限制他们享有特权。[①] 逮至吴起变法，法家“不别亲疏，不殊贵贱，一断于法，则亲亲尊尊之恩绝”[②] 的思想要旨几乎全部呈现了出来，对“亲亲尊尊之恩”的“绝”正体现出法家对宗法贵族政治的批判。另外公元前403年赵国公仲连的法家式改革[③]，公元前355年申不害在韩国推行的改革，田忌在齐国推行的旨在“谨修法律”以“督奸吏”[④] 的改革，也程度不一地反映了战国时代列国推行“法治”的政治诉求。

在列国变法中商鞅在秦国的两次变法最为典型，它鲜明地展现了法家以“法治”进行全面社会控制的理论。商鞅的法治理论主要表现为：其一，颁布国法，彰明法度，使臣民无不知法。在国家法度面前臣民一律平等，实际上就是所有臣民在君主面前一律平等。如此一来，各级官吏“不敢”以“非法”待民，同时民亦“不敢犯法”。[⑤] 其二，全面打压宗法贵族势力，改变“政出多门”的局面，使君主权力不再受到贵族的任何制约，同时遏制宗法势力发展、推进个体小家庭的普及，阻断世家大族对基层民众的控制。其三，通过推行县制、什伍连坐告奸制从制度上将基层民众悉数凝聚（“抟”[⑥]）于君主一处，从而加强对基层民众的直接控制。其四，通过推行土地国有制，将邑社土地所有权予以集中和垄断，将土地的最高所有权悉数统归于国家。君主因而将基层民众从封君邑社那里剥离出来并纳入国家的直接控制，使其成为国家的编户民，使其直接向国家纳租税、服徭役。[⑦] 其五，通过军功爵制等“壹赏”制度，最大限度地调动基层民众为国家尽力农战的积极性；通过以刑去刑等“壹刑”制度，最大限度地威慑任何试图逃脱国法控制的人事。在赏罚并用中，牢牢控制民众的行为动向。其六，极力打压一切无益于农战的事务，抑制工商业，进行全面的经济干预。其七，施行以思想控制为核心的“壹教”制度，禁止一切无益于富国强兵的思想文化在民间流传，尤其大力批判“礼乐”“诗书”“仁义”等。总之，商鞅的“法治”学说是一种迥异

① 《韩非子·和氏》，第67页。
② 《史记·太史公自序》，第7644—7645页。
③ 《史记·赵世家》，第3405页。
④ 《史记·田敬仲完世家》，第3672页。
⑤ 《商君书·定分》，第41—43页。
⑥ 《商君书·农战》，第7页。
⑦ 张金光：《战国秦社会经济形态新探》，第17—18页。

于“礼治”学说的控制理论，它强调君主对臣民纯粹的单向度控制。在完全垄断近乎一切生产生活资料的基础上，君主以国家机器为后盾，将所有臣民悉数抟聚到实施富国强兵战略的轨道上，呈现出“政胜其民”和“法胜民”[①]的高压状态。在这一法治社会里，民众唯有“服而听上”[②]。

在批判式继承前期法家实践经验与理论认识的基础上，韩非子构建出以“绝对性”为特征的法治理论。他每每以“不得不”“必然”等词来说明君主应当绝对控制臣民，其中《韩非子·奸劫弑臣》篇的说法最为典型：“圣人之治国也，固有使人不得不爱我（君/国）之道，而不恃人之以爱为我（君/国）也。……明主者，使天下不得不为己视，天下不得不为己听。”[③]《六反》篇亦谓：“君上之于民也，有难则用其死，安平则尽其力。”[④] 这些论辞可视作韩非子“法治”学说的御民总纲，亦是韩非子对法家御民观的总结和提升，即所有臣民必须处于国家法度的绝对控制中。韩非以“绝对性”为特征的法治论，体现在如下七个方面。

其一，韩非子进一步突出了君主在社会控制中的绝对主体地位。韩非子从“道”论证了“君”支配臣民的天经地义性，还将“臣事君”“贱敬贵”等均视作合宜的“义”。[⑤] 实际上《韩非子》通篇都是从君主的角度来谈论如何进行有效的国家治理，这一点与始终大讲“国法”的商鞅有所不同。这也是不少学者往往将商鞅视作国家主义者，而将韩非子视作君主本位者的关键原因。尽管在先秦君主国家几近一体的时代里，国家本位与君主本位实际上难以明确区分，但这二者毕竟尚有细微的差异。一旦绝对性地抬高君主的政治地位，那么作为君主意志象征的法度被视作“帝王之具”就更加顺理成章了。

其二，韩非子进一步将所有臣民与君主的关系全然视作一种利害算计关系，夸大了国家与社会、君主与臣民之间在根本利益和价值观等方面的冲突，从而为国家凌驾于社会之上、君主强力控制臣民提供了更为坚实的理论依据，也自然而然地提出了“使其臣民者，非爵禄则刑罚”[⑥] 和“严刑重罚之可以

---

① 《商君书·说民》，第 10 页。
② 《商君书·战法》，第 21 页。
③ 《韩非子·奸劫弑臣》，第 70 页。
④ 《韩非子·六反》，第 320 页。
⑤ 《韩非子·解老》，第 96 页。
⑥ 《韩非子·外储说右上》，第 236 页。

治国”① 的政治主张。

其三，韩非子调整了“法”的内涵，使国家的法令制度更加符合“事理”、合乎“人情”，从而可以在更大程度上起到治奸御民的功效。在《定法》篇韩非子认为“斩一首者爵一级”和“斩二首者爵二级”的商鞅之法并不合理，因为该法至少忽略了民众能力才干之差异，比如斩首需要的是勇力，而民众中却不乏如医者和匠者之类的智能之士，因此商鞅之法具有法不称能的弊端。韩非子并非全然反对商鞅的法治论，而是主张在更加注重民众才能差异的基础上，制定更加完备的法度，从而提高国家治理的效能。在此意义上，韩非子的法对民众的控制力更加强大而不是相反。

其四，韩非子进一步强调了“信赏必罚”在法治中的意义。通观《韩非子》，韩非子诉求明主和批判暗主的焦点之一，便是君主是否能够信守法度、以法治国，而守法与否的关键就在于君主是否能够坚持信赏必罚原则。君主坚持这一原则，并非对君主的实质约束，而是在更大程度上增加法度的公信力和威慑力，进而强化了国家对社会的控制力。韩非子深晓此理：“主施赏不迁，行诛无赦，誉辅其赏，毁随其罚，则贤、不肖俱尽其力矣。”② “使吾法之无赦，犹入涧之必死也，则人莫之敢犯也。”③ 在君主的信赏必罚下，臣民连犯禁之心都“不敢”有。

其五，韩非子提出了近乎完备的官僚控制理论，而韩非子法治的重要特色就在于，君主对民众的治理正是通过高效的官僚治理来实现的。所谓“明主治吏不治民”④ 是指君主全方位地控制官僚系统，防范、伺察和惩处重臣，通过以吏治民以实现有效的社会治理。韩非子认为商鞅尽管佐助秦君在一定程度上实现了富国强兵，但商鞅“无术以知奸”，最终仍只不过是“以其富强也资人臣”⑤。韩非子最忧虑的要事之一就是富强的政治果实被臣下所窃。严明的吏治不仅减少了君主受到壅蔽乃至劫杀的可能性，而且在更大程度上保证了国家法令制度和行政命令的高效贯彻实施。

---

① 《韩非子·奸劫弑臣》，第 74 页。
② 《韩非子·五蠹》，第 343 页。
③ 《韩非子·内储说上七术》，第 166 页。
④ 《韩非子·外储说右下》，第 250 页。
⑤ 《韩非子·定法》，第 305 页。

其六，韩非子进一步提出“人设之势”作为有效国家治理的强大后盾。韩非子的人设之势尽管最终落实为刑赏之权，但它绝不限于此，而是一种摄人心魄的强大威势。君主高居权力金字塔的顶端，臣民则匍匐于拥有绝对化权力的王者脚下，在这一巨大反差中君主始终占据权力之势的顶峰，君主以其巨大威势一方面使近旁重臣感到君主遥不可及，另一方面却又使基层官吏和民众感到君主就在近旁。基于这一巨大威势的国家法度，其控制力变得愈发强大。

其七，韩非子进一步将法家的思想控制理论总结为“以法为教”和“以吏为师”[①]，国家的法令制度是全社会的唯一教义，官吏是全社会的唯一师尊，各类“杂反之学”被严厉禁止，于是，在国法的严密规训下臣民不得不以君心为心，只得“无有二心”[②] 地绝对服从，社会因而呈现出千人一面和众口一词的状态。

韩非子继承并极端化地发展了法家法治理论，主张君主对臣民进行政治、经济、思想等近乎一切方面的控制，在弱民、愚民和制民的基础上，进一步拉大民众与君主之间的“权力距离”[③]，使君主始终处于令民不得不仰止和无法企及的高高在上的绝对位置。民众只是作为庞大国家机器中一颗颗甚是“有用”的零部件而存在，绝对服从国家法度。至此，韩非子的法治学说体现出君主绝对控制臣民和臣民绝对服从君主的单向度关系，这与礼治的双向伦理关系完全处于两端。

第二节　从儒法之争看韩非子“法治”的社会控制

儒家在先秦诸子中对西周春秋的礼治传统继承得最为充分，从儒法比较的视角可以进一步反观韩非子法治学说的特征。需要注意的是，儒法之间仍然存有诸多共性。在文化渊源上，诸子皆源于《庄子·天下》篇所言“古之道术”，他们均有深厚的文化传统。在“救世”情怀上，儒法在内的诸子皆“务为治者也，直所从言之异路，有省不省耳”[④]。在具体的治道设计上，儒

① 《韩非子·五蠹》，第 347 页。

② 《韩非子·有度》，第 23 页。

③ 李禹阶主编：《秦汉社会控制思想史》，中国社会科学出版社 2017 年版，第 35 页。

④ 司马谈：《论六家要旨》，《史记·太史公自序》，第 7636 页。

家和法家均属于“得君行道”的政治思维模式，均认为理想治世应当是以“明君”为核心的等级社会，均主张在东周乱世以某种控制手段来重建政治秩序和社会秩序。我们的讨论便是在承认儒法有共同性的前提下进行的。

在控制手段上，儒家主张运用教化和感化的软手段以赢得民心，法家则主张运用信赏必罚的硬手段来支配民心。儒家主张“以德服人”“为国以礼”，法家则主张“以力服人”“以法为治”。“礼”强调防患于未然，注重君子礼乐文化教养的示范引领作用；“法”却预设人们都是贪利小人，强调实实在在的直接控制（尽管法家亦注重通过“以刑去刑”以防“未然”）。在“争于气力”的乱世，列国战争异常残酷，法家关心的是君主如何使治下的臣民屈服、如何使敌国降服，而儒家的仁爱之政显然无法实现这一点，因此法家认为：“仁者能仁于人，而不能使人仁；义者能爱于人，而不能使人爱。”① 韩非子尽管对儒家的“仁义”有精深的把握②，但他始终认为仁义无助于在战国乱世重建政治秩序和社会秩序。韩非子将儒家的治道设计视作一种能够适于古却不宜于今的“推政”。所谓推政亦即“推恩爱之政”③，这一推政无助于解决大争之世如何有效为治的问题。在儒家那里，“仁”是一种涵摄多种德性的美德，既具有人之为人的内在追寻，又具有推己及人而泛爱众的治世关怀；韩非子则将“仁”的内涵大大地缩小，将其理解为随意施舍且无视国家法度的惑乱之行，并将“仁人”与“暴人”同等看待，认为“慈惠而轻财”的仁人与“心毅而易诛”的暴者均属乱法之暗主。④ 在《八说》篇韩非子指出：“当大争之世，而循揖让之轨，非圣人之治也。”⑤ 在列国纷争的大争局面中，君主如若拘泥于揖让之礼，便无法提升国家实力，不仅无助于广土众民，而且连国家自存都难以保证。韩非子并非反对仁义本身，而是强调仁义本身无益于当今之治，不能被视为立国之本，因此他指出“仁义用于古不用于今”。《五蠹》还谓：“今学者之说人主也，不乘必胜之势，而务行仁

---

① 《商君书·画策》，第 33 页。

② 林纬毅：《法儒兼融：韩非子的历史考察》，第 41—58 页。

③ 梁启雄：《韩子浅解》，第 441 页。

④ 《韩非子·八说》，第 324—329 页。

⑤ 《韩非子·八说》，第 327 页。

义则可以王，是求人主之必及仲尼，而以世之凡民皆如列徒，此必不得之数也。"[①] 在韩非子看来，施行仁义无法营造出对内进行全面控制和对外实施强力征伐的必胜之势。在《显学》篇韩非再次强调，先王的仁义无益于当今治道，因此君主应当施行能够带来实际功效的法治，摒弃无用的仁义之学，"举实事，去无用，不道仁义"[②]。法家追求君主雷厉风行地实现"法必明，令必行"，在重建秩序的基础上实现有效的国家治理，极为关注治理的"效率"，但儒家的仁政恰恰无法营造出这种立竿见影且使人不得不服从的"必胜之势"，这是儒法对立的关键所在。

在君臣关系上，儒家强调以道事君，主张建构上下双方均应承担相应责任和义务的双向关系；法家尤其是韩非子则强调君主独擅道，主张臣僚的绝对服从。儒家的臣扮演王者师的角色，他们每每以道自尊，主张道高于君，因此认为"君使臣以礼，臣事君以忠"[③]，"君之视臣如手足，则臣视君如腹心；君之视臣如犬马，则臣视君如国人；君之视臣如土芥，则臣视君如寇雠"[④]，甚至发出了"恒称其君之恶者，可谓忠臣"[⑤] 的呼声。法家对忠臣的定位则是"明法行令"[⑥]，或者称之为"法臣"[⑦] ——即以国家法度作为唯一的行为准则，以奉法事上作为不二选择。韩非明确指出："尽力守法，专心于事主者为忠臣。"[⑧] 法家的忠臣不得有任何独立于君主意志的自我意识和自主行为，只能专心地尊君事上，甚至于被明确地工具化，"若如臣者，犹兽鹿也，唯荐草而就"[⑨]。

在君民关系上，儒家主张爱民富民，法家则主张御民用民。儒家尽管也有御民用民的观念，比如"上好礼，则民易使也"[⑩]，"百姓足，君孰与不足"[⑪]，

---

① 《韩非子·五蠹》，第 343 页。

② 《韩非子·显学》，第 356 页。

③ 《论语·八佾》，第 62 页。

④ 《孟子·离娄下》，第 322 页。

⑤ 武汉大学简帛研究中心、荆门市博物馆编著：《楚地出土战国简册合集·郭店楚墓竹书·鲁穆公问子思》，文物出版社 2011 年版，第 40 页。

⑥ 《商君书·画策》，第 32 页。

⑦ 黎翔凤撰，梁运华整理：《管子校注》，第 999 页。

⑧ 《韩非子·忠孝》，第 358 页。

⑨ 《韩非子·内储说上》，第 170 页。

⑩ 《论语·宪问》，第 329 页。

⑪ 《论语·颜渊》，第 268 页。

但他们毕竟将民的地位看得甚高。儒家主张应当“卑宫室，而尽力乎沟洫”①，相对君王所居住的宫室而言，百姓的生产生活更加重要；指出“民之憔悴于虐政，未有甚于此时者也”②，对当时的各类暴政给予深刻批判；认为使民“养生丧死无憾，王道之始也”③，甚至发出了“民为贵，社稷次之，君为轻”④ 这般响彻千古的为民之声。法家尽管亦有大量爱民之辞，比如“法者所以爱民也”⑤，“法令之合于民心”⑥，“有道之君……内有德泽于人民”⑦，等等，并且法家在中国历史上最先提出了“以人为本”⑧ 的观念，但他们从来都明确主张“爱民”只是为了更加彻底地“用民”。在法家看来，“民力竭，则令不行”⑨，因此首先必须使民众能够生存下来，“必先富民，然后治之”⑩。法家明确指出：“计上之所以爱民者，为用之爱之也。”⑪ 爱民只是用民的起点和手段而已，这样直白的御民之辞在儒家那里较为少见，却存在于近乎所有法家文献中。韩非子全然继承了法家传统，亦主张“百姓有功则利上”⑫，将一切不能为君主所用者视作“奸伪无益之民”⑬。他还将臣民“为我（君/国）所用”的治国之道称作“必然之道”⑭。

在伦理关系上，儒家主张“不为君绝父”，韩非子则主张“为君绝父”。在家族本位的贵族政治里，孝是最重要的道德，后世所谓的忠涵括于孝之中⑮，“尊尊”往往由“亲亲”自然而然地衍生而出。儒家在很大程度上继承了周代家族本位的礼治精神。在儒家看来，父慈子孝和兄弟相亲这本身便是为政，宗族和睦共处本身就发挥着安邦定国的功效，而政治领域的忠则从宗

---

① 《论语·泰伯》，第170页。
② 《孟子·公孙丑上》，第109页。
③ 《孟子·梁惠王上》，第33页。
④ 《孟子·尽心下》，第573页。
⑤ 《商君书·更法》，第1页。
⑥ 黎翔凤撰，梁运华整理：《管子校注》，第1170页。
⑦ 《韩非子·解老》，第105页。
⑧ 黎翔凤撰，梁运华整理：《管子校注》，第472页。
⑨ 黎翔凤撰，梁运华整理：《管子校注》，第49页。
⑩ 黎翔凤撰，梁运华整理：《管子校注》，第924页。
⑪ 黎翔凤撰，梁运华整理：《管子校注》，第302页。
⑫ 《韩非子·八经》，第338页。
⑬ 《韩非子·六反》，第318页。
⑭ 《韩非子·显学》，第355页。
⑮ 童书业：《春秋左传研究》，第169页。

族的孝中推出，忠从属于孝。郭店楚简《六德》篇云："为父绝君，不为君绝父。"① 不管这里是否专讲丧服之礼，有一点确信无疑，即早期儒家认为宗族内的血缘关系高于政治领域的君臣关系。② 毕竟君臣关系可以选择，但血缘关系则是天生的，"父子亲生言，君臣义生言"③，因此儒家主张："门内之治恩掩义，门外之治义斩恩。"④ 在宗族内父子之"恩"高过君臣之"义"，这说明早期儒家"在处理人伦问题上亲亲原则的优先性"⑤。《论语・子路》谓"亲亲相隐"⑥，也意在说明国家权力的控制力不应当突破天然血亲关系的底线。儒家强调以孝悌作为维系伦理—政治秩序的基本原则，提倡亲亲而尊尊、君仁而臣忠，这尽管不无尊君倾向，但更强调君统与宗统的合一性。在儒法过渡中，荀子发挥了重要作用。荀子尽管主张"从道不从君"，但他又指出"从义不从父"，在"父"之上安置了一个"义"。荀子的"义"是什么呢?《荀子・王霸》篇谓："用国者，义立而王。"《强国》篇云："人君者，隆礼尊贤而王，重法爱民而霸。"可见，"义"与建功立业密切相关。与早期儒家相比，荀子的尊君倾向更加鲜明，这也是徐复观认为荀子思想"漂浮着法家

① 武汉大学简帛研究中心、荆门市博物馆编著：《楚地出土战国简册合集・郭店楚墓竹书》，第125页。

② 《六德》篇大概是子思学派的作品。关于"为父绝君，不为君绝父"，刘乐贤、彭林等指出这是讲丧服之礼；李存山指出这是儒家强调"亲亲"重于"尊尊"的表现，即通过强调"父高于君"来反对君臣关系的绝对化；秦晖则进一步指出这里的"父"和"君"并不仅仅指具体的个人，"父"代表以家族为本位的小共同体，"君"则代表以国家为本位的大共同体。早期儒家希望社会维持在西周春秋那种"我的主人的主人不是我的主人"的封建体制内，最高统治者的政治控制不能够直达于基层。参见李存山《再说"为父绝君"》，《江苏社会科学》2005年第5期；秦晖：《"杨近墨远"与"为父绝君"：古儒的国—家观及其演变》，《人文杂志》2006年第5期。

③ 武汉大学简帛研究中心、荆门市博物馆编著：《楚地出土战国简册合集・郭店楚墓竹书》，第125页。

④ 武汉大学简帛研究中心、荆门市博物馆编著：《楚地出土战国简册合集・郭店楚墓竹书》，第125页。

⑤ 王博：《中国儒学史（先秦卷）》，北京大学出版社2011年版，第188页。

⑥ 孔子深信"孝"是仁之本和为政之本，故而他认为当出现"父攘羊"时应坚持"父为子隐，子为父隐"的原则，并认为"直在其中矣"。这里的"直"尽管有"公正""正直""直率""率真"等多种意思，但均体现出宗族血缘亲情的自然正当性。另外，当被问及"舜为天子，皋陶为士，瞽瞍杀人，则如之何"时，孟子认为"舜视弃天下，犹弃敝蹝也。窃负而逃，遵海滨而处，终身欣然，乐而忘天下"。徐复观对此指出，在孔孟儒家那里"父子是绝对的关系，君臣则是相对的关系"。参见徐复观《中国思想史论集续篇》，九州出版社2013年版，第483页；梁涛：《"亲亲相隐"与二重证据法》，中国人民大学出版社2017年版，第1—26页；俞荣根：《儒家法思想通论》，商务印书馆2018年版，第292—296页。

的气息”[①] 的关键原因。在乃师的基础上，韩非子进一步指出：“明主之道，必明于公私之分，明法制，去私恩。”[②] 一切的宗族之“私”均须合乎国家法度之“公”。在批判行仁义而乱法的儒者之时，韩非子通过楚人告发其父偷羊之事却被令尹因其“曲于父”而判为死罪这一事例来说明，君主的理想之臣往往是“父之暴子”；通过鲁人家中有父亲需要奉养为由而在战场上屡战屡逃，孔子却视之为孝子并荐举他做官的事例来说明，儒者心目中的孝子每每是“君之背臣”。[③] 先秦儒家尽管已有“三纲”理论的雏形[④]，但真正明确提出“三纲”理论的则是韩非子。在《忠孝》篇韩非子将“臣事君、子事父、妻事夫”视作“天下之常道”，在肯定臣对君、子对父和妻对夫的单向服从关系的同时，俨然将君臣关系置于家族和宗族关系之上。韩非子借狐偃之口明确指出：“不辟亲贵，法行所爱。”[⑤] 韩非子试图以“法治”冲破宗族势力对君主集权的任何阻隔，使所有臣民绝对服从君主/国家。

在对待“传统”的态度上，儒家主张复古，他们立足传统来批判战国时代杀人盈城的残酷现实；法家则主张变革，立足于战国时代列国国君关注的现实问题来迎合时代潮流。儒家祖述尧舜，宪章文武，将先王之道作为立论的基础。儒家“以六艺为法”[⑥]，六艺所承载的便是传统文化，具体而言就是周代的礼乐文化。儒家的“礼”不完全等同于宗法封建制度下的“礼”，孔子以“仁”释“礼”，将“礼”由一种外在的秩序安排和制度设计，逐渐转变成为体现道德自律和人格修养的行为操守，主张将人伦秩序和政治秩序建立在道德精神和人伦价值的人“心”之基础上。《孟子·离娄下》所谓“以仁存心，以礼存心”，体现的正是儒家将“礼”内化于“心”的转变倾向，这也是儒家对周礼的重要创新。即便如此，儒家始终颇为珍视传统文化。儒家重视培养人的精神气质和人文教养，主张超越政治功利，不将人单纯视作利益动物和政治动物，主张以德抗位、从道不从君、恒称君之恶，均与他们守护和传承

---

① 徐复观：《中国人性论史·先秦篇》，第 236 页。

② 《韩非子·饰邪》，第 93 页。

③ 《韩非子·五蠹》，第 344—345 页。

④ 武汉大学简帛研究中心、荆门市博物馆编著：《楚地出土战国简册合集·郭店楚墓竹书》，第 74—75 页。

⑤ 《韩非子·外储说右上》，第 247 页。

⑥ 司马谈：《论六家要旨》，《史记·太史公自序》，第 7642 页。

周代礼乐文化不无关系，尤其与他们保留春秋贵族的文化遗产颇有关联。实际上儒家正是通过称引先王和立足传统，从而高举“道义”的大旗来挑战和批判现实政治的。然而，儒家的这种批判精神和道义信仰，却是法家坚决反对的。韩非子认为“为人臣常誉先王之德厚而愿之，诽谤其君者也”①，任何试图借助历史传统来批判当今现实政治的言行必须被绝对禁止，唯有体现当今君主意志的法度才是臣民唯一的思想标杆和行动指南。彻底否定“传统”往往就凸显出“当今”的正当性，实际上法家的许多论辞均是在论证以当今之“法”代替传统之“礼”的合理性。在这一意义上，韩非子提出“以法为教”和“以吏为师”便有其必然性，他试图切断历史文化传统的脐带，并以君王意志作为准则来加强全面的思想控制。“以法为教”和“以吏为师”因而最终实际上就是“以君为师”，它内含的是“王者即圣”的政治逻辑。失去了历史文化传统尤其是传统中积极因素的“羁绊”，专制君王往往更加恣心所欲，集权统治也更加趋于酷烈化。孟子指出，“为君辟土地，充府库”的“所谓良臣”，实际上无异于“民贼”。② 依照孟子的说法，法家的“富国强兵”恰恰就是“为君辟土地，充府库”最为有效的治国方略。可见，儒家根植于传统，追求“应然”之政治理想；法家却往往立足当下，注重政治现实之“实然”，颇合战国时代的政治走向。正因如此，保守传统的儒家士人大多不受列国执政者待见，立足当下的法家人物却每每得到重用而受国拜相。商鞅、申不害自不待言。韩非子尽管未受韩国君主器重，但其书（尽管只是书的一部分）却得到秦王嬴政的大力赞赏，这也从一个侧面反映出韩非子学说对于集权君主的重要性和实用性。

在社会理想上，儒家试图建构一个“亲亲”“尊尊”和“贤贤”的礼治社会，法家则试图营造一个绝对“尊君”的法治社会。如果说儒家主张通过道德教化和内省自律来实现一个“君子”的社会，那么，法家尤其是韩非子则主张以纯政治的强硬手段对社会进行全面深入的控制，将臣民塑造成为一个个唯利是图进而唯君主是从的“小人”。在儒家的理想社会里，“和为贵”；在法家的理想社会里，“顺为上”。儒家大致保留了礼治传统中的“尊尊”

① 《韩非子·忠孝》，第360页。
② 《孟子·告子下》，第504页。

“亲亲”“贤贤”原则，他们主要从“尊尊”中生发出“义”和“忠”，从“亲亲”中衍化出“仁”和“孝”，从“贤贤”中塑造出以道德修养和精神诉求为特质的“君子”形象。[①] 儒家的礼治社会是一个以“亲亲”“贤贤”为基础的等级社会，人们按照亲疏远近处于上下尊卑的差序结构中。《礼记・中庸》所言“亲亲之杀，尊贤之等，礼所生也”，其意亦在于此。“贤”主要是指在学习礼乐文化的基础上所达到的道德和人格修养的境界，于是学习礼乐诗书便成为文化教养的主要象征。儒家强调“修己以安百姓”[②]，追求“俊杰在位”[③]，认为“为政在人”，将人之德性视作治国理政不可或缺的前提。礼治社会尽管亦有尊卑贵贱等级，但“和”始终是礼治的重要原则。《论语・学而》：“礼之用，和为贵。”《礼记・儒行》：“礼之以和为贵。”礼治社会充分尊重和关照各类事物，具体而言就是尊重各种人和各类事的差异性。尽管礼不能简单化为一种政治原则，但就政治和社会秩序而言，礼的“和”原则至少体现为，社会角色之“名分”和政治角色之“职分”呈现出相异相分的关系，尤其在权力运作中，在上者应当接受持有异议的在下者的批判乃至约束。正是在“和而不同”的文化氛围中，才可能出现注重相互承担责任和义务的双向型伦理关系。

如果说儒家之“礼”主要是从人的精神境界和人格修养的层面出发，以“君子”之德性对人提出应然要求，进而建构出相对宽松的等级社会，那么法家之“法”则是从人的物欲需求的层面出发，以“小人”之利欲来论证君王以国家法度进行全面控制的必要性，进而建构出君主绝对支配臣民的集权社会。法家向来反对将“亲亲”原则引入政治，他们将政治关系视作一种纯粹的利益博弈关系。不宁唯是，韩非子还将君主以外的所有人与君主的关系预设为基于利益算计的“类敌人关系”，认为同床父兄亦不可信，并一再提醒君主“猾民愈众，奸邪满侧”[④]。韩非子告诫君主，所有臣民尤其是近旁重臣均在觊觎君主权位这一大利，必须严加防备。韩非子进而将礼治基于“亲亲”的“尊尊”发展为基于利益考量的绝对“尊君”——即在功名利禄的利诱和严刑峻法的威慑下，所有臣民不得不绝对服从君主，除此之外，鲜有他途。韩非子尽管也指出其治

---

① 阎步克：《士大夫政治演生史稿》，北京大学出版社 2015 年版，第 87—88 页。
② 《论语・宪问》，第 329 页。
③ 《孟子・公孙丑上》，第 234 页。
④ 《韩非子・扬权》，第 33 页。

世理想中“小人少而君子多”[①]“君子乐而大奸止”[②]，但他的“君子”与儒家的“君子”完全不同，实际上是绝对服从国家法度的忠臣和顺民；反之，任何有德性诉求尤其是逆君者，必在禁绝之列（在现实中能否全然将逆君者或者在君主视线外追求精神生活的臣民统统禁绝，则是另外一回事）。与儒家重视人的内在德性不同，法家更加重视外在的制度设计，他们认为君主“守法责成”，就可以实现对臣民的全面控制，进而实现重建秩序的治世理想。这也是法家被视作“制度学派”的关键所在。[③] 法家深信，在治道设计中“制度”比“人”的因素更加可靠、稳定因而更加重要，韩非子进一步明确指出他是为中主设计治道的。韩非子的中主理论颇为复杂，不过其中的关键处便是以“法”的制度因素来弥补君主个人能力和精力之不足，通过刚性的制度力量大大提高国家治理的效率。通过批判近乎空想的“仁人在位”，韩非子力图为资质中等的君主设计一套简便高效的治国之道，使得哪怕是平庸之君也能够实施高效的国家治理。

从控制手段、君臣关系、君民关系、对待传统的态度以及社会理想等方面看，儒家礼治和法家法治存在不小的差异。从儒法差异中，可以反衬出韩非子法治学说追求国家治理的有效性和时效性，具有鲜明的控制倾向。王和指出：“从政治学的意义来讲，法家学说的本质是一种力图摆脱和消除贵族政治的作用与影响的王权学说，而且逐渐发展为一种极端的王权学说。这一特征越到后期就越为明显和突出。”[④] 此论甚是。作为周代礼乐文化尤其是春秋贵族文化的继承者，儒家向来受到法家的大力抨击。这其中固然有学派纷争的因素，但更深层次的原因大概在于，儒法立足点的不同。法家始终在顺应战国以来“以法治国”的时代潮流；儒家则具有强烈的固守传统的倾向，他们主张“为国以礼”，并对当时的残酷统治给予深刻批判。儒家立论的重要基点是曾经的“礼治”，法家的立论基础则是当下的“法治”。在儒法之争的基础上，韩非子将法家以强力控制为内涵的法治学说推进为以绝对控制为内涵的理论，这既是韩非子对宗法贵族政治的彻底批判，亦是对极端王权学说的理论建构，从一个侧面反映了周秦之变的历史走向。

① 《韩非子·安危》，第 147 页。
② 《韩非子·大体》，第 157 页。
③ 张岂之主编，刘宝才、方光华分卷主编：《中国思想学说史（先秦卷）》，第 645 页。
④ 王和：《历史的轨迹：基于夏商周三代的考察》，商务印书馆 2013 年版，第 383 页。

第三节　从驱民于农战看法家“法治”的御民逻辑

在西周春秋宗法贵族政治向专制主义中央集权政治转变之际，法家顺应时代潮流从理论上论证了“以法治国”的合理性，在君主集权时代国家的法令制度往往旨在控制而非服务民众，作为“帝王之具”的“法”体现出鲜明的御民倾向。这也从一个侧面反映出，君主集权时代的国家治理往往以有效控制民众为重要内涵。《管子》开首篇即是“牧民”。“牧”在先秦的语境里尽管有统治、治理之意，但在根源处它依然是指放牧牲畜。[①]《管子》尽管有融汇百家倾向，但《牧民》篇无疑属于法家著作[②]，且以“牧民”相冠，这其中的寓意耐人寻味。在《管子》的作者看来，“法者，将用民力者也”。“法者，将用民之死命者也。”[③]“夫法者，上之所以一民使下也。”[④] 这三句话集中反映了法家“法治”的御民本质，即国家法度只是君主用以强力控制臣民的工具。一种唯有“服从”却拒绝任何“违抗”的制度，就本质而言只能是创设制度的施政者对一切处于弱势地位的民众的强力管控措施。在战国大争之世，列国最关注的是如何实现富国强兵进而图谋于争霸天下，如何抟聚国家实力因而成为治国理政的头等要事。“国之所以重，主之所以尊者，力也。”[⑤]“明君之治也，任其力。”[⑥]“力生强，强生威，威生德，德生于力。”[⑦] 如何将民众塑造成为农民和战士，成为迅速提升国家实力的关键举措，“国之所以兴者，农战也”[⑧]。韩非子完全认同前期法家的御民逻辑，他深信“万乘之主、千乘之君所以制天下而征诸侯者，以其威势也”[⑨]。这里的威势集中体现为有效国家治理基础上的强大威势，尤其体现为强大的军事力量。唯有以强大军事力量为

---

① “牧”甲骨文作，金文作，均是手持棍棒赶牛的形象。《说文解字》便将“牧”释为“养牛人”。

② 胡家聪：《管子新探》，第 27、219、237 页。

③ 黎翔凤撰，梁运华整理：《管子校注》，第 57、58 页。

④ 黎翔凤撰，梁运华整理：《管子校注》，第 905 页。

⑤《商君书·慎法》，第 41 页。

⑥《商君书·错法》，第 20 页。

⑦《商君书·靳令》，第 24 页。

⑧《商君书·农战》，第 5 页。

⑨《韩非子·人主》，第 362 页。

后盾，君主在列国纷争中才能够以其强大“筋力”，使他国来“朝”而非“朝于人”。①

一 从驱民于农看法家法治的御民逻辑

法家主张重农抑商以实现国家富裕，《商君书·农战》篇谓：“明君修政作壹，去无用，止浮学事淫之民，壹之农，然后国家可富，而民力可抟也。”②抟者，凝聚、聚集之意。所谓抟力是指将原本处于“散”状的民力全部汇聚起来，使民众参与的事都能够切实地益于国家的富裕。在那个生产力相对落后的时代，为了实现国富就必须将民众引导到农事上，在将农业视为“本”的同时，将其他一切经济事务比如工商业等一概斥为“末”，坚决反对人们“舍本逐末”。法家认为圣人“立法化俗”的重要目的就在于“使民朝夕从事于农”，“商贾、技巧之人”皆应处于禁绝之列。③《商君书·垦令》篇所列举的二十条重农措施中除通过奖赏以劝农外，尤其主张“民不贵学问”；取缔相关技艺产业，不许农民学习技艺；取消旅店以防止农民迁徙。《管子·重令》篇亦指出“雕文刻镂”“美衣锦绣綦组”等皆为“末生”，并将从事末生的行为统统视作逆举。同书《八观》篇指出一国民众若不专事农耕，那么国家“金玉虽多”仍不过是一个贫国，并将农事外的事情称作“淫非之地”，君主所要做的便是“使民毋由接于淫非之地”。韩非子亦将农耕视作“本务”，将“綦组、锦绣、刻画”视作“末务”④，同时将工商之民等不务本务者统统视为国家蠹虫。在这种全面控制下，民众“不得不”⑤戮力于农事。

农业在古代社会是经济的主体，亦是国家的根基，毕竟“菽粟不足”“布帛不足”，民众就难免有“饥饿之色”和“冻寒之伤”。⑥问题是，农耕真的是当时社会民众唯一的选择吗？农耕真的是最适宜于当时的地域特点、经济

① 《韩非子·显学》，第354页。
② 《商君书·农战》，第7页。
③ 《商君书》之《壹言》《外内》，第18、37页。
④ 《韩非子·诡使》，第315页。
⑤ 《商君书·画策》，第33页。
⑥ 黎翔凤撰，梁运华整理：《管子校注》，第2页。

状况且最有利的生计选择吗？细致而准确地描绘出战国时代的农业发展状况尽管是困难的（一则相关史料并不充裕，二则当时的地域差异、经济发展状况及生产生活方式等均有不小的差异），但是传世文献、出土文献和考古资料中的相关信息确实表明，战国时代民众尚有狩猎、捕鱼和采集等其他谋生手段，农耕并非唯一的生计选择。在众多的相关研究中，以侯旭东《渔采狩猎与秦汉北方民众生计——兼论以农立国传统的形成与农民的普遍化》[①] 一文与本书论旨关系最紧密。侯先生指出，农耕固然是农业生产的主要方式，却非唯一方式。渔采狩猎亦是民众维持生计的重要生产方式，它主要包括三种方式，即捕鱼、采集和狩猎，主要指民众借助简单工具、投入简单人力便可以直接获取自然界中野生的可食用动植物的生产活动，这些谋生方式与需要投入大量人力物力的耕作生产方式相对应而存在。民众之所以将渔采狩猎作为重要的谋生手段，重要原因在于：其一，当时北方山川薮泽蕴藏丰富的野生可食用动植物；其二，渔采狩猎作为一种更加古老的谋生手段有强大的惯性作用，并且野生资源的获得具有投入较小、产出更快的相对优点，而耕作方式甚至到了汉代仍然具有投入多、风险大且收获不稳定的劣势；其三，商贾亦是一种现实而便利的谋生手段，甚至到了汉代某些贫民宁愿“贱卖”土地后投身于商贾；其四，民众每每将渔采狩猎与买卖活动结合起来以降低生计成本、增加产出。可见，农耕并非民众唯一的谋生手段，并且在当时的环境下民众并不将农耕视作一种最优的生计方式，反之每每以专事农耕为“苦”。

法家早已洞悉民众专事农耕，不仅用力最苦，而且赢利甚少。《商君书·外内》：“民之内事，莫苦于农，故轻治不可以使之。……农之用力最苦而赢利少，不如商贾技巧之人。”[②]《商君书·算地》：“夫农，民之所苦。”[③]《商君书·慎法》：“使民之所苦者，无（作‘唯’）耕。”[④] 韩非子亦认为，唯有官吏严格

① 侯旭东：《渔采狩猎与秦汉北方民众生计——兼论以农立国传统的形成与农民的普遍化》，《历史研究》2010 年第 5 期。

② 《商君书·外内》，第 37 页。

③ 《商君书·算地》，第 14 页。

④ 《商君书·慎法》，第 41 页。关于“无耕”之“无”，王时润认为指“莫如”，朱师辙认为当为“无如”，高亨指出当作“唯”。参见蒋礼鸿《商君书锥指》，第 139 页；高亨：《商君书注译》，中华书局 1974 年版，第 519 页。本文从高亨说。

执法、强力引导，“浮萌”才肯“趋于耕农”，亦明言驱民于农战实乃“士民之所祸也”。[①]《韩非子·六反》：“法之为道，前苦而长利。”[②] 这里的“苦”尽管不限于民众被导引于农耕，但亦表明韩非子认同民之专事耕作亦属一苦。

法家洞察民众并不情愿专事农耕，故而主张以法治进行强力控制，使农耕成为民众维持生计的不二选择。《商君书·垦令》篇所载的众多驱使百姓垦殖的办法之一便是“壹山泽”。“壹山泽”是指国家专断山泽之利，禁止“妄樵采佃渔”[③]。这样，就从根源处斩断了厌恶农耕且有其他求生办法的民众在农耕之外的生计路向，使民众不得不“归心于农”[④]。针对民众专事耕作收益少于工商业，法家主张通过国家控制价格，使民众在耕作中得到较工商业更为优厚的回报。比如，对工商业征更多的税收，从而形成“民之利尽在于地利”[⑤] 的社会导向。在利诱之外，“重刑而连其罪”[⑥] 始终是法家实施御民的杀手锏，残酷刑罚使“怠惰之民”不敢游离于农耕之外。民众如若“僇力本业”，“耕织致粟帛多”，便可免除一定数量的徭役；若是“事末利及怠而贫”，国家便将不归心于农的“奸民”悉数收为奴隶。[⑦]

法家之所以驱民于农，一方面是因为农业生产是国家富强和社会安定的前提，“国好生粟于境内，则金粟两生，仓府两实，国强”[⑧]，反之“地不辟，则六畜不育；六畜不育，则国贫而用不足；国贫而用不足，则兵弱而士不厉；兵弱而士不厉，则战不胜而守不固；战不胜而守不固，则国不安矣”[⑨]。另一方面，农民性格淳朴，并每每怯于法度（“朴则畏令”[⑩]），且因其只专事于农耕故而往往甚穷[⑪]，于是，这些既朴又怯且穷的农民最易于被国家法度所控

① 《韩非子·和氏》，第67页。
② 《韩非子·六反》，第321页。
③ 蒋礼鸿：《商君书锥指》，第12页。
④ 《商君书·农战》，第7页。
⑤ 《商君书·外内》，第38页。
⑥ 《商君书·垦令》，第3页。
⑦ 《史记·商君列传》，第4654页。
⑧ 《商君书·去强》，第10页。
⑨ 黎翔凤撰，梁运华整理：《管子校注》，第288页。
⑩ 《商君书·算地》，第13页。
⑪ 《商君书·农战》，第7页。

制。法家认为民众的真实情态是“朴则生劳而易力，穷则生知而权利”[①]，民众只有处于淳朴无华且简单确定的生活状态，才能够更加忠诚地为国家/君主贡献人力和物力。民众被整齐划一后，他们更容易“亲上死制”[②]，国家的法令制度因而可以起到更为有效的控制作用。在战国日渐完善的编户齐民体制下，一个个对国家/君主直接负责且愚钝寡能、安土重迁的农民最容易被塑造成绝对服从的顺民。在法家看来，高效的国家治理恰恰以有效的控制民众为前提。

出土文献和传世文献表明，驱民于农是当时列国重要的法治措施。《睡虎地秦墓竹简》“为吏之道”后所附的“魏奔命律”（该律颁布于魏安釐王二十五年，即前252年）载，魏王对那些不专事农耕且不固定于一个住处甚或游食者甚是不满，却又不忍心“杀之”，故而通过发配其从军以示惩戒，并责令“将军勿恤视”之。[③]“魏奔命律”被附于秦简后，这表明秦对魏的驱民于农政策的承续。临沂银雀山汉墓出土《田法》亦表明齐国驱民于农的政策与魏颇为相似。[④] 从践行法家理论最力的秦国看，商鞅变法的严刑峻法使民众不得不“戮力本业”，专事“耕织致粟帛”。[⑤] 商鞅虽死，然“秦法未败”，以至于秦昭王末年蔡泽仍感慨道：“夫商君为秦孝公明法令，禁奸本……决裂阡陌，以静生民之业而一其俗，劝民耕农利土，一室无二事，力田蓄积，……故秦无敌于天下，立威诸侯，成秦国之业。”[⑥] 其中，“以静生民之业而一其俗”的“静”“一”二字尤其值得关注。战国时代民众的生计手段并不限于农耕，故而“生民之业”是流动的。商鞅变法的重要目的就是通过全面控制将具有流动性的社会打造成为一个静态社会。[⑦] 这也正是秦无敌于天下进而立威诸侯的重要原因。另外，四川青川木牍《更修为田律》[⑧]、湖北云梦睡虎地秦简之

---

① 《商君书·算地》，第13页。

② 《商君书·农战》，第7页。

③ 睡虎地秦墓竹简整理小组编：《睡虎地秦墓竹简》“释文”，第175页。

④ 吴荣增：《先秦两汉史研究》，中华书局1995年版，第94—96页。

⑤ 《史记·商君列传》，第4654页。

⑥ 《史记·范雎蔡泽列传》，第5209—5210页。

⑦ 商鞅变法后秦国通过种种方式引导三晋之民入秦，却鲜见秦民向外流出，亦少见秦士活动于山东列国。

⑧ 于豪亮：《释青川秦墓木牍》，《文物》1982第1期。相关讨论参见张金光《战国秦社会经济形态新探》，第239—263、394—396页。

《田律》《仓律》《厩苑律》[①]、湖南里耶秦简[②]、湖南岳麓秦简之《田律》[③] 等的相关记载，均表明秦国在未统一天下前以及统一天下后对农业的高度重视，将农民纳入了无微不至的控制中。这一系列“利田畴”[④] 的政治措施，只有在驱民于农进而完全控制民的政治逻辑中，才可以被充分理解。秦始皇武力统一天下后，他尽管认为“天下已定”，但仍然坚信百姓应当“力农”，并将“上农除末”作为一项基本国策继续颁行天下，且将“上农除末，黔首是富”“男乐其畴，女修其业”等记于石刻上。[⑤] 可见，驱民于农对于集权统治之建立与维持的重要性。战国时代尽管有“重商主义”的社会风潮，并且商业实际上在商鞅变法后仍然对秦之富强贡献不小[⑥]，但是国家强力干预经济的统治方略确实起到了全面控制基层民众的重大作用。驱民于农尽管不是法家的独到见解（比如农家和荀子等亦有重农抑商的观念），但以国家机器作为后盾试图全面控制民众进而将其纳入富国强兵战略轨道，法家的法治理论无疑具有典型性。

二　从驱民于战看法家法治的御民逻辑

在评价法家的农战主张时，刘泽华指出：“农民是战士最好的预备队，农业是培养战士的学校。”[⑦] 以农养战、以战促农，终致国之富强与主之尊显，进而以武力征伐实现兼并天下，这是战国时代列国共同的政治理想，所谓“欲富国者务广其地，欲强兵者务富其民”[⑧]。李悝既已采取措施鼓励民众勇于奋战。《韩非子·内储说上七术》篇载，李悝为上地之守时曾经下令：“人

① 睡虎地秦墓竹简整理小组编：《睡虎地秦墓竹简》“释文”，第 19—34 页。张金光认为《厩苑律》“以四月”条反映出官社经济体制的信息。在此体制下，基层民众所从事的农业生产受到官府的严格管制。张金光：《战国秦社会经济形态新探》，第 46、388—393 页。

② 参见万义广《从里耶秦简看迁陵地区农业生产与农民负担》，《江西社会科学》2015 年第 11 期；赵岩《里耶秦简所见秦迁陵县粮食收支初探》，《史学月刊》2016 年第 8 期；魏永康《里耶秦简所见秦代公田及相关问题》，《中国农史》2015 年第 2 期。

③ 《岳麓秦简·田律》：“黔首居田舍者，毋敢醢酒。有不从令者迁之。田啬夫、工吏、吏部弗得，赀二四。”

④ 睡虎地秦墓竹简整理小组编：《睡虎地秦墓竹简》“释文”，第 29 页。

⑤ 《史记·秦始皇本纪》，第 532、548、555 页。

⑥ 侯家驹：《中国经济史》，新星出版社 2008 年版，第 93—125 页。

⑦ 刘泽华：《中国政治思想通史（先秦卷）》，第 280 页。

⑧ 《史记·张仪列传》，第 4787 页。

之有狐疑之讼者，令之射的，中之者胜，不中者负。”① 遇到难以决断的狱案时，以双方射术之高低来解决纠纷。这种断案原则尽管近乎荒谬，但李悝将射箭引入断案中，其原本的目的恰恰在于“欲人之善射”也。源于此种导向，人们纷纷练习射箭乃至“日夜不休”，终于在与秦的战争中大败秦军。不过，李悝并未明确将“尽地力之教”与“欲人之善射”直接衔接起来。逮至商鞅变法时农战成为浑然一体的国之大事。民众戮力于农耕被视作“生力”，民众奔赴于战场则是“杀力”。② “民事农则田垦，田垦则粟多，粟多则国富，国富者兵强，兵强者战胜，战胜者地广。”③ 以农耕致国富，最终实现兵强地广。

法家主张将国家打造成为富强之国后，需要以武力方式一统天下。“抟力”的目的在于“杀力”“攻敌”，反之“能生力”却“不能杀力”的国家最终必然是逐渐削弱的“自攻之国”④，“国富而不战，……必弱”⑤。《管子·七法》篇云：“不能治其民，而能强其兵者，未之有也。……不能强其兵，而能必胜敌国者，未之有也；……兵不必胜敌国，而能正天下者，未之有也。”⑥ 这里“未之有也”“必”等所显示的果断语气，正表达了法家对强兵以一统天下的坚决态度。法家希望“兵未出境而无敌”⑦，不战则已，战必克敌。与前期法家一脉相承，韩非子亦明言：“兵弱于敌，国贫于内，而不亡者，未之有也。”⑧ 他不仅将无益于耕战者统统视作蠹虫，还将不专注于军功者视作无用之“象人”。象人者，木偶、泥人之类也。象人之所以无用乃是因为“象人不可使距敌也”⑨。韩非子也明确主张君主要抟聚起强大的国家实力，进而形成主动进攻的强大威势：“夫王者，能攻人者也；而安，则不可攻也。强，则能攻人者也；治，则不可攻也。”⑩ 驱民于战的法家法治论顺应了战国时代“海内争于战功”的现实需求。

---

① 《韩非子·内储说上七术》，第 171—172 页。

② 蒋礼鸿指出：“作一则力抟，此生力也。强而用，此杀力也。”参见蒋礼鸿《商君书锥指》，第 39 页。

③ 黎翔凤撰，梁运华整理：《管子校注》，第 924 页。

④ 《商君书·说民》，第 11 页。

⑤ 《商君书·靳令》，第 23 页。

⑥ 黎翔凤撰，梁运华整理：《管子校注》，第 106 页。

⑦ 黎翔凤撰，梁运华整理：《管子校注》，第 116 页。

⑧ 《韩非子·外储说左上》，第 210 页。

⑨ 《韩非子·显学》，第 354 页。

⑩ 《韩非子·五蠹》，第 349 页。此处句读和译文采纳张觉之说。

法家的国富兵强理论具有强烈的国家至上倾向，民众在国富兵强中尽管可以得到包括功名利禄和衣食谷物在内的实惠，但真正的大利则悉归于君主。这也是法家富国强兵与现代富国强兵的本质区别。《管子·君臣下》："有道之国，发号出令，而夫妇尽归亲于上矣。布法出宪，而贤人列士尽功能于上矣。"① 一切的政治功业最终以"归亲于上"和"尽功能于上"为指归。《管子·法法》篇谓，富国强兵最终以"上尊""主安"为落脚点。《管子·明法》篇曰"属数虽众"，若不导向于"尊君"，相当于"国无人"。《商君书·农战》："国待农战而安，主待农战而尊。"② 在国家本位的商鞅那里，尊君仍然是农战的最终目的。相形之下，韩非子的君主本位倾向更加鲜明。《韩非子·说疑》："《记》曰：'周宣王以来，亡国数十，其臣弑君而取国者众矣。'然则难之从内起与从外作者，相半也。能一尽其民力，破国杀身者，尚皆贤主也。若夫转身法易位，全众传国，最其病也。"③ 对国君而言，被他国消灭和被本国臣下篡位，尽管形式有异，但本质上均是一种困境。在韩非子看来，若能够将本国民众全部集中起来竭力制止内乱却仍然国破身死，这样的国君尚可算作贤主；反之，那些改变法度而被臣下夺位的国君，即便他实现了国富兵强却仍属无德之君，这是最值得批判的。《韩非子·孤愤》亦谓："夫越虽富兵强，中国之主皆知无益于己也，曰：'非吾所得制也。'今有国者虽地广人众，然而人主壅蔽，大臣专权，是国为越也。"④ 国之富强固然重要，但"吾（君）所得制"更加重要。韩非子最忧心的便是国君以其富强资人臣，这也正是他批判商鞅的关键处。

在"兵革不休，诈伪并起"的战国时代，列国执政者"贪饕无耻，竞进无厌"⑤，几乎所有国君忧心于他国"人众兵强而能害己"⑥。在战国后期，战事更加频繁、规模更大、持续时间也更长，尤其是前 419 年至前 211 年，在经历法家改革后，"大多数国家几乎完全变成了战争机器"⑦。这尤其以践行

① 黎翔凤撰，梁运华整理：《管子校注》，第 571 页。

② 《商君书·农战》，第 7 页。

③ 《韩非子·说疑》，第 312 页。"若夫转身法易位"一句之"法"，据张觉之说补，参见张觉《韩非子校疏析论》，第 1016 页。

④ 《韩非子·孤愤》，第 57 页。"虽富兵强"据王先慎之说应为"国富兵强"。

⑤ 刘向集录：《战国策》"附录"《刘向书录》，第 1196 页。

⑥ 黎翔凤撰，梁运华整理：《管子校注》，第 459 页。

⑦ 赵鼎新：《东周战争与儒法国家的诞生》，夏江旗译，第 146 页。

法家学说最力的秦国最为鲜明，在“富贵之门，必出于兵”的体制下，秦民每每“闻战而相贺”，乃至于“起居饮食所歌谣者战也”①，在战场上表现出十足的视死如归感，“左挈人头，右挟生虏”②，“如饿狼之见肉”③ 一般展开对六国的“疯狂大屠杀”④。值得注意的是，“如饿狼之见肉”尽管语出《商君书·画策》，但从历史记载看，此语可以贴切地反映秦军在征伐东方列国过程中的奋勇程度和残酷程度，参见表4－1。

表4－1　　　　商鞅变法后秦国对外战争的斩首人数

公元纪年	秦纪年	战事	秦歼敌数	资料出处
前354年	秦孝公七年	秦魏之战	七千	《史记·六国年表》
前331年	秦惠文王七年	秦魏之战	斩首八万	《史记·秦本纪》
前330年	秦惠文王八年	秦魏之战	斩首四万五千	《史记·魏世家》
前317年	秦惠文王八年	秦与韩赵魏战	斩首八万二千	《史记·秦本纪》
前314年	秦惠文王十一年	秦韩之战	斩首一万	《史记·秦本纪》
前312年	秦惠文王十三年	秦楚之战	斩首八万	《史记·秦本纪》
前307年	秦武王四年	秦韩之战	斩首八万	《史记·秦本纪》，另《樗里子甘茂列传》《韩世家》皆载斩首六万
前301年	秦昭王六年	秦伐楚	斩首二万	《史记·秦本纪》《云梦楚简·大事记》
前300年	秦昭王七年	秦伐楚	斩首三万	《史记》之《秦本纪》《六国年表》《楚世家》

① 《商君书·赏刑》，第30页。
② 《史记·张仪列传》，第4816页；《战国策·韩策一》，第817页。
③ 《商君书·画策》，第31页。
④ 朱绍侯：《军功爵制考论》，第38页。

续表

公元纪年	秦纪年	战事	秦歼敌数	资料出处
前 293 年	秦昭王十四年	秦攻韩魏	斩首二十四万	《史记》之《白起王翦列传》《穰侯列传》
前 280 年	秦昭王二十七年	秦攻赵	斩首三万	《史记·秦本纪》
前 275 年	秦昭王三十二年	秦攻魏韩	斩首四万	《史记·秦本纪》
前 274 年	秦昭王三十三年	秦伐魏	斩首四万	《史记·穰侯列传》
前 273 年	秦昭王三十四年	秦攻魏	斩首十五万	《史记》之《秦本纪》《六国年表》，另《白起王翦列传》载十三万，《穰侯列传》则载十万
前 264 年	秦昭王四十三年	秦攻韩	斩首五万	《史记·秦本纪》
前 260 年	秦昭王四十七年	秦赵长平之战	斩首坑杀四十五万	《史记·秦本纪》载四十余万；《白起王翦列传》《廉颇蔺相如列传》载四十五万
前 257 年	秦昭王五十年	秦攻晋	斩首六千，魏楚军流死河中二万	《史记·秦本纪》
前 256 年	秦昭王五十一年	秦攻韩赵	斩韩军四万，斩赵军九万	《史记·秦本纪》
前 245 年	秦王政二年	秦攻魏	斩首三万	《史记·秦始皇本纪》
前 234 年	秦王政十三年	秦攻赵	斩首十万	《史记·秦始皇本纪》
前 233 年	秦王政十四年	秦破赵	斩首十万	《史记·廉颇蔺相如列传》

该表显示，商鞅变法后秦在对外征伐中至少斩首 180 余万。并且，这些

有明确斩首数目的战争只是秦国对外战争的部分实录。[①] 《战国策·韩策三》载，秦自孝公变法以降“大胜以千（鲍本为‘十’）数，小胜以百数”[②]。据许田波统计，从前356年到221年，秦国在96场有大国卷入的战争中发动了52场，并取得了其中的48场胜利。[③] 该统计所显示的秦国对外战争数量显然多于上表数量。秦国之所以具有如此强烈的攻伐指向，除秦国固有文化因素外[④]，最关键的原因是秦国最大程度地实践了法家法治理论[⑤]。秦通过厉行法治，以国家动员的方式将举国民众引导至大规模的对外征伐上，其中编户齐民制、军功爵制等极大地助推了秦国成为一个备战中的战斗型国家[⑥]。秦人之所以每每将“爵”视作“第二生命，甚至比生命还宝贵”[⑦]，正是由于他们所获之名利与杀敌之数量适成正比。秦近乎疯狂地对外征伐，也成为秦每每被视作“虎狼之国”的关键原因。[⑧]

该表中的斩首数目还不包括秦军自己的伤亡数量。秦昭王四十九年（前258年）秦昭王欲派病愈的白起接替王陵攻打邯郸时，白起便指出：“邯郸实未易攻也，……今秦虽破长平军，而秦卒死者过半，国内空。”[⑨] 此语尽管有

---

① 关于《史记》所载秦对外战争斩首数量的可信度，雷海宗指出《秦本纪》和《秦始皇本纪》是司马迁依据《秦纪》所作，“事实大致可靠”，尤其是秦法规定论功行赏的依据是斩首数量之多少，因此“斩首的数目不会有误”，更何况战国是一个“列国拼命的时代，战争的目的是要彻底消灭对方的抵抗力”，于是出现如此惊人的斩首数量自在情理之中。杜正胜进一步指出，这些记录只是秦国对外征伐的部分实录。参见雷海宗《中国文化与中国的兵》，商务印书馆2001年版，第10—12页；杜正胜：《编户齐民：传统政治社会结构之形成》，第396—397页。

② 《战国策·秦策三》，第161页。

③ ［美］许田波：《战争与国家形成：春秋战国与近代早期欧洲之比较》，徐进译，上海人民出版社2009年版，第61页。

④ 王和：《历史的轨迹：基于夏商周三代的考察》，第369—379页。

⑤ 比如秦国严格施行军功爵制，山东列国却并未如此严格，在山东列国，军人的地位并不高。杜正胜指出：“山东列国之所以亡，秦之所以胜，恐怕和是否施行军功授爵的等爵制息息相关。”参见杜正胜《编户齐民：传统政治社会结构之形成》，第383—392页。

⑥ ［加］卜正民主编，［美］陆威仪著：《哈佛中国史》第1卷《早期中华帝国：秦与汉》，王兴亮译，中信出版社2016年版，第36—50页。

⑦ 杜正胜：《编户齐民：传统政治社会结构之形成》，第358页。

⑧ 《史记》中“虎狼”一词共有13处，除2处指原意外，其他11处皆指秦国或秦君。参见《史记》之《秦始皇本纪》《项羽本纪》《楚世家》《魏世家》《苏秦列传》《樗里子甘茂列传》《屈原贾生列传》《孟尝君列传》，第495、710、3197、3574、4713、4727、4728、4856、5004、5384页。“虎狼”一词在《战国策》中有7处，皆指秦国。参见《战国策》之《西周策》《楚策一》《赵策三》《魏策一》《魏策三》，第40、407、589、677、759页。

⑨ 《史记·白起王翦列传》，第4942页。

白起的推托之意，但由于这是一位秦将向秦王描述本国士兵的阵亡人数，因此与实际情形大概相去不远。可见，秦对外征伐所取得的胜利是以牺牲大量本国士卒生命为代价的。同时，六国对外征伐尽管未如秦国那般残忍，但这并不意味着六国的对外征伐就是仁慈的。实际上战国时代几乎所有战争皆以大肆屠杀为手段，以彻底消灭对方抵抗力进而夺取更多土地和民众为目的，在此“拼命决斗”的时代任何危及或者有碍本国之自存或霸业的国家均会被视作敌人。① 利益至上原则成为战国时代列国间唯一的通行法则，为了维护和扩大本国利益，任何的道义礼信统统被视作“无用”，列国执政者只相信“废文任武，厚养死士，缀甲厉兵，效胜于战场”② 的铁血法则，这一时代亦成为“中国历史上唯一全体人民参战的时代”③。

在战争频仍且几近残酷的时代，“民”深受兵燹之苦。战争不仅带来了无止境的兵役徭役，而且使平民百姓在深受流离失所之苦中无辜地献出了生命。战争对平民百姓的日常生产生活造成了严重侵扰，以至因为战乱之祸“百姓饥寒冻馁而死者，不可胜数”，在战场上“百姓死者，不可胜数也”，“丧师多不可胜数”，战场外的百姓“居处之不安，食饭之不时，饥饱之不节”，以至于“疾病而死者，不可胜数”。④ 除了战事中交战双方士卒大量伤亡、无辜平民要为战争承担繁重徭役兵役外，长途战、持久战中交战国双方往往以近乎野蛮的方式，对战场附近的百姓进行无情掠夺。⑤ 一俟战败，其祸国殃民程度自不待言，纵然战胜之后，状况仍不免于“尸死扶伤”，“死者破家而葬，夷伤者空财而共药，完者内酺而华乐，故其费与死伤者钧。故民之所费也，十年之田而不偿也”⑥。战争的结果往往是：“本国残，社稷坏，宗庙毁。刳腹绝肠，折颈摺颐，首身分离，暴骸骨于草泽，头颅僵仆，相望于境，父子老弱系脰束手为群虏者相及于路。鬼神孤伤，无所血食。人民不聊生，族类离散，流亡为仆妾者，盈满海内矣。”⑦ 老子有言曰“师之所处，荆棘

---

① 雷海宗：《中国文化与中国的兵》，第10—12、147页。
② 《战国策·秦策一》，第75页。
③ 雷海宗：《中国文化与中国的兵》，第147页。
④ 《墨子·非攻中》，第82—83页。
⑤ 参见《孙子·作战》，第27—28、33页；《墨子·号令》，第363页；《商君书·守战》，第22页。
⑥ 《战国策·齐策五》，第344页。
⑦ 《史记·春申君列传》，第5113页。

生焉”[①]，可谓真实地道出了战争的残酷性，只不过“凶年”不必等到“大军之后”。因为实际情形是战事将起，“残费已先”，百姓不仅必须将平常日用饮食送给战士，还每每将车辕当柴烧，甚或将耕牛杀掉以觞士，真可谓“战者，国之残也”[②]。面对战争造成“暴骸骨无量数，为京丘若山陵”的可怕景况，人们感慨道：“世有兴主仁士，深意念此，亦可以痛心矣，亦可以悲哀矣！”[③]

不少思想家对战争进行了反思。孟子从仁义角度批判战争，对当时列国国君“争地以战，杀人盈野；争城以战，杀人盈城”的行为甚是痛心，认为这些政治暴行无异于“率土地而食人肉”，其“罪不容于死”。[④]黄老道家尽管认为伐乱禁暴的战争合乎“义”，[⑤]主张战事应当“尽天极”“用天当”[⑥]，但他们认为战争的发动者应当受罚，如若战事的挑起者仍然身居高位，实属国家不幸。[⑦]还有人主张应当将战事限定在一年中特定的月份，以免对农事等造成过度损害。[⑧]老子以其独特的方式回应了春秋晚期以来战争规模愈大、次数愈加频繁的残酷现实。在老子看来，从人类整体的视野看，战争中无辜平民无法避免成为战争炮灰的可悲局面，这正是老子所言“战胜，以丧礼处之”“杀人众，以悲哀莅之”的真义所在。[⑨]庄子近乎决绝地批判那些“独为万乘之主”却“苦一国之民以养耳目鼻口”[⑩]的君主，他将“诸侯”视作窃国“大盗”[⑪]，甚至于将“世俗之人”眼中的“治人”视作“乱之率”[⑫]，这又何尝不是对包括战争在内的统治者暴行的深刻批判呢？老庄道家在先秦诸子中

---

① 王弼注、楼宇烈校释：《老子道德经注校释》，第 78 页。
② 《战国策·齐策五》，第 343 页。
③ 《吕氏春秋·禁塞》，诸子集成本，中华书局 2006 年版，第 72 页。
④ 《孟子·离娄上》，第 303 页。
⑤ 陈鼓应：《黄帝四经今注今译》，第 304 页。
⑥ 陈鼓应：《黄帝四经今注今译》，第 43 页。
⑦ 陈鼓应：《黄帝四经今注今译》，第 282 页。
⑧ 《吕氏春秋·荡兵》，第 65—66 页。
⑨ 参见王淮《老子探义》，台北：商务印书馆 1969 年版，第 187 页；陈鼓应：《老子注译及评介》，中华书局 2009 年版，第 346—347 页；刘笑敢：《老子古今：五种对勘与析评引论》，第 360、366—369、658—659 页；乔健：《论老子思想中所内涵的“绝对性”因素》，《文史哲》2010 年第 4 期。
⑩ 陈鼓应：《庄子今注今译》，第 674 页。
⑪ 陈鼓应：《庄子今注今译》，第 280、840 页。
⑫ 陈鼓应：《庄子今注今译》，第 309—314、329 页。

最深刻地洞悉到，造成民间疾苦的真正元凶，正是高高在上并且每每自命不凡甚或自称爱民的统治者。

法家尽管也认为战争对财物有巨大损费[①]，但他们坚信在战国乱世实现国富兵强是国家自存的前提，也是实施有效治理的前提。韩非子的一段话值得称引，《八说》篇云：

> 法所以制事，事所以名功也。法立而有难，权其难而事成，则立之；事成而有害，权其害而功多，则为之。无难之法，无害之功，天下无有也。是以拔千丈之都，败十万之众，死伤者军之乘，甲兵折挫，士卒死伤，而贺战胜得地者，出其小害，计其大利也。……此通权之言也。……圣人不求无害之言，而务无易之事。[②]

国家法令制度是用来制约事情的，事情则是为了成就功业的。世间并不存在毫无损失或损伤的事情，无“无难之法”是说任何制度均会存在或多或少的弊端，无“无害之功”是说建立任何功业均会存在程度不一的害处。此言自有其道理，适如荀子所说任何事情均有利弊，故需“见其可欲也，则必前后虑其可恶也者；见其可利也，则必前后虑其可害也者，而兼权之，孰计之，然后定其欲恶取舍”[③]。不过，在韩非子看来，为了实现攻城略地的政治功业，纵然战争使得“甲兵折挫，士卒死伤”，但只要能够实现“战胜得地”，那便是“大利”。进言之，相较政治功名之“大利”，死伤一些无名士卒的“小害”已然无关宏旨。这无异于说，死人、事小，战功、事大。在这一通权考量之下，政治功业的重要性被置于芸芸众生的生命之上。另外，韩非所处的韩国是一个贫弱之国，居于虎狼之秦攻伐天下的前沿哨地，韩非子驱民于战的治国方略不无现实关怀。

在战国时代尽管“我能毋攻人可也，不能令人毋攻我”[④]，或如黄老帛书《称》篇所言“兵者不得已而行”[⑤]，但是法家驱民于战的方略终归只是一种

① 黎翔凤撰，梁运华整理：《管子校注》，第1435、535页；《商君书·算地》，第13页。
② 《韩非子·八说》，第327页。
③ 《荀子·不苟》，第31—32页。
④ 黎翔凤撰，梁运华整理：《管子校注》，第1192页。
⑤ 陈鼓应：《黄帝四经今注今译》，第357页。

“以暴制暴”的政治逻辑，即面对强敌，要做到比之更强。法家不曾认真思考只有“反对战争本身”才是根本的解决之道。唯有釜底抽薪地反对战争本身，天下人才可能真正“走出战争”。应对战争和准备战争实际上正是战国时代许多政治制度变革的最初动因，适如许倬云所言：“促使编户齐民的国家组织形态发生的最大动力，是战争。”① 驱民于战的法家法治，并未亦不大可能从根源处解决战争问题，反之恰恰使更多平民百姓卷入战争，“只能激民而不能兴民”② ——这正是战国后期战争愈加残酷、规模愈大的关键原因。

陈启天指出，法家的军事方略是“彻头彻尾的军国主义”③。日本学者小柳司气太于1915年既已指出，法家哲学与德国扩张式的军国主义理论颇为相似，均强调“权力”而非“道德”是国家的有效基础。④ 小岛祐马亦有类似观点，他认为法家具有鲜明的“强国弱民”的政治指向，“国家的福利”被等同于“统治者的福利”。⑤ 另有不少学者将法家思想视作极富外扩倾向的“极权主义”⑥“中国古代的法西斯思想”⑦。同时，还有很多学者将商鞅变法后的秦视为“中国的‘斯巴达’”⑧、“原始极权主义国家”⑨、“军国主义”⑩

---

① 许倬云：《万古江河：中国历史文化的转折与开展》，上海艺文出版社2006年版，第62—63页。弗朗西斯·福山亦指出，战争是中国形成强大实力的国家的主要动力。参见［美］弗朗西斯·福山：《政治秩序的起源：从前人类时代到法国大革命》，毛俊杰译，广西师范大学出版社2012年版，第89—90页。

② 牟宗三：《历史哲学》，《牟宗三先生全集》第9册，第157页。

③ 陈启天：《中国法家概论》，第209页。

④ ［日］小柳司氣太：《東洋思想の研究》，東京：關書院1934年版，第254—265頁，转引自［日］佐藤将之《中国大陆、中国台湾、日本的〈韩非子〉研究》，《汉学研究集刊》2018年6月第26期。

⑤ ［日］小島祐馬：《中國の社會思想》，東京：筑摩書房1967年版，第141—154頁，转引自［日］佐藤将之《中国大陆、中国台湾、日本的〈韩非子〉研究》，《汉学研究集刊》2018年6月第26期。

⑥ ［日］松平康國：《韓非子國字解》，東京：早稻田大學出版部1910年版，第25頁，转引自［日］佐藤将之《中国大陆、中国台湾、日本的〈韩非子〉研究》，《汉学研究集刊》2018年6月第26期；熊十力：《韩非子评论》，第6页；劳思光：《新编中国哲学史》第1卷，第268页；［美］德克·布迪、克拉伦斯·莫里斯：《中华帝国的法律》，朱勇译，江苏人民出版社2008年版，第18页。

⑦ 徐复观：《学术与政治之间》，第279页。

⑧ ［英］塞缪尔·E. 芬纳：《统治史》第1卷《古代的王权和帝国》，王震、马百亮译，第500页。

⑨ ［美］弗朗西斯·福山：《政治秩序的起源：从前人类时代到法国大革命》，毛俊杰译，第119、137页。

⑩ 阎步克：《士大夫政治演生史稿》，第219页；王和：《历史的轨迹：基于夏商周三代的考察》，第370—371页。

国家。严格说来，军国主义[1]、极权主义[2]和法西斯等都是现代政治术语，有其特定的内涵，直接用于评价两千年前的法家学说并不妥帖。不过，学者们以这些术语来描述法家和秦政，恰恰从一个侧面反映出，法家法治学说内含的国家凌驾于社会之上，君主以国家法度全面控制民众的御民逻辑。

国家至上原则在法家那里被表述为“法胜其民”“政胜其民”。一切视权力为第一生命的专制者，最关心如何拥有并控制更多更忠顺的臣民，所谓“人主莫不欲其民之用也”[3]。《管子·权修》：“民之不牧者，非吾民也。”如若臣民不能被纳入国家法度的控制范围，那么他们亦非君主之民。正因如此，君主必须厉行法治以控制臣民，“人君者，莫贵于胜；所谓胜者，法立令行之谓胜”[4]。一个“胜”字凸显出了法家将君民关系视作控制与被控制的紧张关系。在法家看来，举国臣民悉数被纳入国家法度的控制中，这便是“政胜其民”的“国治”状态[5]；反之，一旦臣民遁出国法，那便意味着民“强”[6]。在法家的理想国里，臣民只能够做服从于君主的弱者，于是对于任何胆敢背离法度的“强民”必须弱之，使其回归国家法度的轨道。[7] 这便是法家所谓“有道之国，务在弱民”[8] 的要义所在。君主只有在与民众的政治博弈中始终处于这一强胜之势，才能够最大程度地以法度用民和御民，所谓“胜民之本在于制民……民本，法也”[9]。相较前期法家而言，韩非子尽管有更加鲜明的

---

① 军国主义（Militarism）主要是指在国家政治中强调军事优先，军事理想、军事价值因而弥漫于全社会的一种文化和意识形态现象。主要表现为：美化军事力量，强化狭隘的爱国主义意识，将战争视作一种合法的政策工具，崇尚英雄主义和自我牺牲。参见［英］安德鲁·海伍德《政治学核心概念》，吴勇译，第 112 页。

② 极权主义（Totalitarianism）最初用于指墨索里尼的统治方式，后来主要指意大利的法西斯主义和德国的国家社会主义。极权主义的特点有：绝对的中央集权，国家对政治、社会和学术思想文化等近乎所有方面进行统一管控。极权主义在控制程度和控制广度上超越了古代专制统治，在此意义上极权主义是 20 世纪才可能出现的政治现象。参见［英］韦农·波格丹诺编《布莱克维尔政治制度百科全书》，邓正来等译，第 661 页。

③ 黎翔凤撰，梁运华整理：《管子校注》，第 1212 页。

④ 黎翔凤撰，梁运华整理：《管子校注》，第 920 页。

⑤ 《商君书·说民》，第 10—11 页。

⑥ 《商君书·去强》，第 9—10 页。

⑦ 法家的“法”代表了作为强者的君主的根本利益（臣民则是弱者）。古希腊的智者色拉叙马霍斯指出“正义就是强者的利益”，这一说法值得关注。［古希腊］柏拉图：《理想国》，郭斌和等译，商务印书馆 2015 年版，第 19 页。

⑧ 《商君书·弱民》，第 35 页。

⑨ 《商君书·画策》，第 31 页。

君主本位倾向，但在君国一体的时代君主本位与国家本位仅仅具有理论上的差异，却无实际区别。“民无尽力事主之心”[①]，始终是韩非子最忧虑的乱政。韩非子明言，“所养者非所用，所用者非所养”，实际上是一种乱亡之道。[②]《韩非子·心度》篇云：“圣人之治民，……刑胜而民静……故治民者，刑胜，治之首也……故明主之治国也，明赏则民劝功，严刑则民亲法。”[③] 这显然是前期法家“政胜其民”的翻版。加之，由于韩非子还主张通过一系列的方式强化吏治，通过治吏以治民，因此韩非子法治论中国家/君主凌驾于社会/臣民之上的倾向更加鲜明，“大臣有行则尊君，百姓有功则利上”[④] 的御民倾向最终臻于绝对化的程度。

法家作为最早在理论层面探讨富国强兵的思想家群体，提出了不少如何实现富强的政治举措，但是以君主根本利益为最终目的，并以全面控制民众进而剥夺民众利益为手段的“富强”，其实不具有可欲性。[⑤] 强大的国家实力确实有助于实现扩张领土和掠夺人口的短期目标，但是基于全面控制和汲取民众、滥用民力、将民众捆绑于战争机器从而无视民众最本真生活的法家法治，其终归点只是“御民”而非“为民”。

---

① 《韩非子·饰邪》，第 92 页。

② 《韩非子·显学》，第 353 页。

③ 《韩非子·心度》，第 365 页。

④ 《韩非子·八经》，第 338 页。

⑤ 另见孙晓春《先秦法家富强观念的现代反思》，《政治学研究》2014 年第 5 期。

第五章　韩非子的“术治”与官僚控制

“术”的古文作“術”。《说文解字》释曰：“邑中道也。”《说文解字》释“道”曰：“所行道也。”《广雅·释宫》亦云：“术，道也。”高诱注释《淮南子》“主术训”时亦谓：“术，道也。”可见，术的本义是道路，后来逐渐引申出方法、技术等意。先秦时代申不害以论“术”著称，史载“申不害相韩，修术行道，国内以治”①。韩非子将申不害的“术”总结为：“术者，因任而授官，循名而责实，操杀生之柄，课群臣之能者也。”② 同时又指出：“法者，见功而与赏，因能而受官。”③ 可见，“法”“术”在选拔和课考官僚的维度上，有相通的一面。“术”在《韩非子》中出现163次，尽管其次数远少于“法”的次数（447次）④，但“术”在韩非子的治道思想中无疑具有重要地位。这也正是不少学者将韩非子称为法术家的关键原因。⑤

“臣”在甲骨文中写作，金文中写作，上古时代指男性奴隶。《尚书·周书·费誓》：“臣妾逋逃。”传曰：“役人贱者，男曰臣，女曰妾。”《说文解字》释曰：“臣，牵也；事君也。象屈服之形。”杨树达指出：“臣之所以受义于牵者，盖臣本俘虏之称。”“盖囚俘人数不一，引之者必以绳索牵之。名其事则曰牵，名其所牵之人则曰臣矣。”⑥ 可见，臣在先秦时代原指仆役、俘

---

① 《史记·韩世家》，第3607页。

② 《韩非子·定法》，第304页。

③ 《韩非子·外储说左上》，第213页。

④ 庄为斯：《韩非子引得》，台北：台北中文研究资料中心1982年版，第967页。

⑤ 郭沫若认为韩非论“术”占其书的百分之六十以上；熊十力、牟宗三、萨孟武、王元化等认为“术”是韩非思想的中心问题。参见郭沫若《十批判书》，第934页；熊十力《韩非子评论》，第22页；萨孟武《中国政治思想史》，东方出版社2008年版，第106页；牟宗三《中国哲学十九讲》，《牟宗三先生全集》第29册，第184页；王元化：《王元化集》第6卷《思想》，第4、21页。

⑥ 杨树达：《积微居小学金石论丛》（增订本），科学出版社1955年版，第77页。

虏等。“官”在甲骨文中写作，金文中写作，初指置放兵符、权印等的房屋，引申为军政要地和官吏。“官”尽管有时亦指君主，但它更多泛指朝廷的管理人员。《说文解字》云：“官，吏，事君者也。”“吏”甲骨文作，其中指两军对峙的非军事地带，表示手持旌节，出使发生争端的国界去和谈。“吏”“史”“使”三字在甲骨文和金文中为一字。“吏”后来在甲骨文中简化为。《说文解字》释曰：“吏，治人者也。”吏是古代官吏的总称，大约在汉代以后官和吏各自的意思被明确区分开来。“僚”“宦”本义皆指奴仆。《左传·昭公七年》中，人被分为十个等级，其中“隶臣僚，僚臣仆”。注云：“僚，劳也，入罪隶而任劳者，其分益下，若今充当苦差。”“宦”在甲骨文中作，金文中作，显示出房屋下臣属仆隶卑微臣服的形象。从历史演变过程看，官僚结合到一起，是君主集权制度发展的产物，尤其在战国时期专制主义中央集权体制形成和逐渐成熟的过程中，君主将家臣群僚拔擢为官，使之成为官僚系统中的臣，如此便形成官僚。

韩非子“术”论的核心问题是如何有效地御臣治吏，即君主如何全方位地控制官僚系统。韩非子的官僚控制理论包括两个层面，一是君主对官僚系统的整体控制，二是君主对官僚系统中重臣的重点控制。[①] 所谓整体控制是指君主将官僚系统作为一个整体，以“法术”选拔、课考和规范官僚，使官僚系统按部就班地自动运行，在官僚们奉法守职之中维持权力系统的正常运转。所谓重点控制是指君主将重臣作为重点控制对象，以“术”防范、伺察和严惩重臣，掌控重臣的一切信息，消除其对君权直接或潜在的威胁。整体控制强调君主以公开而明确的法度控制官僚系统，重点控制则意在说明君主可以无所不用其极地潜御重臣。《韩非子·定法》：“术者，因任而授官，循名而责实，操杀生之柄，课群臣之能者也。”此“术”对应的是君主对官僚系统的整体控制。《韩非子·难四》：“术者，藏之于胸中，以偶众端而潜御群臣者也。……用术，则亲爱近习莫之得闻也，不得满室。”此“术”则对应君主对重臣的重点控制。这两个层面的“术”有不同的侧重点，不过在营造君主的绝对之势和强

① 笔者提出“整体控制”与“重点控制”概念，受到了孔飞力在《叫魂》所使用的“常规权力”和“专制权力”等的启发。参见［美］孔飞力《叫魂：1768 年中国妖术大恐慌》，陈兼、刘昶译，上海三联书店 1999 年版，第 244—290 页。

化集权统治上殊途同归。

第一节 “法术”与君主对官僚系统的“整体控制”

刘泽华指出，战国时代“术”理论的提出和发展，与君主专制官僚制度的推行有密切关系。[①] 没有战国时期君主官僚制度的逐渐确立和日渐完善，法家大概就不会有相应的法术之论了。春秋战国是由宗法贵族政治向君主集权官僚政治嬗变的时期，尽管列国的发展现状并不一致。春秋时期周天子中央官职有三公和卿士，各国往往由宗法大族或显赫贵族的宗子担任卿相、家臣等重要职务。战国时期则有如下显著变化：逐渐改变世卿世禄制度，君主更多依照才干优长和政治功业来拔擢和废黜卿相臣僚，所谓“无德不贵，无能不官，无功不赏”，唯有“尚贤使能”。[②] 维系君主与官僚之间关系的不再是策命礼和封邑等，而是以粮食为主的俸禄，与此同时，还逐渐施行以赏赐黄金货币等为形式的赏金制度，这样就便于君主对官僚的任用和罢免。逐渐推行公文用玺和发兵用符的制度，这样君主就加强了对各级官僚的直接控制。逐渐推行上计制度和监察制度，君主因而加强了对各级官僚工作绩效的考核。官职设置更加细密化、专业化，注重加强君主对近乎一切政治事务的全面管理。春秋时期尽管史称礼废乐坏，但在社会层面宗族势力依然占据优势地位，基层民众亦多从属于宗族因而不与官府发生直接联系，战国时期君主直接委派官吏管理基层以收取赋税、征发徭役和治理民众，对基层实施全面而直接的政治控制。总之，战国时代列国通过实施俸禄制度、赏金制度、玺符制度、考核上计制度、监察制度、选拔官吏制度等一系列举措，逐渐建立起了逐级向上负责、最终集权于君主的专制官僚制度。[③] 这一变化也反映了春秋战国时期社会关系从“身份”向“契约”[④] 转变的重大历史变革。

---

① 刘泽华：《中国政治思想通史（先秦卷）》，第 300 页。

② 《荀子·王制》，第 101 页。

③ 杨宽：《战国史》，第 230—244 页；晁福林：《春秋战国的社会变迁》，第 704—726 页。另外李峰指出西周中央机构的权力运作，已具有马克斯·韦伯所言官僚制的特点。参见李峰《西周的政体：中国早期的官僚制度和国家》，吴敏娜等译，生活·读书·新知三联书店 2010 年版，第 101—150 页。

④ ［英］梅因：《古代法》，沈景一译，商务印书馆 1996 年版，第 97 页。

战国时期君主专制官僚制度的发展，与列国间兼并战争日益加剧以及因之而来的大规模常备军建设密切相关，军事战争极大地助推了官僚制度的发展。在列国纷争的时代，“凡用兵攻战之本，在乎一民。……善附民者，是乃善用兵者也”[①]。列国正是通过官僚系统对全体民众进行战争动员的。正是由于逐渐建立并完善了官僚制度，才使列国间展开大规模的军事征伐有了可能。在这一意义上，法家认为有效的国家治理不得不依赖众人襄助，“虽有尧之智，而无众人之助，大功不立”[②]，“一匡天下，九合诸侯，美之大者也，非专君之力也，又非专臣之力也”[③]。“凡五霸所以能成功名于天下者，必君臣俱有力焉。”[④] 这里的“臣”主要指君主的股肱之臣，然而也完全可以指官僚系统中的所有臣僚。战国时代的变法改革均有通过强化官僚系统的控制以加强战争动员的内涵，无不以服务富国强兵战略为现实目的；反过来，战争又成为助推君主官僚制度建立和日渐完善的重要动力。李悝主张以“食有劳而禄有功”[⑤] 的原则来选拔官吏；吴起教导楚悼王，“使封君之子孙三世而收爵禄，绝减百吏之禄秩，损不急之枝官，以奉选练之士”[⑥]；申不害认为选任官吏应当坚持“见功而与赏，因能而受官”[⑦] 原则，“循功劳，视次第”[⑧]；商鞅主张“明君之使其臣也，用必出于其劳，赏必加于其功”[⑨]，秦国“宗室非有军功论，不得为属籍”[⑩]。正因如此，战国时代的变法运动也是君主专制官僚制度逐渐形成和完善的过程。[⑪] 处于战国末期的韩非子认为，“尽己之能”的君主只是下等之君，“尽人之力”的君主是中等之君，“尽人之智”的君主才是上等之君。[⑫] 所谓尽人之智，便是指国家最大程度地选拔和任用官吏以充实

---

① 《荀子·议兵》，第 176 页。
② 《韩非子·观行》，第 146 页。
③ 《韩非子·难二》，第 275—276 页。
④ 《韩非子·难二》，第 276 页。
⑤ 向宗鲁校证：《说苑校证》，第 296 页。
⑥ 《韩非子·和氏》，第 67 页。
⑦ 《韩非子·外储说左上》，第 213 页。
⑧ 《国语·韩策一》，中华书局 2013 年版，第 813 页。
⑨ 《商君书·错法》，第 19 页。
⑩ 《史记·商鞅列传》，第 4654—4655 页。
⑪ 阎步克：《士大夫政治演生史稿》，第 14 页。
⑫ 《韩非子·八经》，第 331 页。

和扩大官僚队伍，使官僚成为佐助君主集权统治的重要帮手。

韩非子对战国时代官僚制度予以理论总结。在官吏选拔任用上，主张“使法择人”和“因任授官”。在官吏绩效考核上，主张“君操其名，臣效其形”。在官吏的行为准则上，主张官吏必须做守法听令和唯君主是从的“忠臣”，反对任何臣僚在法外对君主阿谀奉承。

在官吏选拔任用上，韩非子主张“使法择人”和“因任授官”。他认为选拔和任用官吏应当充分考虑官吏在基层的任职经历，注重层层选拔的原则，主张“明主之吏，宰相必起于州部，猛将必发于卒伍”①，“赏善不遗匹夫”②。这一注重基层选拔官吏的方式，是法家对宗法贵族政治的批判。韩非子指出明君选拔官吏无需看重其出身，而应关注其才干优长。《韩非子・说疑》：“圣王明君……内举不避亲，外举不避仇。是在焉，从而举之；非在焉，从而罚之。是以贤良遂进而奸邪并退，故一举而能服诸侯。……观其所举，或在山林薮泽岩穴之间，或在囹圄緤绁缠索之中，或在割烹刍牧饭牛之事。然明主不羞其卑贱也，以其能，为可以明法便国利民，从而举之。”③ 君主选任官吏既不回避宗族姻亲，也不排斥身份卑贱者，只要他们具有“明法便国利民”的才能，便加以提拔，君主因而能够招揽大量贤能之士，在这些贤能之士的佐助下实现“服诸侯”。韩非子以一些“史实”来论证这一观点，不管他所举证的事例比如尧斥退儿子丹朱、舜排除儿子商均、启流放儿子五观、商朝流放商汤之孙太甲等是否真实可靠④，但其论点则是明确的，即“父兄子弟之亲”往往成为“害国伤民败法”者。这是“法不阿贵”的关键所在。法不阿贵的重要内涵便是君主将臣民之间的等级贵贱悉数涤荡而平，使所有臣民在君主具体而言就是在国家法度面前一律平等。正是由于将“父兄子弟之亲”与其他臣民完全等同视之，因此君主在选任官吏时便能够做到“不羞其卑贱”，哪怕是出于监狱者，从事屠宰烹调之业者，养羊放马喂牛者，只要他们有为君主所用的才干（“以其能”），那么君主便可拔擢选用。法家的这一选任官吏原则，是春秋后期“唯其任也，何贱之

---

① 《韩非子・显学》，第 355 页。

② 《韩非子・有度》，第 26 页。

③ 《韩非子・说疑》，第 310 页。

④ 陈启天：《增订韩非子校释》，第 243 页。

有”[1] 观念的发展。社会成员之间地位的平等化趋势，恰恰是官僚制度产生的温床。[2]《韩非子·难三》：“明君不自举臣，臣相进也；不自贤，功自徇也。论之于任，试之于事，课之于功，故群臣公政（正）而无私，不隐贤，不进不肖。然则人主奚劳于选贤?”[3] 君主无需在选任官吏上亲力亲为，士人自会相进，因为君主法度已然明示了相应的职位要求，君主所要做的只是考察官吏是否能够胜任该职事。在这一制度安排下，君主反而无为了，“奚劳于选贤”？在《主道》篇韩非子指出，“因能而使之”应当成为君主遵循的治国之常则。所谓因能，就是因循/依据官吏各自不同的才能，授予不同的官职。

在官吏绩效考核上，韩非子主张“君操其名，臣效其形”。与宗法贵族政治颇为不同，君主专制官僚制度下维系君臣关系的主要是国家法度、职级俸禄和臣僚的才干优长。所谓“主卖官爵，臣卖智力”[4]，其意指亦在于此。君臣间只有利益关系，而君主不大可能逐个地范导臣僚，因此为了实现官僚系统的高效治理，最重要的方式便是“设利害之道以示天下”[5]。这一利害之道的重要内容就是君主独擅的“名”，具体而言就是“法”，它明确规定了臣僚所当为和不当为。先秦思想家往往将“名”视为一种有益于“治”的政治资源，如何把握“名”、管理“名”以及由“谁”来把握和管理便成为重要的思想话题，甚至“定名”“正名”“用名”成为确立是非和建构秩序的根本法则。[6] 其中，黄老道家论“名”颇有特色。他们首先预设万事万物均有与之相应的“名”，其次预设所有“名”均源于“道”，并且体道者只限于圣君明主，于是君主居高临下地对“名”予以整体把握，却不被任何具体的“名”所框限，进而在“名正法备”[7] 中实现“无为”[8] 而治。“名”（以及“法”）因而扮演着“为专制君主服务的带有普遍性、绝对性意义的法则、标准系统”[9] 的角色。

---

① 杨伯峻编著：《春秋左传注》，第 1708 页。

② 参见［法］孟德斯鸠《论法的精神》，张雁深译，商务印书馆 1995 年版，第 76 页；［德］马克斯·韦伯：《经济与社会》，第 332—333 页。

③ 《韩非子·难三》，第 286 页。

④ 《韩非子·外储说右下》，第 255 页。

⑤ 《韩非子·奸劫弑臣》，第 71 页。

⑥ 曹峰：《中国古代“名”的政治思想研究》，上海古籍出版社 2017 年版，第 7、266 页。

⑦ 黎翔凤撰，梁运华整理：《管子校注》，第 789 页。

⑧ 陈鼓应：《黄帝四经今注今译》，第 336 页。

⑨ 曹峰：《中国古代“名”的政治思想研究》，第 93 页。

君主独断“名”，也就垄断了价值判断的话语权，因而可以名正言顺地规定社会成员在社会中的具体位置，从而形成一个以君主为核心的等级森严的井然秩序。[①] 在黄老学的基础上，韩非子援“名”入“法”、以“法”释“名”，将黄老更加抽象和宏大的形名理论收缩至具体的君臣关系维度。《韩非子・扬权》：“君臣不同道，下以名祷，君操其名，臣效其形，形名参同，上下调和也。”君主独掌“名”，臣僚必须以此“名”作为唯一的行动依据。《韩非子・难二》：“人主虽使人，必以度量准之，以刑名参之；以事遇于法则行，不遇于法则止；功当其言则赏，不当则诛。以刑名收臣，以度量准下，此不可释也。”[②] 臣僚遵循法度，以其实际才干获得相应职位，若保质保量地完成了职事，即名实相符，则受赏；否则必受罚。在韩非子的思想体系中，“名”“法”具有同质性，均以规定君臣上下名分、臣僚的具体职事为重要内涵，只不过“名”更加抽象，“法”则更加具体。适如蒋重跃所言，在韩非子那里“法”又叫作“名”，“‘名’贯穿于法术势三者之间，或者说它们都来源于名”[③]。为了使官僚系统绝对服从君主，韩非子认为官僚的一切言行（“形”“实”）必须合乎君主的“名”“法”。

在官吏的行为准则上，韩非子主张官吏必须做绝对服从的忠臣，反对任何臣僚在法度之外对君主阿谀奉承。春秋时代“忠”的主要内涵是臣民对国家社稷或作为国家社稷代表的诸侯的忠诚，其最高价值是针对国家社稷而言的，即便臣民对君主亦有忠行，但若该行为只限于达成君主个人私利，那么这样的行为并不被视作“忠”。[④] 战国中期及以前，“忠”的概念仍然以国家社稷、天下利益和道德伦理原则三个方面为重要的支撑点，是否合乎君主私利则是次要的，于是臣之忠往往与君主个人意志相冲突，与君权形成相当程度的对抗之势。[⑤] 战国中晚期臣之“忠”逐渐体现出对国君服从的倾向。[⑥] 在此背景下，韩非子提出了自己的“忠臣”观。《韩非子・忠孝》：“尽力守法，专心事主者为忠臣。”[⑦] 在韩非子看来，理想官吏最关键的德行有二：一是唯君主是从的

---

① 曹峰：《中国古代“名”的政治思想研究》，第92页。

② 《韩非子・难三》，第277页。

③ 蒋重跃：《先秦两汉学术思想蠡测》，第122—123页。

④ ［日］佐藤将之：《中国古代的“忠”论研究》，台北：台湾大学出版中心2010年版，第35—71页。

⑤ ［日］佐藤将之：《中国古代的“忠”论研究》，第73—105页。

⑥ ［日］佐藤将之：《中国古代的“忠”论研究》，第107—129页。

⑦ 《韩非子・忠孝》，第360页。

忠贞之心，即“专心事主”；二是建功立业的实际才能，即“尽力守法”。前者强调官德，后者强调官能。相形之下，前者更为关键，因为韩非子最忧心于臣僚“危其君”。反之臣僚若不能够绝对顺从君主，那么即便他如何有“能”，也只不过是“无益之臣”①。《韩非子·难三》：“忠臣尽忠于公。”②“公”在先秦时代意涵甚为复杂，在韩非子那里“公”往往具体体现为“法”，在理论上君主的行为和个人意志与“公法”偶有抵触，但在实际上“公法”就是君主个人之“私”，最大程度地体现了君主意志。③ 因此，此处“忠臣尽忠于公”与《忠孝》篇的“尽力守法”和“专心事主”并无二致。《韩非子·奸劫弑臣》：“有忠臣者，外无敌国之患，内无乱臣之忧。”④《韩非子·功名》：“人臣守所长，尽所能，故忠。”⑤ 这两处臣之忠的重点在于臣僚尽己之能，除外患而解内忧。《韩非子·有度》篇的表述甚为经典：“贤者之为人臣，北面委质，无有二心。……顺上之为，从主之法，虚心以待令，而无是非也。故有口不以私言，有目不以私视，而上尽制之。”⑥ 这里的贤者实际上就是韩非子的忠臣。此处“无有二心”“顺上之为”“从主之法”“无是非”等近乎决绝的话语，表明韩非子对理想之臣的要求是“臣僚只得以君心为心”，臣僚在言行和思想上必须与君主保持绝对一致，不能有任何违背国家法度的自我意识和个人判断。臣僚即便“有口”却不能在法外乱言，即便“有目”却不能在法外乱视，否则便是“私言”“私视”。正如黄宗羲所言：“百官之设，所以事我（君），能事我（君）者我（君）贤之，不能事我（君）者我（君）否之。”⑦ 正因如此，官僚们对国家法度所要求的，往往不敢不遵从和严格执行，所谓“主令所加，莫敢不从”⑧。日本学者小崎智则指出，韩非子的“忠”是指臣下严守本分的外在规范。⑨ 诚为

---

① 《韩非子·奸劫弑臣》，第 76 页。

② 《韩非子·难三》，第 286 页。

③ 刘泽华：《先秦士人与社会》，第 226—228 页；［美］金鹏程：《韩非的自私说》，《国学学刊》2016 年第 4 期。

④ 《韩非子·奸劫弑臣》，第 75 页。

⑤ 《韩非子·功名》，第 155 页。

⑥ 《韩非子·有度》，第 23 页。

⑦ 黄宗羲：《明夷待访录·置相》，段志强译注，中华书局 2011 年版，第 30 页。

⑧ 《韩非子·难一》，第 272 页。

⑨ ［日］小崎智則：《韓非子における君主論——中國古代社會の權力構造をめぐつて》，博士学位论文，名古屋大学，2007 年，第 169—170 页。

的见。不宁唯是，在韩非子看来臣对君的“忠”要达到君若死后复生，臣亦无惭愧于心的程度。[①] 可见，韩非子的忠臣无需独立思想和个人价值判断，只需严格执行国家法度从而佐助集权统治，不得有任何个性，只能够千人一面地北面而臣。[②]

韩非子在提出自己“忠臣”观的同时，大力批判那些有违国家法度的“忠臣”观。在韩非子看来，尽力守法和专心于事主者是谓“大忠”，一切遁出国家法度的忠君行为皆是“小忠”。《韩非子·十过》：“行小忠则大忠之贼也。”韩非主张扬大忠，弃小忠，“人主使人臣虽有智能不得背法而专制，虽有贤行不得逾功而先劳，虽有忠信不得释法而不禁”[③]。韩非子明确反对世俗所言“不从法令为私善”的“忠”[④]，并将臣僚“行私道而不效公忠”的行为视作“明劫”[⑤]，进而将臣忠的内涵完全界定在严格奉法守职的范围内。韩非子反对君主在法令制度以外对臣僚施以“私恩”“私惠”，臣僚亦无需对君主报以“私忠”“私爱”，于是他认为“君不仁，臣不忠”则可臻于霸王之境。《韩非子·外储说右下》：“治强生于法，弱乱生于阿，君明于此，则正赏罚而非仁下也。爵禄生于功，诛罚生于罪，臣明于此，则尽死力而非忠君也。君通于不仁，臣通于不忠，则可以王矣。”《韩非子·六反》篇亦有类似观点。[⑥] 儒家的“仁”原本主要指人因道德自律和修身养心而来的精神境界，但韩非子则将“仁”视作君主对臣僚的法外恩赏。在韩非子看来，仁人之君每每“以公财分施”，这只

① 《韩非子·难三》，第283页。

② 官僚制具有将官员形塑成为一个个严格执行上级政令却不闻不问上级指令本身是否正当的政治工具的倾向。汉娜·阿伦特指出，官僚机器具有“制度之恶”的倾向：“把个人变成行使职能者和统治机器上赤裸裸的齿轮从而对其去人格化，……大概也是每一套官僚制度的天性。”参见［德］马克斯·韦伯《经济与社会》，第1571—1573页；［美］汉娜·阿伦特《艾希曼在耶路撒冷：一份关于平庸的恶的报告》“德文版前言”，安尼译，译林出版社2017年版，第12页。韩非子的“忠臣”只能够尊君事上和守法听令，不得有独立于君主意志即君法的个人判断和自我意识，这恰恰就是“统治机器上赤裸裸的齿轮”。

③ 《韩非子·南面》，第85页。

④ 《韩非子·饰邪》，第314页。

⑤ 《韩非子·三守》，第82页。

⑥ 《韩非子·六反》，第320页。注，《六反》篇的“君不仁，臣不忠，则可以霸王矣”一句中“可以”前原有一“不”字。对此，顾广圻和松皋圆指出“可”上衍“不”字，陈启天以《外储说右下》篇“君通于不仁，臣通于不忠，则可以王矣”来佐证，陈奇猷举出“以罪受诛，人不怨上”，“以功受赏，臣不德君”（《外储说左下》）以佐证。参见陈启天《增订韩非子校释》，第93—94页；陈奇猷：《韩非子新校注》，第1008页。

不过是以“私行”破坏“公法”，致使“下肆而轻犯禁法，偷幸而望于上”，如此之仁人与随意妄杀的暴人并无二致，均属亡国之君。① 可见，韩非所反对的“仁”和“忠”有其特定含义：所谓“仁”是指君主背离法度，对无功者的施舍私惠；所谓“忠”是指臣僚在法度以外，试图与君主建立个人关系的行为。

韩非子极力反对君主法外行仁和臣僚法外行忠，原因在于：其一，他深信君臣间并无超越现实功利的真情实感，所谓“君臣之利异，故人臣莫忠”②是指臣僚不大可能心悦诚服地忠诚君主，只是慑服于君主之势。其二，韩非子认为君主除法度以外，不应当完全信任任何臣僚。其三，君主的法外之举势必带来臣下的献媚之举，从而形成一条法外的利益链条，即君主背法行私→臣僚背法谄媚→君主接受臣僚的法外之“忠”→君臣之私恩结→君臣俱背公法、行私仁。这样的利益链条一旦形成，就每每形成循环往复之势且极难断止。君主若断绝与臣僚结交私恩的一切念头和行为即“君不仁”，便在源头上制止了私义的肆行并起到表率作用；同样，臣僚若不法外投君所好即“臣不忠”，就会以国家法度为唯一行事律则。佐藤将之认为《韩非子》存在“尚忠论”和“反忠论”，对“忠”截然不同的认识是源于韩非子针对不同的论说目标而做出的不同解释，在肯定臣僚奉法守职之“忠”这一点上并不矛盾。③此论甚是。总之，韩非子批判“私忠”“小忠”，主张“公忠”“大忠”，始终是为了实现对官僚系统的有效治理，以实现高效和稳固的集权统治。

韩非子尽管极力反对臣僚对君主阿谀奉承，但臣僚奉法守职最终恰恰导致臣僚对君主的人身依附。表面看来，君主依照法度选任和考核官吏，坚持信赏必罚原则，“计功而行赏，程能而授事”④，于是臣僚“以罪受诛”却“不怨上”，因为这是自己行为不符合法度和职事之要求所致；臣僚“以功受赏”却“不德君”，因为这是自己在职位上的业绩和功劳所致。⑤ 在韩非子的理想中，一旦官僚系统得到有效治理，那么所有臣僚便以国家法度作为唯一的行为准则，各司其职、戮力本业，一切背离法度的“私”均在严禁之列，

---

① 《韩非子·八说》，第324—329页。

② 《韩非子·内储说下六微》，第179页。

③ ［日］佐藤将之：《中国古代的“忠”论研究》，第165—173页。

④ 《韩非子·八说》，第325页。

⑤ 《韩非子·外储说左下》，第216页。

官僚系统的运行因而呈现出井井有条和秩序井然的状态。问题是，在中央集权的君主专制时代，国家法度本身并无客观性，君主意志始终是法度的核心内涵，而君主意志则是“无常”的。韩非子尽管强调君主在官僚治理中应当坚持“守法责成”原则，可君主既已独断立法权，于是臣僚之“守法”实际上就是遵守君主意志，因此整个官僚系统越是严明地守法听令，便越是依附于君主。在韩非子那里，臣僚之守法和尊君在本质上完全一致。这也正是韩非子在《忠孝》篇将“尽力守法”和“专心事主”共同视作忠臣内涵的关键所在。进言之，君主是“控制”官僚系统的最高主宰者和唯一的主人，完全凌驾于官僚系统之上，尽管君臣上下必有“分职”——比如《韩非子·扬权》篇所言“各处其宜，故上下无为。使鸡司夜，令狸执鼠，皆用其能，上乃无事”①，但君臣关系是绝对的，即臣僚只能够处于“鸡”“狸”的角色以贡献其“能”，君主才是真正的“使鸡者”“令狸者”。适如《韩非子·外储说左下》篇所言，君主是虽贱却必戴于首的冠，臣僚则只能是虽贵却必穿于脚的屦。日本学者尾形勇指出，中国古代的君臣关系是“主奴”关系的拟制化。② 这里的“主奴”关系并非君主把臣僚变成法律意义上的奴隶，而是说君臣间的主奴关系是一种“政治关系”。③《布莱克维尔政治制度百科全书》就“专制”一词解释道：“一种意指统治者与被统治者的关系是主奴关系的统治形式。”④ 这一政治意义上的君臣主奴关系，也就是臣僚对君主的人身依附关系。在“家天下”的君主专制体制下，臣僚的人身和行动自由受到最高统治者的严格限制，他们只是作为君主支配基层民众的统治工具而存在。⑤ 在韩非子那里君臣间的统治与效忠并不对等，臣僚只有“顺上之为”，“明法辟，治官职以戴其君”⑥。臣僚即便是贤智之士，但终归只是君主实施统治的工具，于是最终结果只能是“臣有其劳，君有其成功”，甚或“有功则君有其贤，有过则臣任其罪”。在如此“君操其名，臣效其形”的无为之治中，君主总是名利双

① 《韩非子·扬权》第30页。
② ［日］尾形勇：《中国古代的“家”与国家》，张鹤泉译，中华书局2010年版，第127页。
③ 阎步克：《政体类型学视角中的“中国专制主义”问题》，《北京大学学报》2012年第6期。
④ ［英］韦农·波格丹诺编：《布莱克维尔政治制度百科全书》，邓正来等译，第180页。
⑤ 另参见［德］马克斯·韦伯《经济与社会》，阎克文译，第1168页。
⑥ 《韩非子·忠孝》，第358页。

收。即便臣僚完全奉法守职和尊君事上，可他们仍然不免“竦惧乎下”。[①] 君主看似“无为”，但实则通过对官僚系统的整体控制实现了“无不为”。

君主对官僚系统的整体控制意在将臣僚的一切言行统统固定化、明确化，进而使臣僚完全处于君主的可控范围。《韩非子·二柄》：“群臣其言大而功小者则罚，非罚小功也，罚功不当名也；群臣其言小而功大者亦罚，非不说于大功也，以为不当名也害甚于有大功，故罚。”[②] 表面看来，韩非子是在强调臣僚务必保质保量地完成自己职事。“功小者”受罚自在常理之中，可为什么“功大者”亦要受罚呢？这里的关键是，在韩非子那里君主对官僚系统的治理内含着对政治关系“绝对确定性”的诉求——即臣僚的一切言行必须与君主的“名”“法”保持完全一致，臣僚任何逸出国家法度的行为均会令君主感到不安，因为这意味着臣僚在君主视线之外有行动自主权，进而有反叛君主的可能性。这便是“不当名也害甚于有大功”的关键所在。这也说明，君主治理官僚系统的主要目的在于“治人”，而不仅仅是“治事”。

第二节　“术”与君主对重臣的“重点控制”

君主以“法术”对官僚系统进行“整体控制”，意在将臣僚的言行完全纳入国家法度的轨道，使其完全明确化和确定化。然而法度尽管详尽备事，但它毕竟不可能穷尽所有事情，于是臣僚便有法内作恶的可能性。即便有高官爵禄的利诱和重刑酷法的威慑，亦无法消除和禁绝臣僚进行政治投机的侥幸心理和行为。在君主集权政治下君臣关系处于一种两难境地：一方面，君主若要实施高效而稳定的国家治理，便不得不将具体的管理事务以及相应权限下放至官僚系统，使臣僚成为君主的“霸王之佐”；但是另一方面，臣僚尤其是其中的重臣又是君主不得不加以提防的潜在敌人。君臣间势不两立的关系决定了“臣利立而主利灭”[③] 的残酷现实，而假借和侵夺君主权力始终是

① 《韩非子·主道》，第 18 页。王子今指出，“忠”观念对于君王而言是用于维护政治秩序的主要纲纪，对臣而言它是压抑人性的心理枷锁。参见王子今《“忠”观念研究》，吉林教育出版社 1999 年版，第 350 页。

② 《韩非子·二柄》，第 28 页

③ 《韩非子·内储说下六微》，第 179 页。

臣僚之大利。于是，君主对臣僚总是处于“治”“用”两难的处境中。韩非子认为“任人者使有势”[①]，即是说所有臣僚的权力皆是君主授予的。重臣因其与君主距离最近，因而所获得的权力在官僚系统中往往亦最大。问题是，臣僚所获权力越大，往往也意味着他们觊觎和侵夺君权、劫杀君主的可能性就越大，因此重臣最令君主感到不安。韩非子对此了然于心，所谓“奸邪满侧”，既是韩非子的预设，亦是他对君主的重要提醒。身居权力中心地带的重臣往往可以一手遮天地对朝廷各类本应由君主知晓和掌控的信息，进行筛选、过滤、拦截甚或伪造以壅蔽君主，从而以权谋私、仗势欺人甚至剑指王冠。重臣是君权最大的威胁者，君主因而必须将重臣视作“重点控制”的对象，以一切可能的手段防范、伺察和驯服重臣。

一　重臣对君主的壅蔽

韩非子将“重臣”也表述为“重人”“当途之人”“奸臣”“奸邪之臣”“奸人”等。[②] 在韩非子看来，对君权形成直接而重大威胁的并非基层的“愚污之吏”[③]，而是高居庙堂的重臣。重臣主要分为两类，一类是掌权之臣，一类是借权之臣。[④]

所谓掌权之臣是指既具有经国之才又位高权重的股肱之臣。掌权之臣每每专权、越权、弄权乃至于篡权，通过各种手段掩蔽和架空君主，进而壅劫和篡夺君主权位。《韩非子·八奸》篇所载“养殃”“民萌”“流行”“威强”“四方”等便属于掌权之臣壅蔽君主的方式。所谓“养殃”是指臣僚通过搜刮民脂民膏来满足君主的各种物欲需求，在此过程中扰乱君心、放纵君欲，从而借以实现臣僚的私利。所谓“民萌”是指臣僚在君法外通过分发公财和施行小惠来收买民心，架空君权进而培植个人势力。所谓“流行”是指臣僚通过网罗能言善辩之士，以巧言令色之辞蛊惑君心，从而借以实现自己的政治抱负。所

① 《韩非子·八说》，第 325 页。

② “重臣”见于《孤愤》《八说》等篇，“重人”“当途之人”见于《孤愤》《奸劫弑臣》《外储说右上》《五蠹》等篇，“奸臣”“奸邪之臣”见于《爱臣》《主道》《有度》《二柄》《孤愤》《奸劫弑臣》《备内》《内储说上》等篇，“奸人”见于《说疑》等篇。

③ 《韩非子·孤愤》，第 56 页。

④ 笔者参阅了戴木茅有关“掌权之臣”和“借权之臣”、君臣关系信息不对称等说法（戴木茅：《韩非子“术”论澄释》，《哲学动态》2016 年第 9 期），但本书的总体论述与戴女士所论并不相同。

谓“威强”是指臣僚结党营私，发展个人武装势力。所谓“四方”是指臣僚通过加重百姓赋役、挪用国库来结交其他国家，甚至借用大国之威“以震其君”。

所谓借权之臣是指君主近旁的妻妾侍从等，他们尽管并无多少实际权力，但因其居于权力中心的边缘地带，又长期身浸宫廷宦术的氛围，于是往往在君主与其他臣僚之间上下其手。他们一方面阳奉阴违地窥测君意，另一方面又狐假虎威地假借君威以玩弄群臣，从而在“惑主”（对上）和“造势”（对下）的过程中实现弄权。《韩非子·八奸》篇中的“同床”“在旁”便属于借权之臣。君主近旁的“贵夫人”“优笑侏儒”“左右近习”，表面看起来对君主唯唯诺诺且无实权，但实际上成为不少臣僚得以测探君心进而献媚君主的中介人物。在这一过程中，这些借权之臣每每借身处君主近旁的天然优势来弄权和谋私。

掌权之臣和借权之臣的区分，在韩非子那里有时并非泾渭分明。比如《八奸》篇载，“父兄”若对君权构成直接威胁便亦属“奸”，但父兄既可以是掌权之臣，也可能是并无实权的借权之臣。另外，不少的掌权之臣又何尝不是以已有之权位，来假借君威以进一步壮大权势呢？

重臣要么阿谀奉承和投君所好，要么结党营私和以权谋私，要么犯上作乱和侵逼君权，在借权和弄权中欺蒙君主。尤其是重臣往往百般阻挠朝中信息有效而及时地送达君主，或者在执行君命的过程中有意做出歪曲处理，进而从中获利。韩非子将重臣对各类信息的阻隔称为“壅蔽”。《韩非子·孤愤》篇谓，即便君主实现了“地广人众”，但是“人主壅蔽，大臣专权”，则无异于功亏一篑。壅者闭塞也，蔽者遮蔽也，人主壅蔽便是指君主因受到重臣的欺蒙，失去对国家的有效控制。《韩非子·主道》篇载重臣对君主有“五壅”：“臣闭其主曰壅，臣制财利曰壅，臣擅行令曰壅，臣得行义曰壅，臣得树人曰壅。”这五壅几乎涉及君权全部的重要方面，即权位的恒久稳固、朝廷信息的畅通、财货的公有、赏罚权柄的独断、人事权的独掌。若重臣封闭君主，那么君主便逐渐失去对权力的有效掌控从而有“失位”之虞。若重臣专断国家的财政税收和庆赏之权，那么君主便“失德”[①] 矣。若重臣未经君主授权而擅自发号政令，那么君主便“失制”矣。若重臣在法外私自向其他臣

① 《韩非子·二柄》：“庆赏之谓德。”韩非强调赏罚二柄必须完全掌控于君主之手，否则便是权借于下。

僚或者百姓施舍，那么君主便“失明”矣。若重臣窃取人事任用权，那么他们就成为朋党之首，反之君主则“失党”矣。需要注意的是，这五壅并非并列，君失位可以涵括失德、失制、失名、失党四个方面，反之后四者的发生将最终导致君失位；重臣制财力、擅行令、得行义和得树人是最终达到“闭其主”的手段或过程，或者说分别是“闭其主”的某个方面，因此“闭其主”层面的“壅”似乎是一个总括的或最终的状态，“主失位”就意味着失去所有权力。韩非子对重臣不轨行为的其他描述，均可视作对这五壅的注脚和说明。[①]

重臣每每通过“事”和“言”来壅蔽君主。《韩非子·南面》：“人主有诱于事者，有壅于言者。”[②] 就国家政事而言，事和言往往难以明确区分，君主只有通过多方之言方可知晓多方之事，也只有通过多种政事才能课考臣僚之言是否属实。不过重臣对君主的壅蔽每每始于“言”，他们或者故意混淆视听和搬弄是非（“言是如非，言非如是”），或者阿谀奉承和投君所好，尽管内心阴险奸诈却伪之以良善，善于窥探君心进而谄媚于君主。[③] 在此基础上，重臣就可通过借权和弄权以成一己之私。

重臣壅蔽君主是为了获得更大的权力，以及通过权力来获取更多利益，所谓百官之吏“以贪污之心枉法以取私利”[④] 是也。重臣一方面“为奸利以弊人主”，“身尊家富，父子被其泽”[⑤]，另一方面“思小利而忘法义，进则掩蔽贤良以阴暗其主，退则挠乱百官而为祸难”，甚至不惜“破国杀众”[⑥]。韩非子指出：“内以党与劫弑其君，外以诸侯之权矫易其国，隐敦适、持私曲、上禁君、下挠治者，不可胜数也。”[⑦] 官吏的贪污尽管已多见于先秦文献[⑧]，不过鲜有思想家如韩非子这般关注官吏贪污，并将如何肃清吏治视作治道学说的重要内容。韩非子期待“官不敢枉法，吏不敢为私利”[⑨]，可官僚系统恰

① 薛小林：《从韩非的防壅意识看“术”在法家思想中的地位》，《现代哲学》2021 年第 2 期。

② 《韩非子·南面》，第 86 页。

③ 《韩非子·说疑》，第 306 页。

④ 《韩非子·奸劫弑臣》，第 70 页

⑤ 《韩非子·奸劫弑臣》，第 69 页

⑥ 《韩非子·说疑》，第 309 页。

⑦ 《韩非子·说疑》，第 310 页。

⑧ 参见黎翔凤撰，梁运华整理：《管子校注》，第 1217 页；《荀子·君道》，第 152 页；《战国策》之《秦策三》《魏策一》，第 144、678 页。

⑨ 《韩非子·八说》，第 328 页。

恰呈现出背离君主同时侵凌百姓的倾向。商鞅既已指出在法治社会“吏不敢以非法遇民”①，即在严刑峻法的威慑下官吏必然不敢法外侵扰百姓。相形之下，韩非子更加关注如何防止和严惩重臣枉法和谋利进而“上逼君”②。

韩非子反复提醒君主，重臣是君权的最大威胁。《韩非子·人主》：“人主之所以身危国亡者，大臣太贵，左右太威也。”③ 在《亡征》篇韩非子列举了许多导致亡国的征兆，将“权轻而臣重”置于篇首，并在该篇多次指出重臣尾大不掉的危险。在《内储说下六微》篇韩非子提醒君主务必防止“权借在下”。在《备内》篇将后妃、夫人、太子之党等这些“利君死者”统统视作不可信之人。在《八奸》篇又将君主近旁的近乎一切人皆视作奸臣。在韩非子看来，“左右不可不慎”④，甚至于往往是“祸在所爱”⑤，即君权之所以受到威胁正是由于君主放松了对亲信之人的警惕。韩非子深信“大臣太重”和“左右太信”，此乃“人主之所公患”。⑥ “公患”二字说明重臣对君主的威胁具有相当的普遍性。正因如此，韩非子引黄帝之言曰“上下一日百战”⑦。“百战”一词颇为传神地表明君主与重臣间的微妙关系，即君主所用之重要帮手随时会反叛成为自己的敌人，只要时机成熟。

二　君主的防壅之术

韩非子往往用喜闻乐见的故事来阐述相关的政治道理。《韩非子·外储说右上》篇的一则故事值得称引，其中说宋国有一卖酒者，其量酒公平、待客殷勤、酒质醇美，并且酒旗挂得既高又显眼，但是酒却卖不出去以致酒都变酸了。他对此甚感诧异，不知何故。有人告诉他：“汝狗猛耶!”他不懂自己的狗凶猛与酒难卖有什么关联。那人解释道，买酒之人尽管喜欢你家的酒但是更怕你家的狗，比如有人使小孩来买酒，猛狗却迎上来咬他。这样一来，还有人敢来买酒吗？韩非子进而指出：

---

① 《商君书·定分》，第 43 页。
② 《韩非子·孤愤》，第 57 页。
③ 《韩非子·人主》，第 361 页。
④ 《韩非子·说疑》，第 307 页。
⑤ 《韩非子·备内》，第 84 页。
⑥ 《韩非子·孤愤》，第 59 页。
⑦ 《韩非子·扬权》，第 34 页。

> 夫国亦有狗，有道之士怀其术而欲以明万乘之主，大臣为猛狗迎而龁人，此人主之所以蔽胁，而有道之士所以不用也。①

能够蔽胁君主的“大臣”实际上就是韩非子极力痛斥的重臣，重臣便是国之“猛狗”；“有道之士”则是法家的忠臣（包括“法术之士”），而有道之士与重臣则是势不两立的。韩非子通过将重臣视为猛狗这一隐喻，凸显了重臣欺君侵民的严重危害性，同时也说明重臣往往阻碍忠臣的进用。在同篇韩非子还借管仲之言将重臣视作“社鼠”。韩非认为这些虎狗鼠一般的重臣对君主的壅蔽会产生连锁反应：真正有益于君国大利的忠臣无法被擢用，他们甚或不得不拜倒于重臣的威逼利诱下，纷纷投靠重臣，成为重臣弄权的政治资本。正是由于对重臣的深恶痛绝，韩非指出：“今人君之左右，出则为势重而收利于民，入则比周而蔽恶于君。……内间主之情以告外，外内为重，诸臣百吏以为富。……主焉得无壅，国焉得无亡乎?”② 这体现出韩非子作为思想家忧国忧民的一面（毕竟任何一个时代贪官污吏总是恶的），也为君主无所不用其极地潜御重臣提供了正当性说明。

韩非子进而通过援引动物界弱肉强食的丛林法则，来说明君主不择手段地控制重臣的正当性。若重臣是“狗”，那么君主应当是“虎”，因为虎有更加威猛的爪牙使狗不得不“服”。③ 若重臣是“虎”，那么君主应当是“龙”，因为龙比虎更富神力。④《孟子·尽心上》曾谓：“爱而不敬，兽畜之也。”在韩非子那里君臣间尤其是君主与重臣之间，除了利益关系外，更是一种势不两立的权力博弈关系。君主一旦彻底失去权柄，失去对臣僚尤其是重臣的有效控制，便必然会成为臣僚所控制的对象。正因如此，君主对臣僚尤其是重臣几乎无“敬”可言。既然如此，那么君主必须坚持“以势服臣”的原则，以“力”来驯化和制伏重臣。君主最大的“力”便是君主之位所赋予的赏罚

---

① 《韩非子·外储说右上》，第 242 页。

② 《韩非子·外储说右上》，第 242 页。

③ 参见《韩非子·二柄》，第 27 页。

④ 参见《韩非子》之《说难》《守道》，第 66、151 页。另外，龙是一种经由幻想产生的似于蛇类的巨大动物，在韩非之前即已成为具有权威和恐怖的表示社会秩序和制度强迫的符号，参见吕思勉《吕思勉读史札记》，第 548—550 页；李泽厚：《历史本体论·己卯五说》（增订本），第 351—358 页。

大权，一切对重臣的控制均得落实到赏罚上，所谓“人主者，以刑德制臣者也”[①]。问题在于，重臣通过壅蔽君主，往往使君主无从因而也无法知晓“谁是奸臣”“谁是忠臣”，甚至君主恰恰亡于表面忠贞的奸臣。于是，如何掌握、分辨和明察臣僚的所有信息成为控制重臣的关键所在，如何在与重臣的权力博弈中取得绝对的主动权和制胜权，成为君主控制重臣的重要前提。

君主的防壅之术便由此展开。它的要义是，君主使重臣的一切信息在君主面前统统“显化”，杜绝任何遁出君主视线者，君主则在君臣博弈中始终保持神秘化，使自己处于“暗”的位置，在自我伪装中掌握控制群臣的主动权。

一方面，君主需要尽可能地自我暗化，藏匿自己的信息尤其是好恶哀乐等情感，使自己处于神秘位置，使重臣失去窥探君意的把柄。韩非子洞悉君主受到的致命威胁不在外部，而在内部即群臣对君主的窥测，因此君主首先需要尽可能地收敛个性。[②] 君主处于权力斗争场的旋涡中心因而成为众矢之的，“射者众”，而君主的“不神”恰恰是重臣得以壅蔽君主的源头。[③]《韩非子·扬权》：“主上不神，下将有因。”注云：“神者，隐而莫测其所由者也。”[④] 徐汉昌对此指出：“拙要藏，巧也要藏；怒气要收敛，喜色也要收敛；去智巧，去好恶，是为了深不可测。惟有深不可测，奸邪才无缘倖进。”[⑤] 此论甚是。君主将自己完全伪装起来，在群臣面前犹如一张白色生绢一般，所谓“群臣见素，则大君不蔽矣”[⑥]。《韩非子·主道》：“虚静无事，以暗见疵。”松皋圆注曰：“譬之如居暗室，内能见外，而使彼不可见我也。”[⑦] 诚为确诂。原本具有精神修养意义的“虚静”在韩非子这里，俨然成为君主控制重臣的宦术。正是在自我伪装中，君主以“静退”为“宝”，“不自操事而知拙与巧，不自计虑而知福与咎”[⑧]，静静地在暗处伺察着重臣的一切。在听取群臣汇

---

① 《韩非子·二柄》，第 27 页。

② Yuri Pines，“Submerged by Absolute Power：The Ruler's Predicament in the Han Feizi”，in Paul R. Goldin，ed.，*DAO Companion to the Philosophy of Han Fei*，p. 69.

③ 《韩非子·外储说右上》，第 231 页。

④ 《韩非子·扬权》，第 33 页。

⑤ 徐汉昌：《韩非子的法学与文学》，台北：文史哲出版社 1984 年版，第 157 页。

⑥ 《韩非子·二柄》，第 29 页。

⑦ 陈奇猷：《韩非子新校注》，第 75 页。

⑧ 《韩非子·主道》，第 20 页。

报时，君主更要收敛好恶，有意遮蔽自己的真实想法，所谓“听言之道，溶若甚醉”[①]。反之，君主若将自己的真情实感显露出来，重臣掌握这些信息后势必乘势而起，或者媚君，或者劫君，于是“群臣为子之、田常不难矣”[②]。君主除非尽早做好自我伪装从而使自己神秘化，否则必遭重臣暗算，所谓“主失其神，虎随其后”[③]。韩非子进而将君主随意泄露自己的信息，视为一种“亡征”。

另一方面，君主必须主动出击，全面掌控重臣信息，使重臣在君主面前变得更加透明。如果说君主的自我伪装聚焦于君主的信息不应当向群臣公开，那么君主的主动出击则强调群臣的一切信息必须向君主完全公开。君主的主动出击策略主要包括以下三种方式。

其一，君主广泛收集和听取群臣的各类意见，尽可能地掌控重臣的信息。君主收集重臣信息的方式主要包括两种方法：“一听责下”和“众端参观”。所谓一听责下是指“一听则智愚不分，责下则人臣不参”[④]。君主需要全面听取群臣的不同意见，愚者和智者之别自然就明晰了；君主严格督责群臣言行，无能者就不会混杂于能臣之中。其中，“一听”强调君主在一一听取群臣意见时，避免预先确立基调，避免好恶情感对群臣的威逼引诱，以致群臣不敢说真话，而要给群臣留下较为宽松的发表意见的空间，不仅使他们说出君主已然知晓的话，而且诱逼他们将更多有关重臣的信息也统统呈现出来。可见，“一听”仍然是君主在掩藏好恶的基础上对群臣言行的一种静观。“责下”则强调君主对群臣言行相符程度的参验，这与“君操其名，臣效其形”颇有相重合处。不过，“责下”主要聚焦于君主对群臣真实信息的掌握。“一听责下”的典型例证是齐滑王对“滥竽充数”的整治。然

① 《韩非子·扬权》，第 32 页。

② 《韩非子·二柄》，第 29 页。

③ 《韩非子·扬权》，第 32—34 页。

④ 《韩非子·内储说上七术》，第 160 页。陈启天认为该句中衍两“不”字，当为“一听则智愚分，责下则人臣参”，是指“人主一一而听，则人臣之愚智可别；人主督责臣下陈言，则人臣俱行陈言，而可供人主之参合矣”；陶鸿庆、陈奇猷等认为该句当为“一听则智愚不纷，责下则人臣不参”，是指“人主执一以听，则愚智不相乱也”，“督责臣下则人臣不敢以无能参杂于有能者之中”。各家尽管在字词的注解上有所差异，但对整句的理解并无不同。参见陈启天《增订韩非子校释》，第 358 页；陈奇猷：《韩非子新校注》，第 567 页；《韩非子》校注组：《韩非子校注》，第 325 页。

而，重臣往往以各种手段阻挠君主与其他臣僚间的沟通，使君主纵然“一听责下”亦无法获知重臣的真实信息，因此君主应当“毋专信一人”①，“兼照一国”②，多方参验，方有可能避免受制于某个重臣。韩非子进而指出君主应当“众端参观”，多方听取意见，以免于（重臣的）门户之见。重臣往往垄断了朝廷的话语权，即便君主听取的人数和意见再多，仍不过是在听取实质上受制于重臣所控制的“一种话语”。这些保持话语一致的臣僚其实已逸出君主的有效控制范围，成为重臣的附庸。因此，君主需要将听取意见的范围扩大到整个官僚系统，以打破重臣对朝廷话语权的垄断。

其二，君主通过明知故问或故弄玄虚等方式来测探重臣的真实情况。这主要有三种具体方法：“疑诏诡使”“挟知而问”和“倒言反事”。疑诏诡使是指君主在不确定重臣是否另有隐情的情况下，运用诸多模棱两可、模糊不定的政治暗示，使重臣产生对君主的畏惧心理，从而实现重臣主动剥去虚假外衣的政治目的。比如东周国君丢失了一个玉簪，派去官吏找寻三天仍未找到，可是派去别人去寻找，却只用了不到一天时间就找到了，于是东周国君责备“吏之不事事”，“于是吏皆耸惧，以为君神明也”③。挟知而问是一种典型的明知故问式的宦术，即君主在已然知晓重臣在该事件中真实信息的情况下，故意考验重臣，以此实现“众隐皆变”④ 的目的。关于“众隐皆变”，注云“于一物智之能深，则众隐伏之物莫不变而露见”，颇合韩非之旨。众隐皆变便是指在经过深度探知后，君主使重臣事先“隐”去的信息完全显露出来，比如韩昭侯“佯亡一爪”，使臣僚去寻找以“察左右之诚不（否）”⑤，便是显例。“倒言反事”是指君主在业已知晓或掌握重臣部分真实情况的前提下，故意展现相反的言行，以此来考验重臣对君主是否忠诚，从而查得重臣的相应“奸情”⑥。在韩非子那里，臣僚对君主忠诚与否实际上是最大亦是最有价值的信息。《内储说上七术》篇载有“嗣公使人过关市”的事例，是说卫嗣公

① 《韩非子·扬权》，第 33 页。
② 《韩非子·难四》，第 295 页。
③ 《韩非子·内储说上七术》，第 175 页。
④ 《韩非子·内储说上七术》，第 161 页。
⑤ 《韩非子·内储说上七术》，第 176 页。
⑥ 《韩非子·内储说上七术》，第 161 页。

派人假扮客商入关经过国境的集市，面对关市官吏的故意刁难，该客商便通过向官吏行贿得以过关。事后卫嗣公对那位关市的官吏明言有位客商曾经通过行贿而过关的事，那位关市官吏因而既十分惶恐，又甚是佩服嗣公的明察。总之，君主通过这些宦术既可以伺察重臣是否对君主有所隐瞒，又在心理上对重臣起到强烈的震慑效果，令重臣“不敢”对君主产生壅蔽念头。

其三，君主通过构建全民告奸系统，使举国臣民皆成为君主耳目，从而为控制重臣布下天罗地网。[①] 君主个人能力有限，不大可能总是亲自参与收集、察断和定度重臣信息，加之韩非是为中主设计君道的，因此他更加关注君主如何简便而高效地控御群臣的问题。韩非子反对君主仅凭重臣间的制衡或相互揭发来防范壅蔽，因为重臣之间只有势均力敌时才敢“相议”，否则以重臣防重臣的策略往往只是“益树壅塞之臣”矣。[②] 尽管重臣相互牵制时，君主确实可以坐收渔利，但朝廷有臣僚之“党”（不管其是否对君权构成威胁），这本身就是君主的心腹之患。在韩非子看来，重臣发展成为结党营私进而壅蔽君主的势力，只是时间问题。韩非子认为更加有效的办法便是使所有臣民（在理论上）统统只对君主负责，建构起“使贱议贵，下必坐上”且遍及朝野的奸臣告发系统。[③] 贱议贵、下坐上使君主可以利用众人之力来“自下而上”地监督重臣，进而察除奸臣。在“贱议贵”“下必坐上”中韩非尤其强调一个“必”字，此处的“必”恰恰表明韩非对君主绝对控制重臣的诉求。面对“匿罪之罚重，而告奸之赏厚”，不少臣民往往愿意充当君主的鹰犬，于是形成了告奸成风的局面。王元化指出：“人类的每一种恶劣情欲都成为韩非之术的支柱。”[④] 此论甚是。在全民告奸系统中，所有信息（在理论上）均可送达君主之手，所有臣僚尤其是重臣的一切完全呈现于君主面前，于是“人主以一国目视，故视莫明焉；以一国耳听，故听莫聪焉”[⑤]。君主若能够真正实现以天下为耳目，那么壅蔽君主的重臣便无处遁形。正因如此，

① 商鞅、《管子》学派、荀子已有告奸理论，参见《管子·九守》《商君书·开塞》《荀子·君道》。

② 《韩非子·内储说上七术》，第164—165页。

③ 《韩非子》之《内储说上七术》《八说》，第165、325页。

④ 王元化：《王元化集》第6卷《思想》，第28页。

⑤ 《韩非子·定法》，第305页。

君主尽管身处深宫，但“天下弗能蔽、弗能欺”。如此这般“使天下不得不为己视，使天下不得不为己听”的君主，便是韩非子的“明主”。①

君主通过防雍之术一方面将自己神秘化，使重臣失去壅蔽君主的可乘之机；另一方面将重臣透明化，使重臣的一切在君主面前暴露无遗。前者重“防”，后者重“查”，其目的均在于将重臣视作重点对象进行全方位的控制。《韩非子·备内》篇载有娴熟运用防壅之术的“明王”形象，该君主对一切缺少参验的人事极不信任，甚至连日常饮食亦恐是“非常之食”，通过直接考察重臣（“近视”）和布满全国的告奸网络系统（“远视”）获取重臣的真实信息以防其利用朋党之资形成异己力量。一旦发现重臣隐情，君主绝不姑息，必然“按法以治”。在如此赏必信和罪无赦的“法治”社会，一切有悖于君主意志的奸臣便“无所容其私”矣。② 可见，君主对重臣的重点控制，最终仍然是为了将所有臣僚悉数纳入法术的整体控制轨道，以营造出绝对的君主之势，在有效治理官僚系统的基础上维护集权统治。

第三节　韩非子官僚控制理论的内在悖论

韩非子是先秦诸子中最接近权力核心地带的思想家，正是这种天然优势使他能够更加切身地体察君臣关系的微妙性、复杂性和残酷性，并将宫廷宦术惟妙惟肖地描述出来。同时东周以来频繁出现以下克上和权臣乱政等现象，尤其是韩国历来君权不振、吏治腐败和国家贫弱，也使韩非子更加深刻地认识到吏治之成败、君权之强弱与国家治乱兴衰之间的紧密关系，即吏治清明则君权强大，君权强大则国家强盛，反之吏治混乱势必导致君权不振和国家贫弱。有效治理官僚系统，进而强化君主权力和实现国富兵强，这是内含于韩非子官僚控制理论的重要政治逻辑。

韩非子的官僚控制理论既是他对君主官僚制度的理论回应和总结，也对后世君主统治的吏治清明起到了重要作用。秦以后的历代君王在整饬吏治的

① 《韩非子·奸劫弑臣》，第71页。
② 《韩非子·备内》，第84页。

过程中都或多或少地运用了韩非子的官僚控制理论。[①] 近代以来有学者指出韩非子的治吏思想颇有现代价值，比如熊十力认为“韩非重治吏，至今无可易也”[②]，宋洪兵进一步做了详细讨论[③]。本书并不讨论韩非子思想的现代意义，不过就韩非子官僚控制理论而言，笔者同意萧公权的说法，即“韩非术治为吾国古代最完备之专制理论”[④]。在学界研究基础上，笔者从以下方面进一步疏解韩非子官僚控制理论的内在悖论。

其一，“疑人且用，用人且疑”原则的政治正当性何在？

韩非子官僚控制理论的起点是“不信人”。[⑤] 在韩非子看来，君主若完全信任臣僚，就必然受制于臣僚。韩非子不仅将君臣关系视作利益之交，更将之视作一种权力斗争关系，所谓“利君死者众”“上下一日百战”是也。基于这一认识，韩非子一再提醒君主应当将臣僚尤其是位高权重的大臣统统视作潜在敌人。问题是，为了实施高效的集权统治，君主又必须利用臣僚和整个官僚系统。于是，韩非子官僚控制理论始终内含着这样一条主线，即君主既要利用臣僚，又不得不防之治之。适如黄宗羲《明夷待访录·原法》所言：“用一人焉则疑其自私，而又用二人以制其私；行一事焉则虑其可欺，而又设一事以防其欺。”[⑥] 在这一意义上，韩非子告诫君主应当坚持“疑人且用，用人且疑”原则，以实现对官僚系统的全方位支配。马克斯·韦伯指出，任何较为持久的“支配”均需要诉诸一定的正当性原则来为自己进行辩护。[⑦] 合乎正当性原则的支配便是正当支配，这往往建立在三种“纯粹类型”基础上，即合乎理性的法理规则、具有悠久的历史传统以及领袖个人的超凡魅力。[⑧] 韦伯的说法只是一种有助于分析问题的框架或模型，实际上历史中几乎找不到完全合乎这些纯粹类型的支配类型。在韩非子那里，君主对官僚系统的控制既没有法理依据（国家法度并非臣僚的信仰），也并未建立在君主个人魅力的

① 周良霄：《皇帝与皇权》，上海古籍出版社 2014 年版，第 54—62 页。
② 熊十力：《韩非子评论》，第 44 页。
③ 宋洪兵：《循法成德：韩非真精神的当代诠释》，第 176—185 页。
④ 萧公权：《中国政治思想史》，第 249 页。
⑤ 王元化：《王元化集》第 6 卷《思想》，第 22 页。
⑥ 《明夷待访录·原法》，第 23 页。
⑦ ［德］马克斯·韦伯：《经济与社会》，第 1092 页。
⑧ ［德］马克斯·韦伯：《经济与社会》，第 322 页。

基础上（韩非子的“中主”和“圣君明主”均不具有超凡魅力）。那么，臣僚不得不接受君主控制的正当性是什么呢？在我们看来，韩非子官僚控制理论大致属于韦伯所言的传统型支配类型。研究表明，春秋时期晋国的家臣制度在总体上呈现出“集权”的倾向，并在很多方面开了战国时代君主官僚制度的先河。[①] 战国时期君主官僚制度进而得到较全面的发展，并且日渐成熟。在此基础上，韩非子将战国末期以前以君主集权为目的的官僚控制理论发展到了近乎完备的程度。可见，韩非子官僚控制理论所内含的“疑人且用，用人且疑”原则，是他在传统官僚制度发展演变的基础上提出的。只不过，基于这一原则的官僚治理学说具有更加鲜明的控制倾向。首先，臣僚的生存和生活均处于君主/国家的支配范围内；其次，臣僚的所有权力均来源于君主；最后，臣僚服从君主就有功名利禄的回报，否则就必受严惩。正因如此，君主一旦绝对把控了权势，那么臣僚在无可选择的情形下只得接受功名利禄进而顺上之为。

其二，“目的性价值”如何证成“手段”的正当性？

韩非子将官僚控制理论视作治道思想的重要内容，是因为他认为君主有效治理官僚系统是在东周乱世“求治”的重要前提。如果说实现“治世”是一个“好目的”，那么官僚控制理论则具有“恶手段”的性质。在韩非子看来，为了实现国家生存、安全与富强的好目的，君主可以不择手段乃至采用以恶制恶的方式加强对官僚系统的控制。韩非决不允许任何臣僚遁出君主的控制范围，将一切对君主有威胁的臣僚视作奸臣，因此主张君主以法术将官僚系统变成集权统治的工具，甚至不惜采用以毒攻毒的方式。韩非子（及申不害）的“术”尽管不是韩非子的理论“发明”——诚如刘宝才先生所言“与其说申不害一类人物发明了权术政治，不如说他们的主张只是政治生活中是非与成败的冲突在思想家头脑里的反映”[②]，可问题是，韩非子并不反对君主运用这些恶手段，反之极力强调君主应当谙熟于心和躬亲于行。韩非子作为思想家尽管有一颗为了实现其独特治世理想的良苦用心，但是他的“好目

① 谢乃和：《古代社会与政治：周代的政体及其变迁》，黑龙江人民出版社 2011 年版，第 97—118 页。

② 张岂之主编，刘宝才、方光华分卷主编：《中国思想学说史（先秦卷）》，第 676 页。

的”其实无法证明“恶手段”的正当性。[①] 韩非子将臣僚视作君主集权的工具，尤其将重臣视作君主的潜敌，进而试图在“规范”和“防范”中绝对地控制官僚系统。但是，君主对臣僚的猜忌和防范反过来必然导致臣僚对君主的猜忌和防范。对此，韩非了然于心，他明言：“为人臣者，窥觇其君心也无须臾之休。”[②] 在此相互猜忌中，君主和臣僚因而陷入了循环往复的权力博弈中。在这一权力斗争中，能否实现韩非子所期待的“富国”和“治世”等理想，姑且不论，君主与臣僚到底鹿死谁手往往成了首要甚至于最重要的问题。通观《韩非子》，这也正是韩非子反复强调君主必须制伏臣僚的关键所在。退一步讲，即便如韩非子所期待的那样，在经过反复的君臣博弈后君主完全控制了官僚系统、制伏了重臣，可是“治世”理想仍然庶几渺茫。关键原因在于，在君主专制时代“根本之恶”其实是君主，而非韩非子所言之重臣。在君主集权统治下，官僚系统对君主越忠诚，办事效率越高，执行君法的能力越强大，就越有助于君主意志的贯彻，具体而言就越有益于君主对社会和官僚系统的全面控制，从而在更大程度上佐助君主的集权统治。最终，黎民百姓成为君主集权统治最大的受害者。

其三，一个权力至上的社会吏治清明如何可能？

权力至上社会的显著特点之一，是个人的权力大小与其占有财富多寡成正比。中国自古就有这一特点，上古时代统治者所垄断的各类资源（比如占有的象征着富贵身份的礼器、所居住的豪奢宫室）与其权力之大小成正比[③]，

---

① 以“好目的”为“恶手段”辩护的政治理念被称作马基雅维里主义（［法］路易·博洛尔：《政治的罪恶》，蒋庆等译，译林出版社 2014 年版，第 1—4 页）。马基雅维里认为，君主“必须懂得善于运用野兽的方法”，应当效法于“半人半兽的怪物”，“必须做一个伟大的伪装者和假好人”（［意］马基雅维里：《君主论》，潘汉典译，商务印书馆 2009 年版，第 83—84 页）。马基雅维里因而每每被视作“恶行的传播者”“魔鬼的犯罪搭档”，《君主论》亦被视作“恶棍的手册”。不过马基雅维里的恶手段有一个动人的“国家理由”——即一个强大的“国家”必然要求个人绝对服从整体，一切的被统治者均须有一个“伟人”般的统治者来领导（［英］以赛亚·伯林：《反潮流》，冯克利译，译林出版社 2011 年版，第 29—97 页；［美］乔治·萨拜因著，［美］托马斯·索尔森修订：《政治学说史·民族国家》，邓正来译，上海人民出版社 2015 年版，第 24 页）。以“恶手段”来促成“好目的”正是韦伯所言“信念伦理”的要义。韦伯认为持有信念伦理的人只要认定其最终目的是好的，那么就可以为了这一伟大目的而不择手段地付诸实践，甚至于目的愈加伟大，愈可以不择手段。然而，“好目的”最终成为一切当权者安抚臣民的口号和进行野蛮统治的工具（［德］马克斯·韦伯：《学术与政治》，冯克利译，生活·读书·新知三联书店 2016 年版，第 107—110 页）。

② 《韩非子·备内》，第 82—84 页。

③ 杜正胜：《古代社会与国家》，台北：允晨文化实业股份有限公司 1992 年版，第 192—211 页。

西周分封制下各级统治者财产之多少亦与其权力之大小成正比，逮至春秋尤其是战国时期，这种权力支配经济的特性更加鲜明，“追逐权力”成为一种被主流意见所认可的社会风尚。这种追逐权力的运动最集中的表现便是“以君主为核心、以军事和官僚为基础的集团的行动”，而君主集权的重要目的便是争夺更多的土地和人民。战国的兼并战争更是直接将天下的最高统治权视作强力争夺的对象。① 在此背景下，韩非子建构的社会亦是一个权力至上的社会。君主将权位的恒久稳固以及因之而来的对臣民的绝对控制视作统治的头等大事；臣僚尤其是重臣无时无刻不在注视着君主的权位，这仍然是渴望绝对化权力的表现。韩非子官僚控制理论旨在使臣僚统统恪尽职守、各司其职，安守臣之本分，保持绝对的服从状态，尤其严禁重臣壅蔽乃至劫杀君主。不过在权力至上的社会，真正的吏治清明状态很难实现。

首先，君主无法禁绝重臣对君主权位的觊觎之心和僭越之举。在君主专制集权体制下任何人一旦占据君主之“位”，那么他就可以拥有“家天下”的资格以及因之而来的无限物欲享受，君主权位因而成为臣民尤其是官僚系统中重臣最欲独占的东西。尤其在较为成熟的君主官僚体制中，官僚系统具有自动运行的特点，即只要官僚获得了来自“上层”的命令，就可以依靠官僚机器自上而下的执行力将其贯彻下去。于是，某个重臣只要他哪怕是一时占据和掌控了权力制高点，那么他就可以将自己的意志伪装成为君主意志来发布命令（挟君主以令臣僚）。君主之位正是那个可以全面操控官僚系统的权力制高点。如若臣下成功夺取君位，那么他就可以名正言顺地使用绝对化的权力了。这正是重臣每每甘愿冒着杀头危险也要壅劫君主的关键原因。通观《韩非子》，韩非子对重臣心理和行为的详尽描述，表明他早已洞悉这一点。

其次，君主无法禁绝臣僚结党营私。韩非子认为君臣之间是你死我活的零和博弈关系，君主必须绝对控制臣僚，否则必被臣僚所制。君臣之间控制与被控制、利用与被利用的关系，也可推衍到韩非子所建构的理想社会中。在韩非子的治世里，在上者严苛责下，在下者则绝对服从，唯有如此，才能保证君主意志和国家法度的有效贯彻，以及君主对社会的有效控制。因此为

---

① 刘泽华：《中国的王权主义》，第2、8—12、31—37页；张金光：《战国秦社会经济形态新探》，第40—41页。

了高效而彻底地贯彻君主意志，在官僚系统内各级官僚在本部门往往拥有对其下属近乎绝对化的权力（否则自上而下的君主命令便无法有效执行），臣僚“向君主负责”势必演变成为“向直接上司负责”，于是在有直接隶属关系的臣僚之间形成了一种“类君臣关系”。[①] 在官僚系统中，官僚往往是一心攀附更大权势者以获取更多权力和利益的“权力攀登者”[②]，而集权体制下臣僚之间的这种类君臣关系势必导致下级官僚对上级官僚产生人身依附（尽管这一再被韩非子明确反对），这恰恰是臣僚结党营私的温床。

再次，君主无法禁绝臣僚的贪污之行。在君主集权社会里，权力越大，地位越高，特权越多，财富亦越多，由“贵”而“富”因而成为最便捷和最高效的谋生方式，追逐权力成为一本万利的政治投资。[③] 官僚上接君而下达民，他们成为国家权力的具体执行者；反过来，君主所授予的权力恰恰成为大大小小的官吏以权谋私的“合法”工具。于是，如何最大程度且更加高效地将“权力”转变成为“财富”成了官僚系统的不替铁律。[④]

最后，君主集权统治下的吏治势必陷入一种恶性循环。君主越强化集权，越加强对官僚系统的控制，就越凸显出“权力”的重要性，越发增加“权力”本身的诱惑力，从而越发刺激臣僚尤其是重臣对“权力”的欲望。于是，君主越是加强对官僚系统的控制，便越是刺激官僚的贪污之心；反之官僚越是贪污，

---

① 王亚南指出地方官僚成为“利用政治权势侵渔人民的小皇帝”；刘泽华、张分田指出君主专制官僚制下的官吏具有主奴组合的双重性格；孟德斯鸠指出，在“下”对“上”绝对服从的专制政体中，人们必须绝对服从长官，于是以贿赂等各种形式谄媚上级成为必然趋势；罗素指出，在专制集权统治下官僚机器中“每一级的人对上级卑躬屈节，对下一级则傲慢专横”。参见王亚南《中国官僚政治研究》，中国社会科学出版社 1981 年版，第 42 页；刘泽华：《中国的王权主义》，第 365 页；叶秀山、王树人总主编，尚杰著：《西方哲学史（学术版）》第 5 卷《启蒙时代的法国哲学》，凤凰出版社、江苏人民出版社 2005 年版，第 166—168 页；［英］罗素：《权力论》，吴友三译，商务印书馆 2012 年版，第 236 页。

② “权力攀登者”是指官僚系统内寻求权力、地位和声望最大化的官僚。参见［美］安东尼·唐斯《官僚制内幕》，郭小陪译，第 75—78 页。

③ 瞿同祖指出，在君主官僚政治下，官僚享有平民无法企及的名望与特权，官僚政治因而是“声望与特权的根源”。阎步克指出，君主集权统治下官员的权势、地位和声望，与其官位和职级密切相关，因而形成了“官本位”的文化氛围和等级秩序。参见瞿同祖《中国阶级结构及其意识形态》，载［美］费正清编《中国的思想与制度》，郭晓兵等译，世界知识出版社 2008 年版，第 263—266、268 页；阎步克：《从爵本位到官本位：秦汉官僚品位结构研究》，生活·读书·新知三联书店 2017 年版，第 37、219 页。

④ 张金光：《战国秦社会经济形态新探》，第 165、494—495 页。

越发刺激君主惩治贪腐的决心，并不断增加官僚控制手段的严密性和残酷性。①

韩非子的官僚控制理论在短期内可以收到些许效果，却无法从根本上实现吏治清明。在权力至上的社会，官僚系统贪污受贿成风并且屡禁不止，甚至出现杀了一批贪官又马上冒出更多贪官的怪异现象，其根本原因在于“特权支配经济”这一社会现实及其配套的政治制度。在专制主义中央集权社会里，“权力在社会分配中可以被看成最一般的等价物”，于是所谓“贪污”就本质而言乃是官吏利用来自君主暂时授予的政治权力及时地、变相地甚至疯狂地捞取更多的经济利益。可官僚的权力本身是极不稳定的，随时可能被君主收回，加之权力本身可以立马变现，因此官僚本着“有权不用，过期作废”的原则，在其任内往往大肆贪占，能多捞就多捞，只要条件许可。②

韩非子强调他是为平庸之主设计治道的，但真正对官僚系统进行有效治理的恰恰是能够保持沉着冷静、节制过甚欲望、做好自我伪装、适时适地娴熟运用宦术的“圣君明主”。退一步讲，即便真有一位君主完全满足韩非子的要求，但在君权世袭时代君位交替之际，“新君”是否能够完全继承“旧君”之法术，则是一个未知数。在韩非子看来，作为储君的太子也是不能窥测君意的，否则便是“奸”。③ 诚如张祥龙先生所言，一旦谙熟法术的父君去世，新君往往无真术可言，这是韩非子术论的“致命盲点”，犹如大树的巨大阴影致使小树苗永远长不大，一旦大树死了，小树苗便无法独立生存。④ 这是君主集权体制下官僚治理的另一悖论。

① 这样就能够解释为什么中国古代历史上腐败和反腐败总是相伴而行，并且随着君主集权程度越高，惩治贪官手段越残酷，却仍未肃清贪腐。王亚南指出一部二十四史是“一部贪污史”，这是颇有道理的。另外在君主集权社会后妃临朝、外戚专擅、宦官专权，既是皇权异化的表征，亦是重臣借权的表现，更是重臣对权力之渴望的表现。参见卜宪群主编《中国历史上的腐败与反腐败》，鹭江出版社 2014 年版；白钢：《中国皇帝》，社会科学文献出版社 2008 年版，第 229—290、305—318 页；王亚南：《中国官僚政治研究》，第 94、97 页。

② 刘泽华：《中国的王权主义》，第 60、96—100 页；王亚南：《中国官僚政治研究》，第 45 页；赵汀阳：《坏世界研究：作为第一哲学的政治哲学》，中国人民大学出版社 2009 年版，第 163 页。

③ 《韩非子》之《备内》《亡征》，第 83—84、80 页。

④ 张祥龙：《拒秦兴汉和应对佛教的儒家哲学》，第 29 页。

第六章　韩非子的“因人情”及其治道指向

无论是基于法度的社会控制，还是依靠法术的官僚控制，均是对“人”的控制。在先秦诸子中法家和黄老道家最为重视人的趋利避害本性，并从不同侧面论证了君主如何利用人的这一本能反应来实现高效的集权统治。在此基础上，韩非子提出了“凡治天下，必因人情”，系统地阐述了“人情”与国家治理之间复杂而深刻的内在联系。不少学者注意到有关“人”的认识是一种思想最为关键的内容。唐君毅指出，“韩非子之言虽要在论政，然其论政，乃本于其对人生文化社会政治，有一基本之看法与态度”，而对人生文化社会政治的基本看法最终归结于他对人之自利心的认识。① 王邦雄指出，先秦诸子的人性论是其政治哲学的根本前提，他们的人性论决定了各自政治思想的“大方向”②。蒋重跃认为：“从某种意义上说，对人或人性的认识决定着一个社会或政治思想体系的基本倾向和理论深度。”③ 可见，需要高度重视思想家对“人”的认识在其思想系统中举足轻重的作用。在学界基础上，本章进一步探讨韩非子的“因人情”与治理理论建构的内在联系，以说明对“人情”的控驭是韩非子治道思想最切实的着力点。

“性”本字是“生”，在先秦语境中有两层含义，一是指生来如此的本性，比如《荀子·正名》所言“生之所以然者，谓之性”。即是此意。二是滋长之意，比如《荀子·王制》所言“草木有生而无知”，杨注云“生谓滋长”。即是此意。蒋重跃对此指出，“性”包含“生”和“长”两方面的意涵，“生”说明事物有相当的稳定性，“长”则说明事物终究是有变化的。④

① 唐君毅：《中国哲学原论（原道篇）》，第287页。

② 王邦雄：《韩非子的哲学》，第103页。

③ 蒋重跃：《韩非子的政治思想》，第127页。

④ 蒋重跃：《先秦两汉学术思想蠡测》，第193页。

正因如此，先秦时代的思想家论“人性”时往往既重视人之生来如此的实然状态，又强调以他律或自律方式涵养人性、改造人性，以臻于某种理想状态。约略而言，孔孟儒家重视以内省和自律方式来涵养仁德之性，法家诸子则重视以他律方式将自私自利之人塑造成为合乎君主和国家之大利的“公民”①。先秦时代“性”“情”往往互用，尽管二者有别，却有一个共同点，即“性”“情”均有质实、情态之意。比如《庄子·马蹄》篇云：“性，生之质也。”这里的“质”与“文”相比，具有朴实、质实之义。《庄子·人间世》篇谓：“吾未至乎事之情。”王先谦注：“情，实也。”可见，“性”“情”在表达性质、质实的意义上有相通处。② 在此背景下，韩非子每每以“情”论“人”，所谓“人情”是指人趋利避害的真实情态。在王晓波、韩东育等前辈学者的基础上，笔者将韩非子的“人性论”称作“人情论”，不过对人情论的阐释却与几位学者不尽相同。

不少学者认为韩非子是性恶论者③，还有学者认为韩非子主张人性好利论④、人情好利论⑤、自然人性论⑥或中性论⑦，另有学者指出韩非子虽无明确的“性恶”表述，却对人性的黑暗面和危险面看得颇深，故而认为韩非子具有“性恶意识”⑧。上述观点的共同之处是均注意到，韩非子将人的趋利避害视为一个客观事实，即“人情者有好恶”，然而仍有一些值得进一步探讨的重要问题，比如：（1）“人情”好利被韩非子着重强调，但这是否意味着韩非子视“人的本质即是好利”，换言之，韩非子是否有关于“人的本质是什么”即“人之为人”的探讨？（2）韩非子对所有人的人情真如他自己所言等同视之了吗？进言之，韩非子对“君”与“臣民”之人情是否给予了相同观照

---

① 《韩非子·五蠹》：“公民少而私人众。”这里的“公民”是指完全遵守君主法度，将一切言行悉数调整到合乎君利的臣民。

② 蒋重跃：《先秦两汉学术思想蠡测》，第 201 页。

③ 持这一说法的学者有梁启超、郭沫若、熊十力、徐复观、冯友兰、萧公权、韦政通、刘家和、蒋重跃、葛兆光等先生。

④ 持这一说法的有侯外庐、张申、朱伯崑、张纯、王晓波、王邦雄、刘泽华等先生。

⑤ 韩东育：《日本近世新法家研究》，第 321 页。

⑥ 林义正：《先秦法家人性论之研究》，载台湾大学哲学系编《中国人性论》，台北：东大图书有限公司 1990 年版，第 92—104 页。

⑦ 高柏园：《韩非哲学研究》，第 78 页。

⑧ 颜世安：《荀子、韩非、庄子性恶意识初议》，《南京大学学报》2010 年第 2 期。

呢？（3）韩非子主张“凡治天下，必因人情”，赏罚二柄正立足于人情之“好恶”，可是韩非子的治道设计真的“因人情”了吗？

出于论证某种治道和设计相应君道的目的，先秦诸子每每预设某种人性论，并通过人兽之辨的方式来表达关于“人之为人”的认识。[①] 韩非子对人未做先验预设而只是颇为现实地聚焦于人皆好利恶害这一真实情态，这一情态实乃人的本能反应。由儒道对人兽之辨的省思来反观韩非子人情论可知，韩非子俨然无视人之为人的根本问题而将人“兽化”，可儒道恰恰将人之为人的内容视为根本之“人情”。韩非之所以“同人兽”[②]，是因为只有将所有臣民兽化并予以制度化管制，才能最大限度地顺应/迎合君主；为了尽可能地满足君主人情，便只能看低、压低臣民的人情。[③] 质言之，视“人”为“兽”是韩非子人情论的逻辑始点，满足君主人情则是其最终归宿。

为了实现这一“理想”，韩非子便对君主和臣民的人情给予完全不同的观照，表现为对所有臣民“因人情”而治只是控御和利用臣民的本能“人情”以达到君主的统治目的。质言之，臣民只是手段，君主才是目的。在韩非子构绘的政治图景里，外物诱惑成为所有人唯一的追逐对象——臣民被诱导于君主所确定的功名利禄，君主则迷心于权力欲在内的一切物欲享受——人在“制造欲望”“利用欲望”和“实现欲望”中徘徊和挣扎，反之“人之为人”的根本“人情”却被摈除于人之“心”。职是之故，韩非子的“因人情”，看似“顺人情”，实则“逆人情”——逆了所有人的根本人情。

第一节　不以“人之为人”为内涵的“人情”

韩非子认为欲利之心是人出于生存和生活之基本需求的本能反应，“人无

---

① 参见张岱年《中国伦理思想研究》，《张岱年全集》第3卷，第550—576页。

② 韩东育：《诸子的人兽理论与学说分合》，《东北师大学报》1989年第6期。

③ 在韩非子那里，人被划分成两类：一类是君，另一类是君以外的所有人。从广义讲，君以外的所有人皆是君之臣；从狭义上言，臣是与君有直接行政交往的官吏及其君身边的其他所有人，民则是国家最基层的从事生产的广大民众。笔者取狭义上的划分方式，虽然这一广义和狭义划分是相对的甚至是模糊的。已有学者注意到韩非对“人”的认识是有区别的，相关讨论参见梁启超《先秦政治思想史》，《梁启超全集》第12卷，第3678页；王世琯：《韩非子研究》，第86页；颜世安：《荀子、韩非、庄子性恶意识初议》，《南京大学学报》2010年第2期。

毛羽，不衣则不犯寒；上不属天而下不著地，以肠胃为根本，不食则不能活；是以不免于欲利之心”①，乃至一切人际关系及社会行为均体现出一个“利”字②。最令人吃惊不已的是父母子女之间的关系亦被视为有利害之考量，因为“虑其后便，计之长利”而“产男则相贺，产女则杀之”③。韩非子从利害角度看待父母与子女的关系，当然不是为了否定至亲至爱的血缘关系，令人大可不必以常识来反问和置疑。事实上，韩非子是将“人”置于政治场域之中来审视的，同样，父母与子女的关系亦不例外。兼具政治家身份的法家，将三晋和郑卫之地颇为盛行的“官术”予以整理、组织、推演和敷陈，作为法家集大成者的韩非子又是“韩之诸公子”，故而他对宫廷内的种种政治斗争（比如父杀子、子弑父、君杀妻妾等）并不陌生。《奸劫弑臣》篇便载春申君受宠妾之欺骗而杀其子的宫廷斗争一事，韩非子便据此指出“父之爱子也，犹可以毁而害也”。由此可见，韩非子着重强调父母与子女之间有利害考量实有特定的现实基础和政治指向，意在说明在政治生活尤其是权力斗争场中，即便是至亲至爱之间亦免不了利益算计和权力较量。这种以天然血亲关系中有利益计算来论证人皆好利当然最为极端，但这一论证恰恰颇具说服力，韩非子便指出：“父母之于子也，犹用计算之心以相待也，而况无父子之泽乎？”④ 韩非子通过说明人之好利这一实情，旨在论证君主以外的所有人和君主之间的关系实质上只是一种利益交换，所谓“君臣之交计也”⑤——通观《韩非子》，这里的“臣”完全可以换作“君主以外的所有人”。在韩非子的视域内，人“皆挟自为心”⑥，“夫安利者就之，危害者去之，此人之情也”⑦。综上可知，韩非子人情论是指人在处理人己物我关系时均有利益考虑，在此基础上才有相应的行为抉择。

韩非子人情论当然有前期法家和黄老道家的思想背景，不过笔者在这里要着重分疏韩非子对先秦性情论的取舍，以揭橥韩非子人情论实乃对先秦性

① 《韩非子·解老》，第106—107页。
② 《韩非子》之《备内》《说林下》，第83—84、137页。
③ 《韩非子·六反》，第319页。
④ 《韩非子·六反》，第319页。
⑤ 《韩非子·饰邪》，第93页。
⑥ 《韩非子·外储说左上》，第205页。
⑦ 《韩非子·奸劫弑臣》，第69页。

情论的“窄化”和“修正”，尤其是韩非子去除了先秦性情论中“人之为人”的根本人情。

先秦时代虽然“性”“情”每每互用、连用，但二者仍然有别。性本字是生，甲骨文作，本指植物生于地；情本字是青，甲骨文作，指植物颜色之显现。由二者本字即可看出其大致指向：在论人时，性主“内”，情则主“外”。郭店楚简《性自命出》《语丛二》、上博简《性情论》较早有意识地将情性分开[①]，荀子进一步指出：“不事而自然谓之性。性之好恶、喜怒、哀乐谓之情。……性者、天之就也；情者、性之质也；欲者、情之应也。”[②]《礼记·礼运》亦云：“何谓人情？喜、怒、哀、惧、爱、恶、欲，七者弗学而能。”由此可见，性情皆乃人生而俱有者，只是相对性而言，情主要指从性处流露出来的种种感情、情绪、感受及其相应的行为表征。进言之，性难以视、难以知，情可观、可感。韩非子每每以“情”论人[③]，大概正因“情”可“参验”[④]。由此可知，被韩非子强调的“好恶”之“情”实乃“情”之一部分，亦即韩非子将先秦多面向的人情缩小为“好恶”之人情。即便就好恶而言，所好所恶者亦不全然胶着于实实在在的“利”，比如孔子便指出“唯仁者能好人，能恶人”[⑤]。韩非子将人情之好恶缩小为对“利害”的好恶，这是对先秦性情论的重要修正。

先秦性情论尚有“人之为人”的内涵，这是问题的关键所在。晁福林指出，黄帝时代是“人”走出“自然”的标志，三代是“人”隐于“族”的时代，春秋以降人作为“万物之灵”的观念逐渐成为思想家们关注的焦点之一。春秋战国时代思想家们认为人有三种特质：一为人具有自由之思想，二为人是有组织的社会群体中的动物，三是人有善端。其中，人具有思想自由是人之所以为人的核心内涵。[⑥] 晁先生的这一解读极富启发意义，春秋战国时代对

① 武汉大学简帛研究中心、荆门市博物馆编著：《楚地出土战国简册合集·郭店楚墓竹书》，第99—100、152页；马承源主编：《上海博物馆藏战国楚竹书（一）》，第228页。

② 《荀子·正名》，第274、284页。

③ 韩非罕言“性”，比如“子母之性，爱也”（《八说》）、“夫智，性也”（《显学》）云者，其中的“性”其实即是“天”，比如“聪明睿智，天也”（《解老》）。

④ 《韩非子·显学》，第351页。

⑤ 《论语·里仁》，第75页。“仁者”的“好恶”是一种合乎“义”的价值判断，是对“普遍义之肯定与否定”而言。参见劳思光《新编中国哲学史》第1册，第91页。

⑥ 晁福林：《天命与彝伦：先秦社会思想探研》，北京师范大学出版社2012年版，第320—338页。

“人”的深入思考往往与思想家思索其他问题的深度密切相关。约略而言，先秦诸子多是从对“人”的认识出发，提出相应治道理论的。这其中，儒家和道家有关人之为人的认识最能够反衬出韩非子人情论的不足之处。孔子及早期儒家“仁”“情”密不可分，乃至于将“内在情感视为秩序终极基础”。[①]《孟子·告子上》载孟子言曰：“乃若其情，则可以为善矣，乃所谓善也。若夫为不善，非才之罪也。恻隐之心，人皆有之；羞恶之心，人皆有之；恭敬之心，人皆有之；是非之心，人皆有之。”该段段首，孟子明言“情”。人依照天生之“情”便“可以为善”，“我固有”的“仁义礼智”之诸“情”正是“道德的基本”[②]，此“情”亦即孟子所言之“性”。言“情”颇多的《性自命出》和《性情论》所言之情除了人的自然欲求外，尚有人之精神、价值和道德等面向的追求。[③] 正是将“情”聚焦于精神层面而非本能欲望，儒家便主张“礼作于情”、礼“顺人情”。[④] 再比如，庄子追求以“法天贵真”为本质的“情”，[⑤] 主张以“道”为参照和依归的对本真情感的率性而行[⑥]。

儒家和道家通过对人之为人的省思，进而试图对“人”“兽”做出甄别。在儒家和道家看来，人兽之别的关键在于，人可以“超越”本能欲望，从而有更高的关于生命之意义、价值和境界的追寻。孔子认为合乎“义”的“富贵”才值得君子去追求，“仁”之德是界定人是否与“鸟兽同群”的关键所在。[⑦] 孟子视人的本能之欲只是“小体”，“养”小体者乃“小人”，人所内蕴

---

① 参见王博《中国儒学史（先秦卷）》，第179—184页。

② 张岱年：《中国哲学大纲》，中国社会科学出版社1982年版，第470页。

③ 陈丽桂：《近四十年出土简帛文献思想研究》，中华书局2015年版，第176—179、303—310页；王中江：《简帛文明与古代思想世界》，北京大学出版社2011年版，第188—209页。

④ 《性自命出》：“礼作于情。”《礼记·礼运》：“故礼义也者，人之大端也。……所以达天道，顺人情之大窦也。”《礼记·丧服四制》：“凡礼之大体，体天地，法四时，则阴阳，顺人情，故谓之礼。”另外荀子的“人情”“人性”亦即“人欲”（徐复观：《中国人性论史·先秦篇》，第211页），这一点与法家（包括韩非子）相似，但是荀子主张以“礼”节“情”，因而毕竟属于儒家。日本学者佐藤将之认为韩非与荀子在人性论上差别不小，并据此推测韩非至少在人性论上并未“师”荀子。参见［日］佐藤将之《荀子礼治思想的渊源与战国诸子之研究》，台北：台湾大学出版中心2013年版，第237—260页。

⑤ 陈鼓应：《庄子今注今译》，第875页。

⑥ 王志楣：《道是无情却有情》，载陈鼓应主编《道家文化研究》第25辑，生活·读书·新知三联书店2010年版，第77—107页。

⑦ 《论语》之《里仁》《述而》《微子》，第76、143、393页。

的仁义礼智“四端”才是“人之所以异于禽兽者”。[①] 荀子认为“人之所以为人者”“以其有辨也”，所谓“辨”者指圣人制定的用于节制本能之“欲”的“礼”“义”。[②] 道家的精神境界更高，老子所言之“圣人为腹不为目”实际指向圣人超越生理本能的精神升华[③]，庄子“独与天地精神往来”的“逍遥”之境当然不是本能欲望的结果，而是精神超越的展现[④]。显然，道家和儒家希望人成为本能欲望的“主人”而不是相反。

韩非子却缺少关于“人之为人”的解答。与儒道相比，韩非子将“人”视作一种需要组织和管理的“政治动物”[⑤]，坚决反对臣民有思想自由，禁止他们在君法以外有任何的行动自由，主张臣民必须处于君主的绝对控制中。尽管《显学》篇谓“夫智，性也”，《解老》篇云“聪明睿智，天也”——这表明韩非子认为人心有向善的可能[⑥]，但本书所聚焦的是，在韩非子的治道设计中，人并未被真正当“人”看，而是作为君主统治的工具。正是在这一意义上，我们认为“人”俨然被“兽化”。[⑦] 由于无视“人之为人”的根本人情，只关注人兽共有的原欲，韩非子俨然将“人”“兽”之别的界域涤荡而平，视“人”为“兽”（详后）。

韩非子是否认为人在本质上只是好利的动物呢？这是接下来无法回避的问题，对于这一问题学界亦未充分关注。韩非子主张“人情者有好恶”而不是“人情者即好恶”，这透露出他并不认为人情之“全部”即是趋利避害的本能反应。值得关注的是，除趋利避害的人情以外，韩非子亦认为人间尚有

---

① 《孟子》之《离娄下》《告子上》，第334、461页。

② 《荀子·非相》，第50页。

③ 乔健：《论老子的“精英意识”》，《文史哲》2012年第5期。

④ 陈鼓应：《庄子今注今译》，第3、939页。

⑤ 晁福林指出先秦时代有关“人”的认识的重要内容之一，是将人视作有组织的社会群体中的动物（晁福林：《天命与彝伦：先秦社会思想探研》，第337页）。在这一点上，韩非对“人”的认识无疑超越了春秋以前的时代，但是韩非又将“人”完全囚禁于君主的集权统治世界里。

⑥ 参见蒋重跃《韩非子的政治思想》，第136页；袁信爱：《先秦人学研究》，新北：花木兰文化出版社2011年版，第171页。

⑦ 刘泽华指出在法家看来法律制度是人与禽兽的差别，另一方面又指出法家的臣民相当于“会说话的工具”。正是在此意义上，我们认为韩非俨然将人予以兽化。张荣明指出：“法家认为无所谓人性，人性就是兽性。”“法家认为人是为了利益而厮杀的动物，社会是人与人厮杀的战场。”“法家学说的特质是：强调人的动物性，张扬个人利益，追求政治效率，强调富国强兵。一言以蔽之：重物不重人。”刘泽华：《中国政治思想史集》第3卷《王权主义和思想与社会》，第93、187页；张荣明：《中华国学》，第79、82、90页。

真爱，至少在父母与子女之间是如此（虽然韩非认为父母与子女间仍有利益算计）：“爱子者慈于子……慈母之于弱子也，务致其福”①；“人之情莫不爱其子”②；“父母之所以求于子也，动作则欲其安利也，行身则欲其远罪也”③；“子母之性，爱也”④；“人之情性，莫先于父母”⑤。可见，韩非子并未全然将人等同于动物。关键在于，在韩非子政治思想系统中，这种人间真爱从来不具有“目的”的意义，正如韩非在“父母之所以求于子也，动作则欲其安利也，行身则欲其远罪也”之后，紧接着便说“君上之于民也，有难则用其死，安平则尽其力”；在“子母之性，爱也”之后紧接着说“臣主之权，策也”；在“慈于子者不敢绝衣食”之后紧接着说“慈于身者不敢离法度”；在“人之情性，莫先于父母”之后紧接着说“见爱而未必治也”。“务为治”始终是韩非子治道思想的中心课题，韩非子在内的法家从来认为“亲亲”之“爱”无助于人君之“治”，尤其不合乎“当今”的“大争之世”，⑥ 而人之趋利避害的真实情态恰恰成为君主实施统治可资利用的天然因素。进言之，韩非子为了论证他所期待的理想的“必然之道”便不得不将人性中趋利避害的部分予以特别强调和凸显。如若人们不趋利避害，那么法家构建的“法治”体系亦将失去效用。法治之“赏罚”之所以有效，所依凭的正是这一趋利避害的人情。韩非子对此有清醒的认识。一方面，韩非子反对血缘亲情对君主统治的干扰，因为一旦囿于亲情之爱，那无异于说臣民在君法之外有其他行动的可能。《六反》篇指出“母之爱子也倍父”，“母积爱而令穷”，亲情的控制力极小，然而“吏威严而民听从”，君主的臣僚却能够以威严之势使得民众马上听从。鉴于此，为了实现“君上之于民也，有难则用其死，安平则尽其力”，君主便需要有意将私情之“爱”排除于政治之外，即明主“不养恩爱之心而增威严之势”。进言之，人们对君主严令峻法的惧怕之心要压倒血缘亲情之爱，个人之私情皆被严禁于君之“公门”⑦ 以外。另一方面，韩非子颇为反

---

① 《韩非子·解老》，第 111 页。
② 《韩非子·十过》，第 51 页。
③ 《韩非子·六反》，第 320 页。
④ 《韩非子·八说》，第 328 页。
⑤ 《韩非子·五蠹》，第 342 页。
⑥ 《韩非子·八说》，第 326—327 页。
⑦ 《韩非子·外储说左下》，第 229 页。

感那些不被君主赏罚所动的人，乃至于将这些人视作“无益之臣”和“无用之人”。[1] 韩非子所追寻的政治理想乃是一种使天下之人不得不“为君”的必然之道，这一必然之道以国家法度为重要象征，故而韩非子极力反对悖于国法的任何言行。可是一俟一切人皆以君法为唯一的行动标杆和价值信仰，那便意味着所有人不得不抛弃“人之为人”的终极关切。这正是韩非子将先秦性情论予以窄化的政治逻辑，亦是很多学者注意到韩非子将（儒家的）“道德”摈除于“政治”之外的关键所在。

虽然人的本能反应被韩非子刻意强调，但是通观《韩非子》，只能得出“人好利乃一事实”而非“人的本质是好利”。“人好利乃事实”与“人的本质即好利”，是两个颇为相似且有重合却不同质的表述。韩非子对“文学”（即今之“学术”）之士等“私学”的坚决禁止，反衬出韩非子显然认识到人有精神层面的追求。不妨做一假设，如若使韩非子在精神追求和利益追求二者之间进行选择何者才是“人之为人”的内涵，他定然会选择精神追求。如果不做出这样的推理，那便太低估古人了——作为一位大思想家的韩非子不大可能认为“人本质上是好利的动物”。[2] 进言之，韩非子根本不打算“全面”地考量“人”，只是将人情的本能方面予以特别强调（旨在建构其治道学说）。在“道术”“为天下裂”之后，作为“一曲之士”的诸子每每“多得一察焉以自好”，[3] 或“各引一端，崇其所善”[4]，“人之为人”的问题完全有可能不在韩非子“所引之端”的视域内。反之，如若预设韩非子视好利恶害是人之本质的话，那么即便在“上古”，以好利为本质的人仍然会“争”、天下仍会“乱”，不必等到“当今”，这显然与韩非子认为“当今”“民争”而“古者”“民不争”的表述构成矛盾。[5] 如若承认人的本质不会因为时间变化

① 《韩非子》之《奸劫弑臣》《六反》《五蠹》《显学》《忠孝》，第 76、318、347、353、361 页。

② 詹康指出，《韩非子》一书有三种人性观，分别是自我至上的放肆利己观、在礼法规范下求利的审慎利己观以及追求美善与利他的高贵利己观，韩非的目的是将放肆利己观和高贵利己观通过法律引导至审慎利己观。参见詹康《韩非论人新说》，《政治与社会哲学评论》2008 年第 26 期。这也从一个侧面证明韩非并不认为“人本质上是好利的动物”。不过詹康似乎夸大了“追求美善与利他的高贵利己观”在韩非学说中的重要性。

③ 陈鼓应：《庄子今注今译》，第 909 页。

④ 《汉书·艺文志》，第 1746 页。

⑤ 《韩非子》之《八说》《五蠹》，第 326—327、339 页。

而变化（变化的只是人之本质所展现者），那么合情合理的解释大概是，韩非子“有意”无视“人之为人”的问题，将这一问题束之高阁。冯友兰和李增注意到韩非子没有关于“人之为人”的讨论。冯友兰在《中国哲学史新编试稿》中指出“韩非没有提出抽象的人性论”，在《中国哲学史新编》中甚至没有专门讨论韩非子的“人性论”，只是以“韩非论他所认为的人的社会关系的实质”作为标题来讨论韩非对人的认识。① 笔者以为，冯友兰已注意到韩非并无“人之为人”的观照，却未明说。高柏园进一步指出：“韩非之所以将人性中诸多内容抽离，并不表示对人性其他内容之无知，而是基于简易实用之要求，由是而将人性归约为一趋利避害之简单内容。”② 李增则明确指出：“韩非所说的‘民之性’、‘人情’应当解释为‘人之欲求之倾向实情’，其意义着重人的性向之描述，而不是要表述人的本质是什么。”③ 这一论断与本书论旨相映成趣。

韩非子只聚焦于人的本能人情，与当时“贵诈力而贱仁义”④ 的世风颇为一致。战国时代列国国君及卿大夫们热衷于攻城略地、广土众民和建功立业等政治伟业。只要有“利”可图便可进行对外攻伐之事⑤，这成为“国际”关系的最大准则。士人们不甘于“卑贱”和“穷困”，⑥ 汲汲于名利，游走于列国以求受用，每每“以是为非，以非为是”⑦，积极为国君们进献“尊主广地强兵之计”⑧，其中甚至不乏“杀妻以求将”⑨ 者。这是一个“天下以市道交”⑩ 的时代，“富贵多士，贫贱寡友”⑪。有权有势之时朋友甚多，一旦失去权势朋友即散，所谓“富贵则就之，贫贱则去之”⑫。“一饭之德必偿，睚眦

---

① 参见冯友兰《中国哲学史新编试稿》，《三松堂全集》第 7 卷，河南人民出版社 2000 年版，第 543 页；冯友兰：《中国哲学史新编》上卷，第 583 页。

② 高柏园：《韩非哲学研究》，第 74 页。

③ 李增：《先秦法家哲学思想》，第 178 页。

④ 《史记·平准书》，第 1442 页。

⑤ 《战国策·西周策》，第 54—55 页。

⑥ 《史记·李斯列传》，第 5520 页。

⑦ 《史记·张仪列传》，第 4823 页。

⑧ 《史记·苏秦列传》，第 4703 页。

⑨ 《史记·孙子吴起列传》，第 4504 页。

⑩ 《史记·廉颇蔺相如列传》，第 5289 页。

⑪ 《史记·孟尝君列传》，第 5032 页。

⑫ 《战国策·齐策四》，第 317 页。

之怨必报”[①] 成为当时人们不言自明的世理，甚至于有人发出如是感慨：“贫穷则父母不子，富贵则亲戚畏惧。人生世上，势位富贵，盖可忽乎哉!”[②] 总之，“利益”以及与之密切相关的“权势”“实力”，成为战国时代所有人际关系的首要原则，各种名目的利害得失成为人们关注的首要对象，政治人物亦每每只论利之得失而鲜及其他。韩非子人情论与这一逐利之世风颇为契合，然而“存在”并不意味着“合理”，“现实”并不意味着“可欲”。这种对现实的顺应/迎合，恰恰显示出韩非子乃至法家学说的现实性而非超越性。

第二节 “因人情”与“人”的工具化

诸子对“人”的认识旨在论证某种治道方案，韩非子亦不例外。韩非子认为“法通乎人情，关乎治理也”[③]，进而指出“凡治天下，必因人情。人情者，有好恶，故赏罚可用；赏罚可用，则禁令可立而治道具矣。”[④]。这可视为法家“法治”学说的总纲领。这里的关键是有关“因人情”的问题。需要注意的是，“凡治天下，必因人情”是《韩非子·八经》篇所载治国之“八经”的第一经。陈启天指出：“凡理法之不可易者，通称曰经。又凡以经名者，皆词约而义博。八经之得名，以本篇所言有八术，为人君治国所不可易者。”[⑤] 由此可见“因人情”在韩非子治道思想中的重要性。“因”在先秦文献中有两方面的含义：一是因循和随顺之义，二是依靠和凭借之义。[⑥] 在黄老道家那里“因”尤其占据极为重要的位置，《管子·心术上》云：“因也者，无益无损也。”“因也者，舍己而以物为法者也。”所谓“因”是指君主在治国理政过程中，避免掺杂个人的主观臆断，按照客观规律来治国理政。[⑦] 黄老道家以及不少法家士人洞悉，趋利避害的“人情”正是君主在治国理政中需要加以因循的一种“规律”。在此意义

① 《史记·范雎蔡泽列传》，第 5185 页。

② 《战国策·秦策一》，第 64—70 页。

③ 《韩非子·制分》，第 367 页。

④ 《韩非子·八经》，第 330 页。

⑤ 陈启天：《增订韩非子校释》，第 150 页。

⑥ 参见王威威《韩非思想研究：以黄老为本》，第 116 页。

⑦ 陈丽桂：《战国时期的黄老思想》，第 106、137 页；陈鼓应：《黄帝四经今注今译》，第 214 页；王晓波：《道与法：法家思想和黄老哲学解析》，第 267、299 页。

上，“因人情”而治的治道思想是一个极具包容性的哲学思考。因为如果为政者真正能够因循和随顺“人情”，彻底认同社会成员的自主自为，并为这种自主自为提供相应的制度保障，那么这样的社会虽不一定“最好”（人类生活之“好”并无极限），却不至于太坏。在这样的社会里，人们不仅可以追求“好”的物质生活，还可以追寻有关人之为人的精神生活。然而，由于韩非子有意无视“人之为人”的根本人情，其“因人情”实际上是“用人情”而已——即“利用”[①] 臣民的本能人情以达到君主统治的目的，最终韩非子的治道设计在本质上而成为“逆人情”。有学者指出“韩非从人性无善无恶的前提中引出了贵因而忌逆的结论”[②]，还有学者指出“韩非所理解的人性是没有可塑性的”[③]，这两种说法在学界颇具代表性，却有商榷余地。在韩非子那里，君主通过“因人情”试图将所有臣民“塑造”成为只对君主一人“有用”的人，于是“因人情”和“逆人情”实为一事之两面。

对臣而言，君主提供“富贵”和“爵禄”，臣下出于追逐名利的本能欲求，以“忠心”事君并服务于君主“霸业”。[④]“臣尽死力以与君市，君垂爵禄以与臣市”[⑤]、“主卖官爵，臣卖智力”[⑥] 云者，盖是之谓。初看来，君臣关系是平等的交换关系，君主提供职位和俸禄，臣僚则供事某职从而获取相应报酬。但此种君臣关系其实是绝对的主从关系，乃至于只是一种人对禽兽的驯服关系：“夫驯乌者断其下翎，则必恃人而食，焉得不驯乎？夫明主畜臣亦然，令臣不得不利君之禄，不得无服上之名”[⑦]；“若如臣者，犹兽鹿也，唯荐草而就”[⑧]。这里尤其值得玩味的是“不得不”一词，该词透显出君主以功名利禄作为手段来诱使进而支配臣下的必然性。臣下被君主驯服因而绝对地尊君服上、替君办事几乎成为职事之全部——顺于君者，加官晋爵；逆于君

① 卢瑞钟：《韩非子政治思想新探》，第105—113页；高柏园：《韩非哲学研究》，台北：第92、72页；冯达文、郭齐勇：《新编中国哲学史》上卷，人民出版社2004年版，第196—198页。

② 谷方：《韩非子与中国文化》，第309页。

③ 周炽成：《荀韩：人性论与社会历史哲学》，中山大学出版社2009年版，第80—89页。

④ 《韩非子·六反》，第319—320页。

⑤ 《韩非子·难一》，第269页。

⑥ 《韩非子·外储说右下》，第255页。

⑦ 《韩非子·外储说右上》，第238页。

⑧ 《韩非子·内储说上》，第170页。另外《管子·七法》谓：“养人如养六畜。”在将臣民予以工具化这一点上，法家是相通的。

者，必将受到严惩（降级、罢官甚至“赐死”）。臣下只是单方面顺从君主、代理君主统治国家而已，所谓“北面委质，无有二心”[1] 是也。君臣之间并不存在学者所言的“合作”[2] 关系，因为承认合作之事至少应当以双方地位平等为前提。

对民而言，农民与战士被视为对君主及其霸业最为有用的两类人。韩非子深信“利之所在民归之，名之所彰士死之”[3]，因而“设民所欲以求其功，故为爵禄以劝之；设民所恶以禁其奸，故为刑罚以威之”[4]，使民众在农战之中得到功名利禄的实惠，对无益于农战者则统统给予重罚。为了实现赏罚的绝对有效性，“法”要“易知”“易行”且稳定[5]，使法度成为民众唯一的价值观乃至无可置疑的信仰。所谓“明主之国，无书简之文，以法为教”[6]，本质上是君主将民心悉数挖空而以君心填之，是君主对民众的一种思想控制。[7] 正是由于对“有用”的绝对性诱导和对“无用”的绝对性挞伐，民众被塑造成千人一面式的人，社会生活只以农战为唯一主题而无有遁出此主题者。

所有臣民只能够以君心为心，一切不能或不愿唯君是从者皆被视为无益之蠹虫。徐复观指出，在法家世界里“臣与民不是人格的存在，而只是绝对者的工具”[8]，一语切中韩非子臣民观的本质。将所有臣民予以工具化，通过赏罚二柄制服之，这便是韩非子“因人情”的实质。

通过“因人情”而强制性地使臣民不得不顺从君主之所以可能，重要的原因是战国时代臣民均受着君主/国家的直接控制。对臣而言，他们的职位和爵禄是君主/国家给予的；对民而言，当时最主要的生产资料——土地是国有的，春秋晚期以降渐次施行的严格的户籍管理制度使民众变为编户齐民，关乎民众生计的一切几乎均处于君主/国家的全面掌控之中。正是由于君主掌控

① 《韩非子·有度》，第 23 页。

② 张纯、王晓波：《韩非子思想的历史研究》，第 78 页。

③ 《韩非子·外储说左上》，第 196 页。

④ 《韩非子·难一》，第 267 页。

⑤ 《韩非子·用人》，第 153 页。

⑥ 《韩非子·五蠹》，第 347 页。

⑦ 法家的“以法为教”思想在秦以降的皇权专制社会里得到了很好的实践，参见李振宏《秦至清皇权专制社会说的思想史论证》，《清华大学学报》2016 年第 4 期。

⑧ 徐复观：《两汉思想史》第 1 卷，第 67 页。另外郭沫若、费孝通、牟宗三等亦指出法家之臣是君主的统治工具。

了臣民们生存、生活和发展的所有可能路向，君主便可以名利为诱饵、以重罚为惩戒来掌控所有臣民，使臣民们不得不对君主俯首帖耳。毕竟，功名利禄对于多数人而言并非坏事，能够获得更多、更长久功名利禄的不二法门便是绝对顺从君主。

通过“因人情”来控制民众，这不仅是法家的理想设计，而且是春秋末期以降列国政治改革的重要趋势。从施行法家思想最力的秦来看，自商鞅变法之后秦普遍施行军功爵制，尤其是爵制中最低四等爵制的主要授予对象乃平民，国家对基层民众控制得更紧了。朱绍侯指出：“当统治者没有正当理由去动员群众参加战争的时候，用军功爵赏作为刺激因素，要比单纯用强制手段迫使人民去卖命，会收到较好的效果。”① 这可谓道出了君之“因人情”而赐爵的实质。不过韩非子早已深晓个中道理，并坦言：“夫上所以陈良田大宅，设爵禄，所以易民死命也。”② “易民死命”正是统治者“因人情”的要义所在。这亦有现实例证，《史记·白起王翦列传》载长平之战中，秦昭王见战事陷入僵局，故而亲自至临近长平的河内地区督战。秦王选择以“赐爵”方式来鼓舞士气，同时征发河内地区十五岁以上的男子悉数开赴前线。正是通过赐爵以“易民死命”，助推了秦大败赵于长平。显然，秦统治者深谙法家“因人情”之论。大概，这是秦在商鞅变法之后快速“富强”（与民之福祉无涉的“富强”）的重要原因。

通过“因人情”从而“抟”全国之“力”于君主一处，以求在争于气力的大争之世求生存和争霸业，便是法家的“必然之道”。对此，牟宗三指出在春秋战国时代“能切当时问题的只有法家”，“法家的工作是顺着历史、时代的发展而进行”。③ 类似观点还有，法家“法治主义”虽然“最为后起，而最适于国家的治术”④、“法家是古中国学说之最进步者”、最为合乎战国之时势、“切于东周事势”、“很切实际”云云⑤，不一而足。但是，法家真的“切

① 朱绍侯：《军功爵制考论》，第 22 页。另外秦所施行的等级爵制除了军功爵制，尚有其他方式。

② 《韩非子·显学》，第 353 页。

③ 牟宗三：《中国哲学十九讲》，《牟宗三先生全集》第 29 册，第 156、199 页。

④ 梁启超：《中国法理学发达史论》，《梁启超全集》第 5 卷，第 1280 页。

⑤ 常乃悳：《中国思想小史》，上海古籍出版社 2014 年版，第 42 页；吕思勉：《先秦史》，上海古籍出版社 2005 年版，第 440 页；雷海宗：《中国文化与中国的兵》，第 149 页。

中战国的时代问题”了吗？进言之，法家切中战国时代“谁的实际”以及“什么问题”？分疏这一系列问题，对于进一步厘清韩非子“因人情”为何是“逆人情”，颇为关键。

战国无疑是一个盛行丛林法则的时代，列国统治者犹如“赌徒”一般[①]，贵族精神尽失，诚信阙如，只剩下“趋谋诈”[②] 和“伐人之利”[③] 的利益考量，列国纷争使“强者为王”的政治逻辑在现实中一再展现。为了厘清战国时代的“真正问题”，不妨从战国之“战”论起。以秦为例，由于秦施行“计首授爵”和“尚首功”的奖励政策，秦“民之见战也，如饿狼之见肉”[④]，于是一支令六国闻风丧胆的“虎狼”之师呼啸而出并展开“疯狂大屠杀”[⑤]。正是在秦国“法令既明”的政治前提下，秦国“士卒安难乐死”，秦军以“猛虎”的姿态席卷“群羊”一般的六国。[⑥] 据学者统计，“从公元前356年（商鞅变法之年）到公元前221年（秦灭齐完成统一），秦国在96场有大国卷入的战争中发动了52场战争（占54%），并取得了其中的48场胜利（占92%）”。[⑦] 据《史记》记载，秦国在前364年至前233年间总计斩首（包括坑杀和溺杀）180余万人，并且这只是战国中期以后秦与列国交战的部分实录，但是这一数字已然透显出秦国在对外征伐战争之中的残酷程度。[⑧] 另有研究表明，秦动员的用于战争的人口数占其总人口的8%—20%，而同时代的罗马共和国只有1%，希腊提洛同盟为5.2%，欧洲更低。[⑨] 不止于秦，战国时代“所有的战争都是以尽量屠杀为手段，以夺取土地为目标的拼命决斗”，这一时代亦被视为“一个中国历史上唯一全体人民参战的时代”，[⑩] “大多数国

---

① 张荫麟：《中国史纲》，中华书局2009年版，第97页。

② 《史记·樗里子甘茂列传》，第4894页。

③ 《战国策·韩策二》，第846—850页。

④ 《商君书·画策》，第31页。

⑤ 朱绍侯：《军功爵制考论》，第37、64页。

⑥ 《史记·张仪列传》，第4807页。

⑦ ［美］许田波：《战争与国家形成：春秋战国与近代早期欧洲之比较》，徐进译，第61页。

⑧ 参见《史记》之《秦本纪》《秦始皇本纪》《魏世家》《楚世家》《白起列传》《六国年表》等。另外关于战争死亡人数的讨论，参见杜正胜《编户齐民：传统政治社会结构之形成》，第396—397页；赵鼎新：《东周战争与儒法国家的诞生》，夏江旗译，第145—146页。另参见本书第五章。

⑨ ［美］弗朗西斯·福山：《政治秩序的起源：从前人类时代到法国大革命》，毛俊杰译，第110页。

⑩ 雷海宗：《中国文化与中国的兵》，第147页。

家几乎完全变成了战争机器”①。

如若承认战争在本质上只是人类的一种自相残杀，无论战争的性质正义与否、结果成败如何，劳苦大众之自然本真的生活状态乃至生命受到极大侵害必不可免，那么无人敢否认，为战争付出最大代价者，除了平民百姓之外，没有第二方。事实上，列国纷争带给平民百姓的最大影响便是无止境地经受着残酷战事与频繁徭役的交相煎熬。

无论就何种角度而言，战争终归是人类历史的一大悲哀②，尤其是当握有权柄的统治者出于无尽的财富欲、权势欲等野心而选择以战争方式来解决相互争端之时，这种悲剧性更是彰显得淋漓尽致。可见，在战国之“乱世”，对于芸芸众生而言，最大的问题实为如何活下来、如何活得更好的问题——至少应当活得像“人”一样而不是成为政治以及战争的牺牲品。芸芸众生面临的最大问题当然是“政治”的最大问题，这是一个不证自明的真理。迄今为止没有任何一种说法能够说服人们相信，黎民百姓奴仆般地侍奉君主（及其他在上位者）、为君主献出生命乃天经地义。正是基于对战国时代的战争之空前规模和残忍程度的深刻忧虑，不少有远见的士人产生了反战的思想。这其中，老子思想可谓在那个物欲横飞尤其是列国统治者权力欲、占有欲和争夺欲极度膨胀的时代里，试图釜底抽薪式地“解决战争问题”的重要思想观念。在老子看来，造成“天下”生灵涂炭的最大元凶正是高高在上的统治者，芸芸众生只是种种“有为”政治的受害者而已，于是只要天下居于上位的统治者统统“无为”了，那么政治的最大难题即平民百姓的生存和生活问题之解决便失去了最大阻碍。③ 另外《庄子·胠箧》篇所言“窃钩者诛，窃国者为诸侯”又何尝不是对包括战争在内的统治者之暴行的深刻批判呢？

包括韩非子在内的法家却未明察，战国之“乱”归根结底实乃列国统治者贪欲所致——须记住敌国的统治者仍然只是统治者，治下的平民百姓只是统治者之间权力争夺和列国纷争的牺牲品而已，尤其是平民百姓每每被引导

---

① 赵鼎新将前419年至前211年称作“全民战争期”，并指出“在经历了法家改革的洗礼之后，全民战争时期的大多数国家几乎完全变成了战争机器”，参见氏著《东周战争与儒法国家的诞生》，夏江旗译，第146页。

② 李泽厚：《历史本体论·己卯五说》，第216—222页。

③ 乔健：《论老子思想中所内涵的“绝对性”因素》，《文史哲》2010年第4期。

或强制变成统治者实现某种宏大政治理想的工具。正是由于“诸侯”而不是“百姓”之故，天下举兵而相角、攻城滥杀，无数士卒在君王们的“严明法令”下拼命厮杀于战场，“千里之外”却是“家老羸弱，凄怆于内”。诸侯们矻矻以求的“霸业”只不过是以“伏尸数十万”的宝贵且鲜活的生命作为沉重代价，“枕人头、食人肉、菹人肝、饮人血”[①] 成为以“战争”为“时代主题”的战国时代里无法忽视的巨大悲剧。

包括韩非子在内的法家所主张的“因人情”方略，看似如学者所言切中时弊，实则只是切中统治者最关心的问题，并未切中战国时代的真正问题——即最广大的黎民百姓生存和生活如何可能的问题。

韩非子建议君主通过“因人情”以实现富国强兵，这一致思理路实质上是以暴制暴式的——即面对强敌，要做到比之更强，却不曾想只有反对战争本身才是根本的解决之道。[②] 唯有釜底抽薪般地反对战争本身，人类才可能真正“走出战争”。战国时代列国纷争，相互侵凌，尤其是像韩非子所处的贫弱之韩国，若非拥有富强之国力，确实无法自存，这固然是不争的事实。但是包括韩非子在内的法家试图通过“因人情”将更多的人卷入战争却只是一种不得已的本能反应，并未亦不大可能根本地“解决战争问题”——历史已然明示天下人仍然“活于战争之中”。换言之，有更多无辜的平民百姓因为统治者“因人情”而治的政治方略献出了生命。这进一步论证了韩非子的“因人情”实乃“逆人情”。

韩非子显然意识到，将所有臣民变成君主的统治工具并不合乎臣民的根本意愿。《说林下》篇载，公孙弘剪断头发做了越王随从，公孙喜派人与之绝交，对此，在公孙弘看来，自己只是断发而已，可公孙喜却是“断颈而为人用兵”[③]，后来公孙喜确实丧命于一场战争。“断颈而为人用兵”正是战争之中士兵的真实写照，而君主所准备的“善田利宅”正是为了使尽可能多的士兵心甘情愿于“断头裂腹播骨乎平原野”[④]。在韩非子看来，即便战争使得“甲兵折

---

① 《淮南子・览冥训》，第96—97页。

② 《汉书・礼乐志》载董仲舒言曰：“自古以来未尝有以乱济乱，大败天下之民如秦者也。”这里的“以乱济乱”其实就是“以暴制暴”。

③ 《韩非子・说林下》，第140页。

④ 《韩非子・诡使》，第316页。

挫，士卒死伤”，但只要能够“战胜得地”，那便是“大利”，这一大利胜过死些士卒的“小害”。[①] 在政治功利面前，黎民百姓的宝贵生命已然无关宏旨。

《韩非子》通篇最为关注的问题之一便是臣民们不愿意按照君主的安排，投身于战争之中，于是韩非子主张在“重赏”和“美誉”之外以严刑重罚使不顺从者就范，“诛莫如重，使民畏之；毁莫如恶，使民耻之”[②]，所谓“法重者得人情”[③] 是也。重刑论不仅为晋法家所主张，即便是较为温和的齐法家亦被视为“刑治派”[④]，所以重刑畏民从来都是法家的重要特质。对于那些“赏之誉之不劝、罚之毁之不畏、四者加焉不变”的“不令之民”，唯有“除之”。[⑤] 对于某些顽固分子还可用非常手法，比如“生害事，死伤名，则行饮食；不然，而与其仇”[⑥]。需要注意的是，“行饮食”“与其仇”这种“除阴奸”的方法出于《八经》篇，而该篇所揭示的治国方法被视作“人君治国所不可易者”[⑦] 也。显然，这种除阴奸的方法实乃韩非子“因人情”方略中不可或缺的部分。在如此“法治”下，臣民的“心”已全然被禁，当然不存在臣民敢于试探君威的问题了。这样的社会便是法家所谓“以刑去刑”式的“无刑”社会。[⑧] 在这般“信赏必罚”下，臣民所有的可能动向被君主悉数掌控了。

韩非子认为其治道设计的目的在于“止境内之邪”[⑨] 和“人不得为非”[⑩]。在与堂溪公的对谈中，韩非子明言“立法术、设度数，所以利民萌便众庶之道也”[⑪]。在解释《老子》时韩非亦认为：“有道之君，外无怨仇于邻敌，而内有德泽于人民”；“圣人之于万事也，尽如慈母之为弱子虑也”；“民蕃息而畜积盛之谓有德。……上盛畜积而鬼不乱其精神，则德尽在于民矣。……其德上下交盛而俱归于民也”。韩非子还将“人心”对于“有道”之政治的重

---

① 《韩非子·八说》，第 317 页。
② 《韩非子·八经》，第 331 页。
③ 《韩非子·制分》，第 369 页。
④ 王晓波：《道与法：法家思想和黄老哲学解析》，第 307 页。
⑤ 《韩非子》之《外诸说右上》《说疑》，第 231、308 页。
⑥ 《韩非子·八经》，第 333 页。
⑦ 陈启天：《增订韩非子校释》，第 150 页。
⑧ 《商君书·画策》，第 31 页；《韩非子·饬令》，第 365 页。
⑨ 《韩非子·六反》，第 322 页。
⑩ 《韩非子·显学》，第 355 页。
⑪ 《韩非子·问田》，第 303 页。

要性置于“技能”和“势位”之上。① 那么该当如何理解韩非的这些“爱民”说法呢？韩非的爱民论是否如唐君毅先生所言只是一种“自谓”② 呢？

这里涉及思想家的思想动机与其制度设计之间的张力问题。对此，宋洪兵对韩非子的思想动机的解读值得关注。他指出，韩非子在内的先秦诸子在“立天子以为天下”上拥有“政治共识”。③ 就是说，先秦诸子皆有一颗爱民之心。正是基于此种“爱民”的思想动机，先秦诸子才被视为思想家。亦因如此，韩非子在内的法家士人便与那些仅仅汲汲于名利的政客佞臣之流完全划清了界限。人们从《韩非子》中确实可以读出，韩非子对中饱私囊和以权谋私的“当途重人”的痛心疾首，以严格法治来整饬吏治的决心④，以及对天下之乱世所透露出的一种独特忧虑。这些忧思已然超越了韩非子个人的利害得失，此种不计一己之私而忧心于天下之治的“孤愤”情怀，当然不是那些宦海人士可望其项背的。问题的关键恰恰在于，思想家拥有一个良好的思想动机，并不意味着他们所设计的治世蓝图和治道理论在本质上便能够真正地做到“利民”和“爱民”，⑤ 甚至促成“恶政治”的思想家还每每怀揣高尚的理想⑥。

即便人们相信韩非子在内的法家确有一颗为了人的基本生活需要和社会和谐稳定而思虑的“心”，但是韩非子的治道设计事实上并不以广大民众的基本生活需要和社会和谐稳定为指归。⑦ 对法家颇有赞辞的章太炎认为，在韩非

① 《韩非子·功名》，第154—155页。

② 唐君毅：《中国哲学原论（原道篇）》，第305页。

③ 宋洪兵：《韩非子政治思想再研究》，第135页。

④ 宋洪兵：《循法成德：韩非真精神的当代诠释》，第165—204页。

⑤ 在西方政治思想史上，现代极权主义的思想根源往往被追溯至马基雅维里、霍布斯、卢梭等思想家，甚至有论者一直溯源至柏拉图那里（［美］乔治·萨拜因：《政治学说史·民族国家》，邓正来译，第6、173页；［美］弗雷德里克·沃特金斯：《西方政治传统》，李丰斌译，广西师范大学出版社2016年版，第70—74页；唐士其：《西方政治思想史》，北京大学出版社2008年版，第90、196、280、601页）。很难说柏拉图、卢梭等思想家真的就有一颗“邪恶之心”，但是他们的思想理论被视为具有极权之倾向，则显示出思想家的思想动机并不能决定其制度设计的属性。这有助于理解韩非的思想动机与其治道理论之间的内在张力。

⑥ ［英］哈耶克：《法律、立法与自由》，邓正来等译，中国大百科全书出版社2000年版，第108页。

⑦ 比如许建良认为法家“实用”的标准是“农战”，“法家实用的出发点就是人的基本生活需要”，甚至认为韩非的法术以“社会的和谐稳定”为目标（许建良：《先秦法家的道德世界》，第281、373、446、531页）。不过在另一著作中他又有相反的认识，认为“韩非认识的轴心在君，不是民，他的思想是为君主服务的，而不是民之心声之所唱”（许建良：《先秦哲学史》，上海三联书店2014年版，第267页）。可见，许建良先生的认识前后并不完全一致。

子那里只有君主/国家的存在而无“民”的生存空间。[①] 梁启超亦指出“法家等人于机械”[②]，所谓机械便指人之工具化，亦即本书所言人之兽化。梁启超进一步指出“个人之个性，为国家吞灭净尽”乃是“法家最大之流毒”[③]，只不过在君国一体的时代里“国”即是“君”。事实上早在两千年前就已经有人指出：“申韩之术，不仁之至矣，若何牛羊之用人也!”[④] 东汉桓谭亦谓：“秦始皇……见万民碌碌，犹群羊聚猪，皆可以竿而驱之。”[⑤] 此语完全可以反映出施行法家学说最力的秦国将民众予以工具化的程度。在韩非子所构绘的政治蓝图里，民众无任何自主自为可言，如果说民众尚有自主选择余地的话，那么民众当然可以在农战之间进行选择。徐复观指出：“人民自己生存的本身不是目的，由人民的生存而达到富国强兵才是目的。”[⑥] 民众必须为君主而活（“富国”），亦须为君主而死（“强兵”）。这能是“人的基本生活需要”和“社会和谐稳定”吗？连基本底线亦未满足，当然遑论什么“爱民”了。宋志明指出韩非将人视作工具，并无价值理性的诉求。[⑦] 这其实也正是本书所论的，即韩非子缺少“人之为人”的终极关切。显然，韩非子“因人情”的治道设计与其“爱民”的思想动机形成内在抵牾，无法做到圆融自洽。[⑧]

赵汀阳指出法家所关注的核心问题是“必然之治”和“制度信任”，即法家所构绘的政治制度极为稳定而明确，对所有破坏法家“法治”规则的行为均有可信（“必然”）的制裁，对君主以外的所有人一视同仁，然而法家恰恰缺少的就是“人们普遍同意并且普遍接受，或者至少符合普遍有效的道德观念”。[⑨] 就最低限度而言，这一“道德观念”就是指在战国时代芸芸众生其

---

① 章太炎：《国故论衡》，上海古籍出版社 2003 年版，第 115 页。

② 梁启超：《先秦政治思想史》，《梁启超全集》第 12 卷，第 3679 页。

③ 梁启超：《先秦政治思想史》，《梁启超全集》第 12 卷，第 3679 页。

④ 《扬子法言 · 问道》，第 12 页。

⑤ 桓谭之语参见《太平御览》，中华书局 1995 年影印版，第 410 页。

⑥ 徐复观：《学术与政治之间》，第 279 页。

⑦ 宋志明：《中国古代哲学通史》，中国青年出版社 2016 年版，第 206 页。

⑧ 韩非指出明主治国一方面需要“逆民心”（《功名》），另一方面应当“得人心”（《功名》）、“循天顺人”（《用人》）。王威威对此指出，在韩非那里“人心”侧重于统治者的意愿，“民心”才是指民众的情感和意愿。参见王威威《韩非思想研究：以黄老为本》，第 146—147 页。可见“逆民心”和“因人情”其实是一致的，均指统治者利用臣民趋利避害的本能反应来强化统治。

⑨ 赵汀阳：《坏世界研究：作为第一哲学的政治哲学》，第 158 页。

实并不愿意成为统治者的“工具”，而是至少需要活得像“人”一样。赵汀阳进一步指出，法家“法治的要义在于使赏罚成为必然可信的制度，而不在于论证什么样的赏罚具有伦理意义或政治正当性”①。这一说法正是本书所讨论的——即韩非子试图通过“因人情”而治使得“信赏必罚”成为臣民们确信无疑的稳定制度，但是其治道设计却完全“逆人情”，逆了所有臣民“人之为人”的根本人情。质言之，韩非子基于“因人情”只是试图建立一个极为有效却颇不合理的制度。之所以如此，正是因为韩非子只关注所有臣民的本能人情，却有意漠视“人之为人”的根本人情。

第三节　有关君之“人情”的问题

不少学者认为韩非子在人性问题上保持“价值中立”。初看来，韩非子确实未像儒家那样给人贴上“善”“恶”标签，但是韩非子人情论并非基于价值中立的省思。事实上在韩非子那里，“因”和“逆”所有臣民之人情，旨在尽可能地顺应君主的人情。

西周至春秋，君权并未超出宗族集团之上，反之君位废立每每取决于卿大夫的“公意”，君权尚不具有绝对的主宰性。春秋末期、战国以降，列国国君纷纷强化君权。诸子除少数“无君”论者外，多视“君”之存在合理且必要，韩非子则是诸子中尊君最甚者。韩非子对君之人情的认知便在绝对君权这一前提下展开。

韩非子提示君主毋轻信任何人，一旦“信人，则制于人”②，故而主张君主一定要预防、发现和铲除一切对君权的可能威胁。“同床”“在旁”“父兄”“养殃”“民萌”“流行”“威强”“四言”这些几乎囊括了与君主有接触的所有人和事，皆因其可能壅劫君主而被视为“八奸”。在君权世袭时代，对君权形成最直接威胁的首先是近旁重臣，尤其是春秋战国时代君主权位常被重臣所取代的诸多事实更是强化了韩非子的这一认识。作为“帝王之具”的“法”和“术”的首要功能便是治理奸臣。

---

① 赵汀阳：《第一哲学的支点》，生活·读书·新知三联书店2013年版，第181页。

② 《韩非子·备内》，第82页。

韩非子告诫君主，即使君主错了，也只能是“臣任其罪”①，因为“人主虽不肖，臣不敢侵也”②，甚至“主而诛臣，焉有过”③。韩非子的这一说法可谓超绝于其他先秦诸子，虽说诸子多有程度不一的尊君倾向，但如韩非子这般直白地尊君，恐怕没有第二人。关键在于，一旦承认君主即使“不肖”，其权位仍须受到绝对的尊崇，这无异于说君主必须掌控绝对化的权力。在权位世袭时代，君主最大的本能人情是：“好”永握无上之权势（即便自己很蠢），“恶”失去这种权势（不管什么理由）。韩非子显然洞悉君主的这一最大现实人情，并深以为然。

韩非子绝对地维护君主的本能人情，而在现实中，他认为君王们每每是“无道”之“昏君”“暗主”。所谓“无道”者，首先便是君主自己对大权之旁落或可能旁落的熟视无睹。韩非子坦言：“所谓亡君者，非莫有其国也，而有之者，皆非己有也。”④ 国之“非己有”，当然是君主最为关心且令其寝食难安的头等要事。国家产生的最根本的原因是社会发展渐趋复杂之时，需要有独立的专门组织和专业人员来行使管理之权，但是当权者极有可能将国家视为攫取个人私利和奴役民众的工具。然而在韩非子那里，不必再等这一“可能”的发生，韩非子已然将国家视为君之工具：“国者，君之车也；势者，君之马也。”并且他还通过善御的王良和造父二人“共辔而御，不能使马”的隐喻来提醒君主：“人主安能与其臣共权以为治?”⑤ 显然，依韩非子之见，国家和王权均是只限于君主一人所独享的“车马”。同样，“富国强兵”的政治果实只能被君主而非任何的他者所享有：“夫越虽富兵强，中国之主皆知无益于己也，曰：‘非吾所得制也。’今有国者虽地广人众，然而人主壅蔽，大臣专权，是国为越也。”⑥ 如此看来，绝对的君权至上才是韩非子的最终目标，而不是上文所论的“富国强兵”。劳思光指出“韩非思想中之基源问题仅是‘如何致富强’或‘如何建立一有力统治’”⑦，但是在韩非子那里“如何致富

① 《韩非子》之《主道》《八经》，第 18、332 页。
② 《韩非子·忠孝》，第 358 页。
③ 《韩非子·外储说左下》，第 224 页。
④ 《韩非子·八奸》，第 38—39 页。
⑤ 《韩非子·外储说右上》，第 234 页。
⑥ 《韩非子·孤愤》，第 57 页。
⑦ 劳思光：《新编中国哲学史》第 1 册，第 264 页。

强”和“如何建立一有力统治”其实不是一个完全等同的“问题”，后者才是韩非子最为根本的基源问题。

韩非子对君主可谓考虑周全，然而他毕竟迥异于政客佞臣。韩非子在认清并认可君主本能人情的前提下，仍然希望君主从具体的政治事务中解脱出来并保持一颗客观冷静之心，只需“尽人之智”便足矣——“因人情”方略正是君主“尽人之智”的表现。韩非子深信“夫能有其国、保其身者，必且体道”，亦坚信君主能够“以道正己”“以道莅天下”和“缘道理以从事”。[①] 韩非子还希望君主“虚静”“无为”[②]。当然，韩非子的“无为”“虚静”和老子所论有着本质的区别。老子的“无为”是“绝对无为”，“虚静”是精神的自我升华[③]；韩非子的“无为”是在“法”前提下的“无为”，“虚静”实乃一种行政手段——即君主不具体参与政务，只需对臣民们完成职事的情况进行参验并做出相应赏罚。在这一行政过程中，君主只需“明法制，去私恩”[④]“守法责成”[⑤]。握有绝对权力且符合这些“君德”的君主，显然不是韩非子反复强调的中主，反之定然有着大智若愚般的超高政治修养，其难能可贵程度恐怕不亚于儒家之尧舜。这样的君主不仅在韩非子时代未见，在历史中亦从未出现过。

韩非子认为在永保最高权位不失的前提下，君主应当成为一个“明主”而不是相反。换言之，韩非子一方面坚决主张君主须握有绝对权力，另一方面又颇为期待君主应当拥有诸多的“政治道德”。可事实上现实中的君王们没有一个能够完全合乎韩非子的期望，于是人们注意到韩非子对历史上和现实中的君王们几乎都不怎么认可，乃至于他将批判的矛头直指君王本身，所谓“世之所以不治者，非下之罪，上失其道也”[⑥]，韩非子亦成为先秦诸子之中批判君主数量最多者。《韩非子》通篇透露出的正是韩非子对君主不依照他所构想的“必然之道”来治国理政而产生的一种孤愤之情，韩非子对君主颇有

① 《韩非子》之《解老》《观行》，第 99、102、104、145 页。

② 《韩非子》之《主道》《扬权》，第 19、32 页。

③ 乔健：《论老子思想中所内涵的“绝对性”因素》，《文史哲》2010 年第 4 期。

④ 《韩非子·饰邪》，第 93 页。

⑤ 《韩非子·外储说右下》，第 250 页。

⑥ 《韩非子·诡使》，第 314 页。

些恨铁不成钢的意味。

这诚然显示出韩非子的某种理想性而不只是一味地迎合统治现实，但是这也意味着韩非子并未真正认清君主的另一重要人情——即对于拥有绝对权力的君主而言，单纯的物质享受已然不能满足其需求（穷奢极欲的物欲享受当然必不可少），君主有一种更高、更大的欲望——绝对的权力欲。① 君主完全可以利用无人敢违逆的大权，不顾人民死活，兴全国之人力和物力去“实现欲望”，甚至还每每打着“爱民”之旗号，战国时代列国统治者的贪婪行为对此做出了最好的注解。韩非子祈盼君主能够克己守法、保持冷静，可一旦君主真这么做了，那么君主权力还剩下什么呢？难道要君主真成为自己权位的奴隶吗？② 拥有绝对权力的君王必然腐化/异变为凌驾于民众之上并鱼肉百姓的“暴君”，可“暴君”正是韩非子所极力反对的。③ 这是韩非子君道论和治道学说的深刻悖论。最终，完全符合韩非子理想的“圣君明主”只存在于其理想设计的“程序”④ 之中。显然，韩非子忽视了最高政治权位与无限特权的孪生本质和事实。

刘泽华指出：“中国古代的思想家们虽然在政治理想上有极光辉的创造和极丰富的想象力，他们构思了极美好的图景，但他们同时却把画笔交给了帝王。”⑤ 尽管韩非子并未构绘出极美好的政治图景，但他确实将描绘图景的画笔交给了君主，并且是绝对性地使君主来调控和支配人间的一切，结果只能是“臣民得到了某种满足，而大利却落入了君主的腰包”⑥。罗素指出君主政体有一个特点——即君主“通常不关心臣民的利益”，除非臣民的利益与君主的利益相一致。⑦ 此一论断切中了专制统治者的要害处，举凡稍有“圣明”特征的君主无不是将自己的专制统治建立于臣民适当利益满足的基础之上的。

---

① 罗素指出“权力欲”和“荣誉欲”乃是人类无限欲望中最主要的两种欲望，不过他又认为“获得权力往往是获得荣誉的最便捷的途径”（［英］罗素：《权力论》，吴友三译，第3—6页）。在战国那个权力至上的时代里，拥有了“最高权力”，也就意味着可以拥有一切的社会物质财富，因此君主的权力欲只可能更甚而不是相反。

② ［以］尤锐：《展望永恒的帝国：战国时代的中国政治思想》，孙英刚译，第131—132页。

③ 《韩非子·饰邪》，第92页。

④ 乔健：《中国古代思想研究》，第215页。

⑤ 刘泽华：《中国政治思想史集》第3卷《王权主义和思想与社会》，第100页。

⑥ 刘泽华：《中国政治思想史集》第3卷《王权主义和思想与社会》，第339页。

⑦ ［英］罗素：《权力论》，吴友三译，第149页。

韩非子的“因人情”正是为了保证所有臣民在适当满足自己利益的基础上，以完全满足君主利益为最终归宿。

君主所获之大利却只有物质的无限享受、控驭所有臣民的满足感和实现“伟大目标”（却不顾民之死活）的成就感。由于被自己无穷无尽的物欲、权力欲所裹挟，君主最终亦沦为己欲之奴仆——君主亦活得不像“人”。不过，韩非子对此早有预料，如同将臣民予以兽化一样，他亦将君主兽化，只不过君主是更“高级”的“龙”和比“狗”更厉害的“虎”。① 龙虎虽颇富“神”“力”，但终归只是兽。在“以兽治兽”② 的世界里当然不会有“人之为人”的精神生活。君主缺少精神层面的自我追寻，当然不希望其他所有人有精神诉求；君主自己活得不像“人”，当然不希望他人活得像“人”。如此看来，拥有绝对权力的君主往往成为自己各类欲望尤其是权力欲的奴隶。显然，韩非子只是为君主的本能欲望而苦苦思虑，并未认清君主的根本人情，即君主亦应当有“人之为人”的精神追寻。唯有君主实现了精神的自我升华，才有可能如老子所言那般“以百姓心为心”进而以无疆之大爱和包容之胸怀来珍视天下苍生。

郭沫若认为韩非子将人视作“坏蛋”③；熊十力指出韩非子“专从坏处看人”④；唐君毅认为韩非子对人之好利这一客观事实以“客观冷静之心”给予“正视”⑤；刘家和指出，在韩非子的政治构图里“连一个善者也找不出来”⑥。如若将这些说法用于评价韩非子对君主以外所有人的认识，大致无误。但是如若将君主纳入“人”的范围，这些说法显然有商榷余地。韩非子尽管对君主有不少批判，甚至于其批判程度不可谓不激烈，但他并未认清君主才是政治中的最大“坏蛋”，亦未专门从坏处看待君主，更未正视君主的本能欲望才是政治之“乱”的最大根源这一客观事实。反之，韩非子深信拥有绝对权力的君主可以是善者，可以如同慈母般呵护天下黎民百姓。⑦ 对拥有绝对权力的

---

① 《韩非子》之《说难》《二柄》，第66、27页。

② 韩东育：《诸子的人兽理论与学说分合》，《东北师大学报》1989年第6期。

③ 郭沫若：《十批判书》，第956页。

④ 熊十力：《韩非子评论》，第21页。

⑤ 唐君毅：《中国哲学原论（原道篇）》，第288—301页。

⑥ 刘家和：《史学、经学与思想》，第349页。

⑦ 《韩非子·解老》，第111页。

君主的善意期待，既是韩非子对君之人情认识的最大盲点，亦是韩非子治道思想的根本病理。①

第四节　余论

韩非子以趋利避害的人情来认识“人”，基于此种“人情论”建构的治道思想呈现出强烈的将人工具化的倾向，但是这一思想弊端并非法家所独有。比如，儒家虽然大讲“人之所以为人者”，但是儒家政治思想中仍然隐含着强烈的等级意识，尤其是其“罪君”意识与“尊君”意识共生相契，这为君主打着“仁义”旗号施行不仁不义之事埋下伏笔（虽然很少有君主真正认同儒家理论）。儒家虽有人之为人的思想表达，但其治道指向仍不免于将人予以工具化。刘泽华认为儒家“人学”实乃“等级人学”，并指出中国传统的王权主义思想“使人不成其为人”，这与本书论旨相映成趣。② 老庄道家虽然对政治之“恶”给予了诸子之中最为深刻的批判，但他们的关注点从来不是某种具体的治道理论。约略而言，中国传统政治思想并未真正而彻底地解决如何避免人之工具化的难题，这些难题至少包括：人应当过怎样的生活，才算是人之为人的生活？人应当如何处理“利益”在生活中的位次，是超越之还是追逐之，抑或以其他方式对待之？如何建构一种政治制度并同时防止将人工具化？如何真正有效地防止当权者尤其是最高统治者的弄权？

这些理论难题在西方那里亦未见得就真正解决了。人们一直在为思索和构绘一幅能够真正全然使人类实现“人之为人”诉求的政治蓝图而苦恼不已。追寻一种纯粹的“完美制度”并过上“好生活”，仍是人们的不懈追求。即

---

① 有学者认为法家与西方近代以来的人性好利论有相似处，这一观点散见于不少思想史和政治理论著作中，不过似乎有商榷余地。在笔者看来，二者的主要不同处主要表现为：其一，近代以来的西方政治思想家往往通过论述人性好利，来维护人的自由，将“国家”视作保障个人自由的手段，韩非学说的目的却是最大可能地控制君主以外的所有人。其二，在关于最高统治者之“为恶”的问题上，韩非相信世间真的存在全知全能的圣君明主，西方政治思想家则常常将当权者视作最大的“无赖”，坚信潜恶面前人人平等。罗素指出，迄今为止的“哲学家们可以分成为希望加强社会约束的人与希望放松社会约束的人”（［英］罗素：《西方哲学史》上卷，何兆武、李约瑟译，商务印书馆 1982 年版，第 11 页）。韩非无疑属于希望加强社会约束的思想家。

② 参见刘泽华《中国政治思想史集》第 3 卷《王权主义和思想与社会》，第 17—22、257—269 页；刘泽华主编：《中国政治思想通史（综论卷）》，第 108—117、421—439 页。

便是每每被视作“最不坏”的民主制度，它以“多数人正确”[①] 为运行原则，可是“多数人正确”原则又常常让位于“多数人同意”原则，于是作为一种政治技术手段的民主往往成为“以众暴寡”的制度，而这实与“以强凌弱”的专制制度毫无二致，并被称为“多数人的暴政”[②]。西方政治哲人颇为注重以权力制衡的方式来约束当权者，但是这并不能完全避免当权者以“合法”的、“民主”的方式实施“恶”的政治，尤其是20世纪通过“民主”方式登上历史舞台的“极权主义”更是给西方现代文明以巨大反讽。[③] 另外，人们还注意到，“现代文明”在促进物质生产急剧增长的同时，亦呈现出将人工具化的倾向，即人每每成为技术、制度、金钱、名利、权力的奴隶，人已然变为自己所制造的工具的工具。施特劳斯就曾指出“现代性”把人降低到动物的地位，在庸俗的“平等”观下，人成为“报废的人”——无高贵与卑贱之分、无聪明与愚蠢之别、无优美与丑恶之差、无深刻与肤浅之异、无高雅与庸俗之殊，因此他主张“回归古典”，提示人们应当过一种“品质高贵、出类拔萃和德性完美”的生活。[④] 然而，在施特劳斯所钟情的古典时代里，“人”亦是一种等级的存在，所谓“公民”绝不是一个所有人都可以拥有的身份，尤其是人得接受城邦的“奴役”，适如亚里士多德所言“城邦之外，非神即兽”。卢梭曾言：“人类的各种知识中最有用而又最不完备的，就是关于‘人’的知识。”[⑤] 此言诚不误也，人性的完善和完美永远是一个不断推进的过程。人性又确实是极为复杂的，斯塔夫里阿诺斯在《全球通史》上卷最后一章专门讨论了“人性的本质”，他援引一个毫无侵略性的部落——一个名为塔萨代，以采集食物为生、由27人组成，在菲律宾棉兰鸟上生活且与世隔绝的部落——来说明，人并非天性中即有侵略他人的本性，人类的很多政治灾难比如战争的发生并不是因为人性，而是因为人类社会，是人类社会改变了

---

① ［美］乔·萨托利：《民主新论》，冯克利、阎克文译，上海人民出版社2015年版，第417页。

② ［法］托克维尔：《论美国的民主》，董果良译，商务印书馆1991年版，第287页。

③ 参见［美］汉娜·阿伦特《极权主义的起源》，林骧华译，生活·读书·新知三联书店2014年版，第424—439页。

④ 参阅［美］列奥·施特劳斯《自然权利与历史》，彭刚译，生活·读书·新知三联书店2016年版。

⑤ ［法］卢梭：《论人类不平等的起源和基础》，李常山译，商务印书馆1962年版，第62页。

人类的本性。[①] 不过就本书主旨而言，恩格斯的一番话至今仍然值得反复玩味，他指出：

> 人来源于动物界这一事实已经决定了人永远不能完全摆脱兽性，所以问题永远只能在于摆脱得多些或少些，在于兽性或人性的程度上的差异。[②]

如此看来，韩非子的“因人情”及其治道设计所凸显出的人之工具化的问题，是一个值得永远追问和不断求解的难题。这一理论难题还可以表述为，当人类文明已然演进到“政治”成为人类生活中不可或缺的组成部分的时候，应当如何使“政治”成为“人”的“手段”而非“目的”。这一问题成为政治哲学中最具深意亦最难得到彻底解决的问题之一。

① ［美］斯塔夫里阿诺斯：《全球通史：1500 年以前的世界》，吴象婴、梁赤民译，上海社会科学院出版社 2004 年版，第 530—532 页。

② ［德］恩格斯：《反杜林论》，《马克思恩格斯文集》第 9 卷，人民出版社 2009 年版，第 106 页。

第七章　韩非子治道学说的政治逻辑与内在矛盾

战国时代列国国君通过变法逐渐掌控了国家机器，垄断近乎一切的政治、经济和社会资源，这是当时君王所拥有的最大“自然之势”。然而，实际的权力运作中更有可能发生的是，君权愈是集中，君主受到壅蔽或劫杀的可能性也就愈大。于是，如何确保君主权位的恒久稳固，如何有效运用绝对化的权力，如何使国家机器高效运转，就成为战国末期政治领域和思想界最为重要的问题之一。在先秦诸子中韩非子最为关注这些问题，同时他认为现实中的君王常常是中主，因此，韩非子治道思想的核心问题就是如何为中等资质的君主建构出人设之势。韩非子治道学说的要义便是，君主简便高效地控制臣民、控制国家进而一统天下，在这一过程中君主需要做到一定程度的自我控制，最终实现恒久稳固的集权统治。

“体道守法”“虚静无为”和“因人情”正是君主营造和运用人设之势的德行要求。韩非子希望“中主”在践行其治道学说的基础上成为“明主”，但是拥有绝对权力的中主必然“依道弄法”和“贪躁妄为”，最终沦落为“暗主”，暗主却又是韩非子极力反对的。韩非子的治道思想因而呈现出深刻的内在矛盾——即“体道守法”和“虚静无为”势必朝“依道弄法”和“贪躁妄为”的方向演进，这样“因人情”最终必然逻辑地变为“逆人情”。

第一节　体道守法与依道弄法

诸子蜂起的春秋战国时代是特别推重“道”的时期，在这一时期“道”成为思想家标示天地秩序、伦理秩序、政治秩序及其统一性的最高概括。虽然诸子的“道”具有不同的政治内涵和治道指向，但“道”无疑是诸子思索治道的重要依托。在此背景下，韩非子亦对“道”进行了深刻的论述。如下三段最具代表性：

道者，万物之始，是非之纪也。是以明君守始以知万物之源，治纪以知善败之端。①

夫道者，弘大而无形；德者，核理而普至。至于群生，斟酌用之，万物皆盛，而不与其宁。道者，下周于事，因稽而命，与时生死。参名异事，通一同情。故曰：道不同于万物，德不同于阴阳，衡不同于轻重，绳不同于出入，和不同于燥湿，君不同于群臣。凡此六者，道之出也。道无双，故曰一。是故明君贵独道之容。②

道者，万物之所然也，万理之所稽也。理者，成物之文也。道者，万物之所以成也。故曰："道，理之者也。"物有理不可以相薄。物有理不可以相薄，故理之为物之制。万物各异理。万物各异理，而道尽稽万物之理，故不得不化。不得不化，故无常操。③

前两段中的"道"侧重于"万物之始"的状态和"弘大而无形"的特性，着重体现事物的原初状态；最后一段的"道"经由"理"的中介，可以被认知和把握，着重展现事物的具体性状和规律法则等。韩非子论"道"只是手段，论"君"才是目的。在韩非子看来，能够"体道"的君主定然是圣君明主，适如《观行》篇所言"以道正己"者便是"明主"。不少学者指出"道"对君主有"制约"或"规范"作用。然而，在韩非子的政治思想系统中"道"原本就是以服务君主统治为指归的，这样的"道"似乎对君主没有实质性的约束作用。韩非子在以"道"论"君"的过程中每每笔锋一转，就直接将"君"与"道"对接了起来。比如，这里所引《主道》篇指出"道者，万物之始，是非之纪也"后立即转向"明君守始以知万物之源，治纪以知善败之端"，以及《扬权》篇将"道不同于万物"归结到"君不同于群臣"，便是显例。韩非子这种以"道"论"君"的方式深受黄老之学的影响，却与老子思想完全相反。在老子那里"道"与"万物"是一种"长而不宰"④

① 《韩非子·主道》，第17页。
② 《韩非子·扬权》，第31—32页。
③ 《韩非子·解老》，第107页。
④ 王弼注，楼宇烈校释：《老子道德经注校释》，中华书局2008年版，第137页。

的非支配关系，“道”虽然生出并畜养万物却从来不占有和宰制万物，现实中的“侯王”只是作为老子批判的对象而存在。在黄老那里“君”对“臣”的绝对支配性，则是通过“道”对“物”的绝对支配性来烘托出的。[①] 在韩非子那里，“君”独居“道”的位置，这就为君主以一驭多、以简驭繁地控制臣民而不是被控制提供了理论依据。有了“道”的庇护，君权就显得格外强大和神圣。这种以道论君的方式实际上凸显了君主的至尊至贵至圣，为君主名正言顺地独占权力的顶峰寻得形上依据，亦烘托出了君权的神圣性和权威性。具体而言，韩非子的“道”是这样为君主统治服务的。他首先将“道”解释为宇宙生成的根据、万物的本原及其运行法则，其次以具体的“理”来呈现根本的“道”以标示一物成为一物的纹理、性状和特征，进而以“稽”来联结普遍之“道”和特殊之“理”。[②] 由于韩非子以“理”释“道”，以根本的“道”总括具体的“理”，以具体的“理”来展现根本的“道”，世间万物因而变得有“规律”可寻，这就为人们进一步认识、理解和把握具体事物提供了理论根据。确切地说，这就为君主从宏观和微观上把握臣民之共性和个性提供了方便，君主因而可以通过利用臣民的行为“规律”，更加高效地使政治事务井井有条，使社会生活整齐划一，最终以尽可能少的政治投资获取尽可能多的政治收益。

韩非子进而通过无形而根本的“道”→有形而具体的“理”→柔性而宏观的“名”→刚硬而确定的“法”这一逻辑链条完成了道法之转关。君主的“体道”“循理”与“操名”最终均归结于“君之立法”或曰“圣王之立法”。[③]“道”是天地宇宙万物的总规律，同样源于“道”的“法”则是一切人事规律的具体表征，是臣民必须遵守的唯一律则。这是韩非子“因道全法”[④] 的内在逻辑。于是，君主“尽随于万物之规矩”和“缘道理以从事”便具体落实为通过具体的法度来控制臣民。适如《功名》篇所言“守自然之道，行毋穷之令，故曰明主”，论“道”只是铺陈，论“法”才是旨归。法家的“法”是与西周春秋的“礼”相对待的，它本质上是一套使所有臣民统

---

① 参见曹峰《中国古代“名”的政治思想研究》，第 138—140 页。

② 蒋重跃：《古代中国人关于事物本体的发现——“稽”字的哲学之旅》，《南京大学学报》2013 年第 4 期。

③ 《韩非子》之《饰邪》《守道》，第 93、149 页。

④ 《韩非子·大体》，第 156 页。

统服从君主集权统治的制度体系，具有鲜明的强制性，它尽管包括法律，却不限于法律，而是囊括了近乎所有战国时代君主用于控制臣民的制度规范。法家从来都强调君主亦应当“守法”①，韩非子全然承续了这一法家传统并论证得更为精致。他认为君主在制定法度以后应当“守法责成”，不藏“私心”且“无私威之毒”②，同时他大力批判君主的违法之举。

许多学者据此认为君之“守法”是君主权力受到“限制”的重要表现。君主守法当然要好过君主恣心所欲，不过，历史上的任何专制君王其实都或多或少地受到不同形式和不同程度的约束。在专制社会里君主守法完全是出于君主的自律，并非法度本身具有实质性的约束力量。③ 在笔者看来，问题的关键在于，即便君主真的能够完全守法，可君之守法恰恰是君主强化自己权威性的绝佳手段——关于这一点，并未引起学界的充分关注。

虽然实施法度最终依靠的是强制力，但是如若连立法之君亦能够守法而治，这无疑是对君主与君法之政治威慑力的大大强化。进言之，法之威慑力的强化对巩固君主专制统治和增加君主威信只有益处而不是相反。实际上君之守法就本质而言只是君主遵守自己的意志而已，这对君权稳固及其扩张并不构成根本制约（对某个具体君主而言确实有些约束）。

这里需要辨明的是，在韩非子的思想体系里实有两个“君主意志”：一个是君主恣心所欲的个人意志，一个是君主通过一系列的制度安排“必然”地实现的个人意志。韩非子从来都反对君主胡作非为，尤其反对昏暗之主或聪慧之主仅仅依凭一己之好恶或智能来实现个人意志；反之，韩非子追求的是君主通过制度的方式来稳健地实现个人意志。这便是韩非子在《饰邪》篇所言“道法万全，智能多失”的真正用意。当我们指出“法”在本质上反映君主意志，正是在后一意义上使用的。这一君主意志至少包括：第一，绝对的君权稳固以及绝对君权前提下整齐划一的政治秩序；第二，为了实现绝对的君权稳固必须得清除对君权有威胁的一切势力，尤其是铲除对专制君权有约束作用的宗法贵族；第三，牢牢掌控整个官僚系统，尤其是控制其中的重臣；第四，通过一系列制

① 《商君书》之《靳令》《修权》，第 22、24 页；黎翔凤撰，梁运华整理：《管子校注》，第 916—917、1230 页；《慎子·君人》，第 6 页。

② 《韩非子》之《用人》《外储说右下》，第 152—154、250 页。

③ 萧公权：《中国政治思想史》，第 267 页。

度设计，将君主的政治控制延伸到基层，从而对编户齐民进行直接的人身支配；第五，通过巨大的利益诱惑和严酷刑罚将举国之民抟聚于实现富国强兵，进而图谋于称霸天下；第六，全面地控制社会舆论和思想文化领域，禁绝一切对集权统治的质疑和反思。这些君主意志最大程度地反映了战国时代君主集权和争于战功的“时代要求”。于是，君主守法至少有两层含义：一是君主在战国变法的基础上，更加有效地运用法度以进一步强化集权统治；二是君主通过自我克制和牺牲一部分短期利益，从而实现更加长远的作为整个统治集团的整体利益。

君主一旦认为法度已不合乎己意，重新“立法”绝非难事——因为立法权本身就是君主权力的固有内容。法家的“变法”虽然首先是指在战国的大争之世彻底改变贵族政治，“定法”则是指在经过法家式的改革后政治制度应当固定下来，但是君主既已拥有了近乎绝对的权力，那么法之“变”和“定”事实上只能够悉听于君主一人——所谓因乎时变之“时”最终只能够由君主给予最终认可和最高裁定。在西周春秋的“礼治”社会里，在上者在行使权力时每每受制于传统礼俗以及各级贵族、国人阶层等的制约，但在由君主“独制四海之内”① 的专制集权社会里，君主已然失去了任何实质性约束。君主完全可以在依照己意重新“变法”② 以后，再度守法而治，君之守法最终仍然没有逸出君主遵守己意的范围。君主不大可能作法自毙，而法家二重奏般的“定法”与“变法”之论恰恰在理论上为其理想君主将一己之意志因乎时变地融入新法打开了方便之门。③ 在法家那里，“法”之“变”与“定”实际上只是出于对治国方略之“有效性”的考量，并无真正客观的

① 《韩非子·有度》，第 24 页。

② “变法”分为法之“变动”和“更改”两个层面。相较而言，法的“变动”更加内在一些，法的“更改”则更加外在和更加剧烈。参见蒋重跃《先秦两汉学术思想蠡测》，第 144—145 页。我们这里所说的君之重新“变法”是就法的“变动”层面而言。

③ 在此意义上，流动中的“时间”成为君主实施集权统治的政治资源。在评价秦始皇时，雷戈指出：“时间恰恰是被权力（本身）所制造出来的，同时，它又服务于这种权力。所以，时间的客观性并不在于它是一种自然存在，而在于它是一种政治存在。这种政治存在之目的在于达成对整个社会以及（它所能想象到的）所有人的全面控制。……这种定位无疑包含有一种时间政治学的精密考量。”参见雷戈《秦汉之际的政治思想与皇权主义》，第 127—128 页。笔者以为，法家的“变法”和“定法”论亦透显出这种“时间政治学的精密考量”——在礼法关系上，法家坚决主张“时变”；在法治既已确立之后，法家坚决反对别人变他们的法；在维护君主绝对权位上，法家又为君主将自己意志因乎时变地融入新法提供了理论依据。

"正当性"基础。同时，无论君法如何改变，"以法为教"不会有根本的变动，其治道指向始终是以君心控制民心，从而在思想文化层面控制臣民。可见，君主始终是法家法治世界里的最大赢家。这也说明，在专制社会里制度的制定者永远是制度最大且最终的受益者。

韩非子主张君主应当"以道为常"和"守法责成"，但是"道法"不大可能对君主权力构成实质约束，反之极大地增加了君主的自我迷信，并助推君主权力臻于登峰造极之势。在《亡征》篇韩非明言"好以智矫法，时以私杂公，法禁变易，号令数下者，可亡也"，然而口含天宪的君王们恰恰"自以为智者，以已定之法为枉，好以私智改之"①。"体道守法"确实需要君主相当程度的"圣明"，但是"依道弄法"恰恰只需要"中主"之资便足矣。

第二节　虚静无为与贪躁妄为

君主法度尽管昭示着体道之君对国家治理的明确规定，但毕竟徒法不足以自行，君主因而需要有一套自己独掌的治理方法，"虚静无为"正是君术的重要内容。韩非子的虚静无为虽然不无君主的自我修身和自我克制之意，但其核心内容始终是御臣——即君主高效地控驭官僚系统，尤其是防范、伺察、铲除与规范其中的重臣，在这一过程中君主始终隐于无形。

韩非子的"虚静"是他修正老子和继承黄老的结果。② 老子的"致虚极，守静笃"③ 是指人在玄妙空灵的精神超越升华中向"道"复归，从而得以自我挺立和自我实现。④ 黄老的虚静则是指君主在运用形名法术以实现"君臣当位"和"兼有天下"⑤ 的过程中去除成见，排除过多杂念，保持心态平和，做

---

① 陈奇猷：《韩非子新校注》，第 311 页。

② 韩非还将荀子在认识论意义上的"解蔽"发展为统治术意义上的"去蔽"。韩非最忧心的要事之一是君主受到重臣的壅蔽，君主对此首先要做的就是去除臣下之蔽。君主保持虚静无为，就有通过以静观变地洞察臣僚之蔽，进而查奸去蔽的意思。

③ 王弼注，楼宇烈校释处：《老子道德经注校释》，第 35 页。

④ 陈鼓应：《老子注译及评介》"初版序"，第 24 页；乔健：《论老子的"精英意识"》，《文史哲》2012 年第 5 期。

⑤ 陈鼓应：《黄帝四经今注今译》，第 103、241 页。

到不急不躁和沉着冷静。[①] 初看来，韩非子亦强调君主的自我修养，比如韩非在《解老》篇讨论“虚静”首先便源于他对过甚君欲的深刻忧虑，因而主张君主应当“重积德”以使“神不淫于外”。《扬权》《主道》《喻老》等篇亦有类似表述。另外在《亡征》《十过》等篇韩非子明言，君主如若一味沉溺于宫室、台榭、陂池、车服及器玩等财货的无尽占有乃至于饕贪无厌，则有亡国之虞。

通观《韩非子》，韩非子并不聚焦于君主的“精神修养”[②]，而是强调君主不应被任何有碍于实施集权统治的人和事所干扰，君主应当在纷繁复杂的政治生活中保持清醒冷静的头脑，在防范臣民侵逼君权的同时最大程度地使臣民尊君事上。《扬权》篇云：“虚静无为，道之情也。……去喜去恶，虚心以为道舍。……主上不神，下将有因。……能象天地，是谓圣人。……主上用之，若电若雷。”[③] 这是说君主应当模仿“道”，既使自己处于虚无静默的神秘状态，又使自己具有若电若雷一般的政治威慑力，从而营造一种既神秘又恐怖的强大威势。《主道》篇谓：“道在不可见，用在不可知；虚静无事，以暗见疵。”[④] “道”之不可见的特性被用来推衍君主在权力运作的过程中，亦要保持神秘状态。君主独居“道”的位置，以虚静无事的姿态使自己处于“暗”处，并静静地伺察群臣的不端行为。可见，在韩非子那里君主“体道”实乃一种“假象”[⑤]，君主只不过是利用“道”来烘托自己的高深莫测和幽暗深邃。韩非子通过援引郑长者言明确指出，虚静无为是君主自我伪装的重要手段，所谓“虚静无为，而无见（现）也”[⑥]。在韩非子看来，一俟君主将自己的一切信息完全隐匿起来，那么所有臣民尤其是重臣便无从窥测君主神威，所谓“众人莫能见其所极”；同时君之“静”还意味着君主的“不离位”，即君主无论何时何地绝不将权柄借于任何他者。[⑦] 韩非子还在《八奸》《奸劫弑臣》《备内》《八经》《内储说》《外储说》及《难一》至《难势》等篇详加

---

① 陈丽桂：《战国时期的黄老思想》，第132—134页。

② 李增：《先秦法家哲学思想》，第229页；黄裕宜：《〈韩非子〉的规范思想：以伦理、法律、逻辑为论》，新北：花木兰文化出版社2009年版，第89页。

③ 《韩非子·扬权》，第32—36页。

④ 《韩非子·主道》，第18—19页。

⑤ 参见曹峰《中国古代“名”的政治思想研究》，第149页。

⑥ 《韩非子·外储说右上》，第239页。

⑦ 参见《韩非子·解老》，第103、116页。

论述君主如何做到自我神秘化。可见，韩非子的“虚静”与其说是君主的内在修养，毋宁说是君主的一种自我伪装。

韩非子之所以将“虚静”最终归结于君主的自我伪装，关键原因在于他对君臣关系的认识与预设。韩非子坚信君臣之间不仅是利益关系，而且是一种势不两立的权力斗争关系，君主因而始终处于两难处境——即君主一方面颇为关心如何有效地掌控整个官僚系统，但是另一方面又对官僚系统尤其是其中的重臣几乎没有任何的信任感，并认为他们统统对君权有潜在威胁，尤其是无法确知哪些臣僚才是真正的威胁，所谓“奸邪满侧”是也。韩非子对君臣关系的这一认识，说明韩非子触及了一个隐秘的事实——即在君主集权制度下任何人只要占据君主之位，那么他就可以行使君权（至少在理论上是如此），从而成为最富最贵者，于是君主权位就最具吸引力，也最易受到觊觎。既然君主处于权力斗争的中心地带，群臣又每每利用君主所呈现出的喜怒哀乐以取信于君，那么君主除非甘于被臣下所壅劫，否则首先必须尽可能地克制欲望和收敛情绪，使群臣失去壅蔽君主的把柄。韩非子一再告诫君主，权力斗争的复杂性远远超乎想象，群臣皆是君主的“潜敌”，因此君主必须保持高度警惕，在与群臣的权力博弈中首先必须静观其变。加之君主的个人能力有限，与其亲力亲为，不如“舍己能”而因任群臣去具体作为，韩非子的“虚静无为”也有这层含义。

韩非子并不满足于君主的自我克制和自我神秘化，如何在“虚静无为”中实现“无不为”才是他真正追求的。韩非子承续自申不害的形名之术，正是联结虚静无为与无不为的桥梁。不过，韩非子认为申不害的术论因其具有“不擅其法，不一其宪令”的弊端，每每丧失禁奸止邪的政治功效，因此韩非子的形名之术实际上是“法”前提下的因任授官和循名责实。在此意义上，“虚静无为”“形名参同”和“守法责成”三者有机地统一于一体，即“虚静以待，令名自命也，令事自定也。虚则知实之情，静则知动者正。有言者自为名，有事者自为形，形名参同，君乃无事焉”①；“人主虽使人，必以度量准之，以刑名参之；以事遇于法则行，不遇于法则止；功当其言则赏，不当

① 《韩非子·主道》，第18—19页。

则诛。以刑名收臣，以度量准下”①。君主根据臣僚的不同才能，依照法度授予他们相应官职，课考其完成职事的情况，从而做出相应赏罚；在这一过程中，君主不受亲情等一切私情的羁绊和情绪波动的干扰，保持极尽冷酷的清晰头脑，使臣僚在法度的细密规定下各司其职，一切人事变得井井有条从而呈现出秩序井然的状态。

有学者据此提出法家试图追寻一种“去人格化”“非私人化”的“客观政治”。② 那么，在韩非子那里君主的虚静无为能否真的导向一种“客观政治”呢？在我们看来，韩非子的此种君术并不能带来客观政治。第一，就君主而言，独占“权原”的君主具有无限权变之可能。第二，就臣下而言，韩非子的理想之臣实际上是君主统治的工具，他们只能够尊君事上和守法听令，不得有任何独立的个人判断和自我意识，必须绝对依附于君主一人，“有口不以私言，有目不以私视，而上尽制之”③，“不得擅行，必合其参”④。群臣看似忠诚于自己的职位，但在本质上只不过是“一种仆人的忠诚”，其原则是官吏对最高统治者“不容限制的效忠义务”⑤。第三，就君臣关系而言，君臣间除了利益角逐关系外，还像福柯所设想的全景敞视监狱里监督者和被囚禁者之间的关系⑥，君主天生是那位始终隐于暗室之中从而不被任何他者所窥测的监督者，群臣则天生是必须受到君主绝对管控的被囚禁者，君主对群臣的监管达到了全覆盖和无死角的程度。君主将群臣的一切言行悉数纳入一己之视线，牢牢掌控了群臣的所有信息和可能动向，使群臣的一切行为变得可计算、可控制，但在表面上虚静无为。对君主而言，臣民的一切无不透明可视；但对臣民而言，君主始终晦暗不明。⑦ 于是，群臣被统统显化和确定化，君主却完全暗化和隐蔽化。

---

① 《韩非子·难二》，第 277 页。

② ［美］本杰明·史华兹：《古代中国的思想世界》，程钢译，第 349、357 页；［英］葛瑞汉：《论道者：中国古代哲学论辩》，张海晏译，第 325 页。

③ 《韩非子·有度》，第 23 页。

④ 《韩非子·八经》，第 337 页。

⑤ ［德］马克斯·韦伯：《经济与社会》，第 1173 页。

⑥ ［法］福柯：《规训与惩罚：监狱的诞生》，刘北城、杨远婴译，生活·读书·新知三联书店 1999 年版，第 226—232 页。

⑦ 另见［法］乐唯《中国古代王权的绝对与超越》，顾正萍译，《先秦两汉学术》2004 年第 1 期。

君主在此虚静无为中俨然编制了一个令人无处逃遁的巨大法网，使群臣不能存有任何试图摆脱君法控制的侥幸心理，尤其是不敢有任何政治野心，群臣犹如笼中困兽一般只能悉听于君主，他们无从知晓君主与君法到底如何变、何时变，因而颇有伴君如伴虎的恐惧感。同时，君主可以随时随地且高深莫测地运用倒言反事、挟知而问以及疑诏诡使等宦术来考验臣下的忠诚度。于是君主尽管“无为于上”，但群臣不免于“竦惧乎下”，臣尽管是贤智之士，但最终结果只能够是“有功则君有其贤，有过则臣任其罪”①，群臣只得抱着始终不渝的待罪意识奴事王廷。在与群臣的权力较量中，君主总是名利双收。不宁唯是，举国境内无所不在的密探随时随地监督和告发背离君主的一切“奸情”②。君主营造出人人自危的政治氛围，最主要的目的便是使任何胆敢壅蔽乃至劫杀君主的企图止于未萌，使臣民连这种想法都不敢有，只能选择顺上之为，这便是韩非子所言“禁奸之法，太上禁其心”③ 的关键所在。

君主尽管看似虚静无为地隐居于深宫，但是他“明照四海之内，而天下弗能蔽弗能欺”④，于是一位表面虚静无为而内心却贪躁无比的君主形象呈现了出来：一方面，他对身边的一切人事始终保持高度警觉，在极度的孤独中惶恐于最高权位之可能被僭夺——一个视权位为第一生命、不信任任何人，却又希望其他所有人皆处于自己掌控中并能够随时随地为己所用的人，难道不孤独和惶恐吗？表面的不动声色恰恰起到了绝佳的掩饰之功；另一方面，君主绝不甘心于无所事事，无为而无不为的统治手段正好满足了君主对所有人事无所不管的本能需求。此种虚静无为在君欲的不断膨胀中势必异变成为一种政治权谋，成为绝深城府与极尽宦术的合体，君主若用此术只可能陷入“阴森之深潭”⑤。有学者指出，韩非子的“虚静”透显出杀气腾腾的气象⑥，不无道理。

韩非子在《解老》篇明言，唯有圣人可以“爱精神而贵处静”，反之一

① 《韩非子·主道》，第 18 页。
② 《韩非子·内储说上七术》，第 161 页。
③ 《韩非子·说疑》，第 306 页。
④ 《韩非子·奸劫弑臣》，第 71 页。
⑤ 牟宗三：《名家与荀子》，《牟宗三先生全集》第 2 册，第 218 页。
⑥ 施觉怀：《韩非评传》，第 188 页。

且“精神乱则无德”。可问题在于，生而在上且拥有绝对权力的中主不大可能是如此这般爱精神的圣人（尽管他们每每自命如是），君主的权力欲只可能无限制地膨胀而不是相反。拥有绝对权力的中主正如韩非子自己所言，定然“欲利甚”“智慧衰”“失度量”“妄举动”，“不顾社稷而轻为自信”[①]。然而这类君主正是子韩非极力反对的——这大概是韩非子所做的一种自我否定。这一“否定”也表明，对拥有绝对权力的君主而言，具有个人修养和行政理性含义的治理之术最终不免反噬于政治权谋之术。

第三节　顺人情与逆人情

君法和君术最终均得落实于君主对所有臣民的赏罚上，而赏罚之所以有效则是因为“人情”有“好恶”。韩非子的人情是指人趋利避害的真实情态，所谓“安利者就之，危害者去之，此人之情也”[②]。韩非子进而指出“凡治天下，必因人情”。这一“因人情”而治的表述实乃一个极具包容性的叙事。因为最根本的人情——即“人之为人”的诉求是，人追求“好”的“可能生活”而讨厌所有的坏生活。人们追求的好生活不仅需要物质保障（这是底线），还需要精神食粮（这才是真正的“人”的生活），精神追求才构成生活的根本问题。当然，所谓好生活之“好”实为一个永无止境的理想而已，迄今为止仍无一个确定的最好状态。若为政者真的能够顺应人情，社会状态虽不一定臻于最好，却不至于太坏。初看来，韩非子的“因人情”是指君主需要“顺人情”，但实则只是君主利用臣民的本能反应来实现集权统治的一种方略，最终“逆”了臣民的“人情”。

对臣而言，臣下只是单方面绝对顺从君主的工具，甚至于被明确地工具化：“夫驯乌者断其下翎，则必恃人而食，焉得不驯乎？夫明主畜臣亦然，令臣不得不利君之禄，不得无服上之名”[③]；“若如臣者，犹兽鹿也，唯荐草而就”[④]。对民而言，农民与战士被视为对君主及其霸业最为有用的两类人。韩非子深信唯有运用名利杠杆才能够最大限度地调动民众投身于农战的积极性，

① 《韩非子·亡征》，第 78 页。

② 《韩非子·奸劫弑臣》，第 69 页。

③ 《韩非子·外储说右上》，第 238 页。

④ 《韩非子·内储说上七术》，第 170 页。

因此需要使民在农战中得到实惠，同时对无益于农战者统统给予重罚。在这一“因人情”的过程中，所有人被塑造成为千人一面、众口一词的顺民。韩非子尽管颇为强调人的自私自利之情，但实际上韩非子建构的理想世界里，臣民只能够做绝对无私者。

不少学者认为韩非子的“因人情”意在强调君主应当“顺应”人情来治理国家。韩非子在内的法家确实从来没有试图压抑人的欲利之心，反之极力强调君主应当引导臣民的这一人情。问题是，即便就最低层次的本能欲求而言，“人”并不应当只按照统治者所确定的方向或标准去生活。迄今为止没有任何一种道德理由或其他正当理由可以说服人们相信，黎民百姓需要/必须为那些贪得无厌的在上者做出各种名义的牺牲。虽然先秦不少思想家对“人之为人”的内涵有着不同的理解，但有一点则是相通的——即他们大多认为人应当超越人与动物所共同拥有的本能欲望去追求某种更高的价值或意义。

在韩非子那里君之“因人情”的治国方略恰恰只是控御所有臣民的本能反应，从而使得“君”变成君以外所有人的“目的”。韩非子坦言：“夫上所以陈良田大宅，设爵禄，所以易民死命也。”[①]“易民死命”正是君主“因人情”的关键目的。《制分》篇谓：“好恶者，上之所制也。民者好利禄而恶刑罚，上掌好恶以御民力，事实不宜失矣。”[②]这里的“制”“掌”“御”三字颇为传神地将君主掌控并驾驭君以外所有人的政治用意凸显无遗。不过，韩非子显然意识到将所有臣民变成君主统治的工具并不合乎臣民的根本意愿，故而主张以严刑重罚使不顺从者就范，对于赏罚不奏效者则“除之”。[③]韩非子始终不大关注“人的本质、价值和意义是什么”等人之精神层面的问题，而是出于佐助君主统治的目的刻意强调或夸大“人情”之中趋利避害的那部分。因为，只有将人所共有的物欲需求和本能避害的本性紧紧抓住了，君主才有可能通过把握共性从而减少群生个性之差异，以达到整体控驭的政治目的。在此意义上，我们认为韩非的“因人情”实质上就是“用人情”，即君主利用臣民对功名利禄的本能需求和对严刑峻法的本能畏惧来实施高效的政

---

① 《韩非子·显学》，第353页。
② 《韩非子·制分》，第367页。
③ 《韩非子》之《制分》《外诸说右上》《说疑》，第369、231、308页。

治控制，君主通过因人情试图将臣民塑造成为对君主甚为有用的人，于是“因人情”倒向了“逆人情”，悖逆了臣民有关“人之为人”的人情。[①]

学界有种说法认为法家的“因人情”具有“爱民”的政治指向，比如梁启超认为法家“本意实为人类公益”[②]，另有不少学者认为法家是“爱民”的。在韩非子那里君之“因人情”真的以“爱民”为最终目的吗？

臣民在君之“因人情”中确实获利不少，适如《六反》篇所言臣民只要“尽力致死，则功伐可立而爵禄可致，爵禄致而富贵之业成矣”[③]。另外，韩非子反复强调“爱民”是君主应当所为[④]——这或许如学者所言可以反映出韩非子具有爱民的“理论动机”，但是韩非子自导自演般的爱民说辞无法说明其治道设计的正当性。实际上法家从不讳言“富民”“爱民”“利民”等只不过是君主实现御民目的的重要手段，“治国之道，必先富民，民富则易治也，民贫则难治也。……是以善为国者，必先富民，然后治之”，“计上之所以爱民者，为用之爱之也”。[⑤] 韩非子更为极端，他强调所有臣民必须为君主所用，并且将臣民“有功则利上”的治国之道称作必然之道。君主的功名利禄和严刑峻法最终均是为了使臣民在“尽力于权衡”和“死节于官职”[⑥] 的过程中完全听命和顺从君主，毕竟“人不乐生，则人主不尊；不重死，则令不行也”[⑦]。适如萧公权所言：“‘顺民’不必与专制冲突。……盖古今中外最专制的政府无有不赖多数人民之信服以维持者。”[⑧] 可见，爱民实乃一种自我说辞，这是法家自己的明确说法。

君主之所以需要这般“爱民”，就在于战国时代编户民地位的重要性。他们既是军队的主要来源，亦是其他各类徭役和赋役的主要承担者。作为“民之主人”（即“民主”）的君主必须高度重视“民”。一旦政权缺少了民的支持，或者说民被压榨得不得不揭竿而起，这绝非任何一个稍有理智的统治者所愿意看到的。正因如此，韩非子在内的法家强烈建议君主需要“爱

① 另参见杨阳《韩非非道德主义政治思想述论》，《政治学研究》2015 年第 2 期。

② 梁启超：《先秦政治思想史》，《梁启超全集》第 12 卷，第 3699 页。

③ 《韩非子·六反》，第 320 页。

④ 《韩非子》之《问田》《解老》《心度》，第 303、104—105、365 页。

⑤ 黎翔凤撰，梁运华整理：《管子校注》，第 302、924 页。

⑥ 《韩非子·守道》，第 151 页。

⑦ 《韩非子·八说》，第 329 页。

⑧ 萧公权：《中国政治思想史》，第 197 页注 2。

民”——即尽可能地调适君之无穷欲望与民之有限承受力二者间的矛盾，在“用民”之时切忌竭泽而渔。正是在更加长久的用民层面，韩非子坚决反对君主毫无节制地“劳苦百姓，杀戮不辜”①，要保障民众“饥而食，寒而衣”②的最低需求。

民之所以不得不接受君主的“爱”，最关键的原因是，战国时代最主要的生产生存资料即土地完全垄断于君主/国家那里，君主直接统筹“为国分田”“制土分民”的所有事宜，并逐渐通过郡县制、户籍制等将基层民众悉数纳入直接控制，于是民不得不唯君主是从。③ 在君主全然独占“利害之道”的前提下，“利于民者，必出于君”④，一切不合乎君国之“公利”者统统被视作“私利”而归于禁绝之列，所有臣民只得心往君处想而力往君处使，他们若想“活着”或者在物质上过得更加富裕一些，只能够“仰生于上”⑤。

韩非子的“因人情”不仅逆了臣民的人情，亦逆了君主的人情。初看来，君主所获之大利最多，不仅有物质的无限享受，还有控驭所有臣民的满足感和实现“伟大理想”（却无视“民”之死活）的成就感，尤其是他拥有任何臣民无法企及的活动空间和选择自由，可以做自己想做的任何事情（尽管这被韩非子明确反对）。但是当君主自视做了其他所有人的“主人”之时，他亦将自己置于“奴隶”的地位。只不过，君主从来不愿意忍受“人”的支配，却心甘情愿于接受“物”的奴役。在一个权力至上的社会里，个人所占据资源的多少与其拥有权力的大小适成正比，因此“权力”本身就等同于一种可以换取一切资源且最具诱惑力的“物”。在自己无穷无尽的物欲享受尤其是无限权力欲的裹挟和诱迫之中，君主最终沦为己欲之奴仆——君主亦活得不像“人”。

韩非子对此直言不讳，如同将所有臣民工具化一样，他亦将君主工具化，只不过君主是更具神性的“龙”和比“狗”更厉害的“虎”。⑥ 龙虎虽颇富

① 《韩非子·亡征》，第 78 页。

② 《韩非子·安危》，第 147 页。

③ 张金光：《战国秦社会经济形态新探》，第 39—41、163—165 页。

④ 《韩非子·八奸》，第 38 页。

⑤ 黎翔凤撰，梁运华整理：《管子校注》，第 551 页。

⑥ 《韩非子》之《说难》《二柄》，第 66、27 页。

“神”“力”，但终归只是兽。在“以兽治兽”[1] 的世界里当然不会有关于精神生活的深远关切。君主缺少精神生活的自我追寻，当然不希望其他所有人有此诉求；君主自己活得不像人，当然不会使他人活得像人。对专制者而言，权力就是第一生命。韩非子确实只是为君主的本能欲望即权位的恒久稳固而苦苦思虑，并未认清君主亦应当追寻人之为人的精神生活。韩非子治道设计的对象——即中主恰恰就是这类只可能无限追求绝对权力而漠视精神生活的君王。可见，韩非子的“因人情”看似“顺人情”，但实则只是君主刺激、调动、控驭和满足人情之中最低层次的本能欲求，即使君主以外的所有人不成其为“人”，亦使君主自己不成其为“人”。

第四节　韩非子治道学说的内在逻辑

不少学者已经指出韩非子学说内含着深刻的矛盾。梁启超将法、术、势分别总结为法治主义、术治主义和势治主义，认为法治主义“与近代所谓君主立宪政治者精神一致”，术治主义是“人治主义之一种”，“势治者正专制行为”。[2] 梁启超的观点是否完全准确，姑且不论，但这至少表明他认识到法术势三者是有矛盾的。王邦雄指出君势的抬头导致国法下落[3]，这说明他认识到了法势之间的矛盾。刘家和认为法术势三者虽是互补的，但三者也有矛盾，表现为法术之间、法势之间是有矛盾的。[4] 蒋重跃进一步指出，不仅法术势三者之间有矛盾，而且三者各自内部亦有矛盾。[5] 还有学者从另外的角度分析了法家及韩非子学说的内在矛盾。张祥龙指出：“法家在中国思想史上是一个奇观：初看极为理性，极其现实，极巧妙；初用之，极有成效，极能富国强兵。但它善反噬，稍有疏忽，或简直是不可逃避地会吃掉使用它的人。”[6] 在张祥龙的基础上，黄启祥从法家思想对法家人物反噬的角度讨论了法家学说的内

① 韩东育：《诸子的人兽理论与学说分合》，《东北师大学报》1989 年第 6 期。
② 梁启超：《先秦政治思想史》，《梁启超全集》第 12 卷，第 3671—3676 页。
③ 王邦雄：《韩非子的哲学》，第 240 页。
④ 刘家和：《史学、经学与思想》，第 351 页。
⑤ 蒋重跃：《先秦两汉学术思想蠡测》，第 123 页。
⑥ 张祥龙：《拒秦兴汉和应对佛教的儒家哲学》，第 10 页。

在矛盾。[①] 尤锐指出韩非子思想的主要悖论是，一方面理想君主被预设成为全知全能的统治者，但另一方面君主一再被提醒在治国理政过程中应当尽可能地去除个性化。[②] 本书正是在前辈学者的基础上所做的进一步讨论。不过尽管韩非子学说内含深刻的矛盾，但是在强化君主集权、维护君主绝对权威上却具有高度的自洽性。

韩非子在《大体》篇集中呈现了君主在践行其治道后所达到的“至安之世”：

古之全大体者：望天地，观江海，因山谷，日月所照，四时所行，云布风动；不以智累心，不以私累己；寄治乱于法术，托是非于赏罚，属轻重于权衡；不逆天理，不伤情性；不吹毛而求小疵，不洗垢而察难知；不引绳之外，不推绳之内；不急法之外，不缓法之内；守成理，因自然；祸福生乎道法，而不出乎爱恶；荣辱之责在乎己而不在乎人。故至安之世，法如朝露，纯朴不散，心无结怨，口无烦言。故车马不疲弊于远路，旌旗不乱于大泽，万民不失命于寇戎，雄骏不创寿于旗幢；豪杰不著名于图书，不录功于盘盂，记年之牒空虚。故曰：“利莫长于简，福莫久于安。”使匠石以千岁之寿操钩，视规矩，举绳墨，而正太山；使贲、育带干将而齐万民；虽尽力于巧，极盛于寿，太山不正，民不能齐。故曰：古之牧天下者，不使匠石极巧以败太山之体，不使贲、育尽威以伤万民之性。因道全法，君子乐而大奸止。澹然闲静，因天命，持大体。故使人无离法之罪，鱼无失水之祸。如此，故天下少不可。

上不天则下不遍覆，心不地则物不必载。太山不立好恶，故能成其高；江海不择小助，故能成其富。故大人寄形于天地而万物备，历心于山海而国家富。上无忿怒之毒，下无伏怨之患，上下交朴以道为舍。故长利积，大功立，名成于前，德垂于后，治之至也。[③]

① 黄启祥：《论法家学说的反噬现象》，《北京社会科学》2016 年第 4 期。

② Yuri Pines，“Submerged by Absolute Power：The Ruler's Predicament in the Han Feizi”，in Paul R. Goldin，eds.，*DAO Companion to the Philosophy of Han Fei*，p. 77.

③ 《韩非子·大体》，第 156—157 页。

在这一至安之世里，作为韩非子理想中的君主——“圣人”能够体察和因循天地之道，通过“因道全法”将一切政治事务悉数交付于“道法”，并保持“澹然闲静”，既“不急法之外”，亦“不缓法之内”。所有臣民莫不悉知“祸福生乎道法”，因而不得不将言行统统调整于法度以内。如此保全“大体”之君看似“不逆天理，不伤情性”，一如学者所言怀揣着“美的理想”①，但实则已通过“道法”的形式将自己的意志公布于天下。包括君主在内的所有人看似莫不处于法度以内，但实则只是君主弄法前提下的臣民守法。臣民越是守法便越是依附于君主，绝对的顺民连“怨心”和“烦言”都不敢有。天下所有人悉数服从君主，因此也就没有了战争——这正是战国时代近乎所有君王所期盼的，即通过富国强兵扫荡宇内而唯我独尊。当天下只剩下君之“道法”这唯一的是非准则，历史书写也就失去了必要性。再结合《难势》《难一》《守道》《功名》等篇可知，韩非子深信无需等待尧舜一般的圣贤之君，只需要中主就可以通过“寄治乱于法术，托是非于赏罚”实现这一理想治世。

韩非子清醒地认识到能够真正体道守法、虚静无为和因人情的君主绝不是平庸的君主，只可能是那些拥有超凡聪慧的圣君明主——这也正是《韩非子》中为什么大量出现圣君明主的重要原因。韩非子的理想治道并非中主所能践行，这显示出韩非子对理想之君的某种期待以及韩非子政治思想的理想性。问题是，如若君主不圣不明，又当如何呢？

通观《韩非子》，韩非子试图从四个方面约束君主，分别是“道”“法”“法术之士”和“亡征”。关于“道”和“法”皆构不成对君主的实质约束，已如上述。下面就忠臣之谏和亡国之险两个方面稍作分析。

韩非子认为“法术之士”可以担当起“矫人主阿辟之心”② 的大任。不过，韩非子的谏诤之论也存在着深刻的矛盾。其一，韩非子反复告诫君主万万不可信任任何臣僚，君主又因何应当完全信任法术之士呢？其二，韩非子深信人情好利，人与人之间根本没有超越利害算计的纯粹关系，那么法术之士不惜以死为代价来表明的“尊主安国”③ 之心又从何而来，法术之士与君

① 王静芝：《韩非思想体系》，第 79 页。
② 《韩非子·孤愤》，第 56 页。
③ 《韩非子·奸劫弑臣》，第 70 页。

主之间又如何在根本利益和政治信仰上保持高度的一致呢？其三，韩非子坚决反对任何臣僚窥测君心，然而韩非子自己却是（先秦诸子中）揣摩君主心理最多者。这不是矛盾，又是什么呢？其四，君主既已成为乱君暗主，又怎么可能洞察法术之士的一片忠心，并相信法家之道可以去乱求治呢？其五，君主集权制度的“法”与当下的君主意志偶尔会有抵牾，重臣之所以每每深受君主喜爱的重要原因就在于，他们会随机应变地在背离法度的同时又迎合当下君主之喜好。在此情形下，法术之士的“强毅劲直”[①] 恰恰会招致君主的反感和排斥。为了进谏成功，法术之士需要“知饰所说之所矜而灭其所耻”[②]，要学会掩饰君主的自负处，同时消除君主感觉耻辱的地方，最大程度地迎合君主之好恶，这与重臣的所作所为又有什么本质区别呢？进言之，这种获得暗主之宠信的“恶手段”又如何为其所谓的“好目的”做正当性辩护呢？其六，韩非子坚决反对重臣结党营私以壅蔽其主，那么法术之士若得到君主信任并受到重用，又如何保证他们不与重臣一样权倾朝野甚至剑指王冠呢？即便君主真的完全践行了法家之道，那么是否真的能够导向一种“治世”呢？韩非子颇有真理在握的自信，这也是他偶尔将法术之士等同于圣人的关键原因。然而，法术之士的进谏始终在绝对的主从关系中展开，这不过是“下”对“上”的一种规劝而不可能是实质性的制衡。法术之士冒死直谏不过是在绝对认同君主集权统治的前提下，去说服君主践行法家的必然之道从而使所有臣民不得不“爱君”。[③] 正因如此，这些直谏之臣的存在对于君主的集权统治只有益处而不是相反。这说明，在君主专制体制下臣下对君王的任何进谏对君之暴虐无度只具有细微的调节作用，却不大可能动摇君主统治本身，反之很可能成为其强化统治的重要方式。君主虚怀纳谏确实是“最大的君德”[④]，但这仍然以君主自省和自律为前提。韩非子深信忠贞谏言最终“非贤圣莫能听”[⑤]，这表明他已隐隐预感到法术之士的劝谏最终难免失败的宿命。

韩非子反复告诫君主，若君主昏暗无道，那么伴随而来的便是失权亡国

---

① 《韩非子·孤愤》，第 55 页。
② 《韩非子·说难》，第 62 页。
③ 《韩非子·奸劫弑臣》，第 70 页。
④ 徐复观：《学术与政治之间》，第 102 页。
⑤ 《韩非子·难言》，第 15—16 页。

的危险，要么亡于臣僚之手，要么亡于他国之君。对于稍有理智的君王而言，这种“亡征”对其治国理政行为的影响力是不容低估的，甚至可以说这对某些君主而言最具强烈的警示意义。关键是，大概所有君王都会或多或少地意识到自己的无道终会导致亡国丧权的严重后果，很难说历史上的暴君暗主就没有意识到自己的恣心所欲有亡国之虞，或者说那些暴君是故意亡国的。对于生而在上的多数君王而言，他们的目光恐怕没有那么长远。无数历史事实是为明证。

既然每每被学者视作对君主有限制作用的道、法、忠臣之谏和亡国之虞均对君主集权统治没有实质性约束①，那么韩非子又是如何看待无道之君的呢？韩非子明言即使君主真的错了，只能是“臣任其罪”，因为“人主虽不肖，臣不敢侵也”，甚至于“主而诛臣，焉有过”。② 这些决绝之辞实际上将君主置于一种可以随意宰制臣民的绝对地位，这体现出韩非子绝对的尊君指向——即君主再怎么昏庸无道，任何臣下都不应当有任何的反叛之心和革命之举，君主占据绝对权位已然被视作天经地义。虽然先秦诸子大多将君主视作“秩序”和“治世”的最高象征并有程度不一的尊君倾向，却没有如韩非子这般绝对者。正是在这里，韩非子实质上承认了“暴君在位”的合理性。这最为真实地展现出韩非子治道思想的本质所在——即纵然君主已堕化成为桀纣般的独夫，其绝对权位亦须受到无条件的尊崇。在绝对的君权稳固面前，君主的“明”与“暗”已然无关宏旨。韩非子替君主告诫所有臣民，必须根绝一切试图挑战、颠覆和推翻君主集权统治的意图和预谋。正因如此，韩非子反对任何形式的君臣易位并将汤武之行视作“反君臣之义”和“为人臣而弑其主”的暴乱之举。③ 这也正是绝大多数学者认为韩非子信守君主本位的关键所在，不过从这些近乎无条件的尊君之辞来看，韩非子乃是绝对的君本位论者。韩非子的这一绝对尊君观念，当然与韩国长期以来君权不振、国力孱弱因而在列国纷争中每每处于弱势地位不无关系。

韩非子治道思想是他对周秦之间历史变局所做的独特的理论回应。《史

---

① 整个官僚系统对君主的行为可以产生一定的约束，但韩非恰恰主张君主需要绝对控制官僚系统。

② 《韩非子》之《主道》《外储说左下》《八经》《忠孝》，第 18、224、332、358 页。

③ 《韩非子》之《爱臣》《备内》《难四》《说疑》《忠孝》，第 16、85、295、311、358 页。

记·梁孝王世家》："周道尊尊者，立子。……周道文，文者法地，尊者敬也，敬其本始，故立长子。"《史记·高祖本纪》："周秦之间，可谓文弊矣。"牟宗三指出先秦诸子皆是从不同角度来思考"周文疲弊"问题的，所谓周文亦即"传子不传弟，尊尊多礼文"[①]，它主要是指周代的典章制度、礼乐文化等一整套的制度体系和文化系统，其中"尊尊"乃"文之所以为文之切义也"[②]。周文疲弊的重要表现便是周天子王权式微、礼废乐坏和秩序失范。在牟宗三看来，先秦诸子中唯有法家"将周文疲弊视为一政治社会之客观问题来处理"[③]。处于诸子之殿的韩非子，将其治世理想完全建立于绝对君权的基础上，这与他极端化发展周文的"尊尊"观念不无关系。韩非子确实肯定和认可权力传承中父死子继制度的合理性，他还尤其强调作为臣的太子亦须绝对服从作为君主的父。韩非子坚决认同三代以来"家天下"的事实，并且从"道"的层面论证了君主永享国祚的不容置疑性。这是韩非子之所以极少正面讨论君主权力之来源的关键原因，因为三代以来"打天下"始终是"家天下"的最大理由，而父死子继或兄终弟及等权位传承方式，只不过是打天下和家天下之政治逻辑的具体表现而已。韩非子向来被视作具有变古倾向者，但在绝对认同家天下这一点上他显然处于历史发展脉络的延长线上。韩非子又进一步将"尊尊"向前推进了一大步。西周春秋的"尊尊"是在注重宗法血缘亲疏的礼乐文化氛围中展开的；韩非子的"尊尊"则完全建立于君臣市交的冷酷计算基础上，这是他对战国以来列国变法后，君主集权制度不断得到强化的认同和理论回应。西周春秋的"尊尊"重视在上者与在下者之间的双向关系，即只有当在上者率先尽到应尽之责任后，在下者才有服从之义务；韩非子的"尊尊"则强调所有臣民近乎无条件地效忠君主的单向关系。君主在绝对掌控官僚系统的基础上实现臣民统统顺从于君主，便是这一单向政治伦理的集中体现。这一致思逻辑始终贯穿于韩非子的治道思想。

韩非子的治道思想也是他继承并极端化发展先秦诸子"得君行道"政治思维的结果。先秦诸子大多祈盼一位理想明君能够"为民"治天下，在儒家

① 牟宗三：《历史哲学》，《牟宗三先生全集》第9册，第36页。
② 牟宗三：《历史哲学》，《牟宗三先生全集》第9册，第37页。
③ 牟宗三：《中国哲学十九讲》，《牟宗三先生全集》第29册，第156页。

看来“仁君”可以作为“民之父母”而“爱民”[①]，在墨家看来君主可以“兼爱”天下百姓[②]，在黄老看来君主可以因循“天道”进而“亲民”[③]。尽管诸子不乏高远理想和终极关切，但他们似乎淡化了一个颇关宏旨的问题——即君权世袭时代君主是否可能真正地爱民呢？尤其是他们与韩非子一样亦忽略了权力与特权的孪生本质和事实。这是中国古代“得君行道”思维的重要理论困境。不过我们不能因此就忽视或淡化韩非子与其他诸子的迥异之处，这一根本的不同便是韩非子的绝对君主本位观念。王元化指出：“许多论者评价韩非，往往撇开他的君主本位的基本思想而加以拔高。”[④] 不过更准确地说，试图拔高韩非子治道学说的学者往往并未漠视韩非的君主本位观念，而是“预设”真的存在一位拥有绝对权力，且可以克制一己之欲进而为天下苍生负责的君主。尽管韩非子一再强调君主应当节制己欲，但是对于战国中后期已然拥有无上权势的君王而言，其欲望不会比其他任何人少，反之随着君主见到的、得到的乃至想到的东西愈多，其欲望只可能无限增加，适如《管子·权修》篇所言“人君之欲无穷”。列国国君所主导的“海内争于战功”以及因之而来的残酷的列国纷争，是为显证。尤其在韩非子那里君主已然被视为“应当”永远掌控绝对权力，由此不难想见，君主权力欲中永无底线和绝无止境的支配欲必然无限膨胀，更关键的是，君主完全可以利用无人敢违逆的绝对权力反反复复地徘徊于“制造欲望”和“实现欲望”之间。历史一再表明，试图低估权力之为恶的可能性的高调说辞，往往在权力自负的事实面前黯然失色。

韩非子等先秦诸子将实现治世理想几乎完全寄托于君主，在史华兹看来，其原因在于中国传统的政治思想存在一个“深层结构”。这一深层结构具体表现为，“君权”象征着一个“神圣位置”，这一“位置本身比是谁占据那个位置更为重要”。就是说，思想家们均祈盼处于神圣位置的君主拥有良好的个人品质，但如若君主没有达到良善的德行标准，那么思想家们仍然宁愿选择“有君”而不是“无君”。因为君权的稳固被视为“治”“乱”的分野，“正因为怕

① 参见《孟子·梁惠王上》《荀子·王制》。
② 参见《墨子·兼爱》诸篇。
③ 参见《黄帝四经·十大经》。
④ 王元化：《王元化集》第6卷《思想》，第7页。

‘乱’，所以不敢质疑或挑战这个深层结构”。[①]“君”的存在被视作秩序稳定的最高象征，至少是天下之“治”不可或缺的重要前提。正是由于这一秩序情结所隐含的对君权的尊崇，不少诸子虽然每每大力批判昏庸之君，却不批判和质疑君主权力以及君主专制制度本身。亦因如此，对无道之君的大力批判，事实上在更高层次上肯定了圣君明主的无限美好和君权恒久稳固的天经地义。[②]

《韩非子·奸劫弑臣》：“圣人者，审于是非之实，察于治乱之情也。故其治国也，正明法，陈严刑，将以救群生之乱，去天下之祸，使强不陵弱，众不暴寡，耆老得遂，幼孤得长，边境不侵，君臣相亲，父子相保，而无死亡系虏之患，此亦功之至厚者也。愚人不知，顾以为暴。”[③]唐君毅对此指出，这是“韩非之所以自辩其说者也”[④]。这一说法不无道理，但若做这样的解释，那便极容易使人忽略韩非子治道思想所内含的“大一统”意识。春秋战国是中国历史由封建向郡县、由小邦向大国转变的时代，这一时期虽然以分裂与混乱为重要特点，但诸子往往认为这种“乱世”只是一时情形，他们大多相信曾经有过“天下为一”的治世，并从不同角度阐发了“大一统”的观念。韩非子则主张在绝对君主集权统治的基础上实现兼天下，所谓“能独断者，故可以为天下主”[⑤]。赫尔佐克指出，法家的政治理想是“结束战国时代，在几百年的混乱和自相残杀之后终于又能致力于建立外部和平和内部秩序”，“法家将全部增强国家权力的活动都用来服务于建立和平和秩序”。[⑥]这是颇有道理的。

作为理想的施政者，韩非子的“明主”最终成为一种象征性和符号化的政治权威。[⑦]该明主在控制臣民的时候亦要做到近乎严苛的自我控制，使自

---

① ［美］史华兹：《中国政治思想的深层结构》，载许纪霖、许宏编：《史华兹论中国》，新星出版社2006年版，第25—27页。

② 参见刘泽华《中国的王权主义》，第127页。

③ 《韩非子·奸劫弑臣》，第72页。

④ 唐君毅：《中国哲学原论（原道篇）》，第305页。

⑤ 《韩非子·外储说右上》，第241页。

⑥ ［德］罗曼·赫尔佐克：《古代的国家：起源和统治形式》，赵蓉恒译，北京大学出版社1998年版，第261—262、264页。

⑦ 尤锐指出，韩非子的“君主”有两层含义，即君主首先是一种“制度”，其次才是一个“个体”，并且往往是一个平庸的个体。韩非最关心的便是如何防止后者损害前者，即统治者的个性损害君主制度本身。君主在政治生活中避免“个性化”，使其行为合乎法度，从而在权力运作做到完全隐形，便是韩非对明主的要求。Yuri Pines，“Submerged by Absolute Power：The Ruler's Predicament in the Han Feizi”，in Paul R. Goldin，eds.，*DAO Companion to the Philosophy of Han Fei*，p. 79.

己的欲望和行为严格限制在不致威胁集权统治本身的限度内。现实中的君主若效仿该明主便可以使臣民相信君主权力具有虽远必诛和摄人心魄的强大威势，又使臣民尤其是重臣莫不感到君主遥不可及而永远高高在上。如上述所论，韩非子一方面试图最大程度地佐助君主集权，另一方面又提醒君主需要减少个性化的施政方式，韩非子的治道思想因而呈现出深刻的矛盾。不过诚如蒋重跃所言："迄今为止，人类发明和设计的各种社会方案，还没有发现哪一家是没有矛盾的，有时矛盾的尖锐性与思想的深刻性恰恰是正相关的。韩非思想体系，不但展示了战国时代社会和政治的矛盾，更显示了它作为伟大思想所必须具备的深刻性和复杂性。"[①] 此论甚是。韩非子的治道思想既展示了韩非子对东周乱世如何"为治"的独特思考，亦体现出中国古人"得君行道"政治思维的深刻悖论，还体现了君主集权制度的运作逻辑与内在矛盾。我们也绝非自认比古人"高明"，从而无端贬低韩非子及其学说，而是要通过进一步的疏解来"接着讲"韩非子思想的深刻性和复杂性。

第五节　余论

一切思想理论对专制统治者而言，往往仅具有"工具"意义上的价值。萧公权指出："专制政体得先秦法家之助而长成，乃旋即弃之不顾，使归于微弱，纵非枭食其母，亦似得鱼忘筌。"[②] 余英时认为，专制统治者往往只是从思想家著作中提取他们自认为对维持统治有利的某些观念，至于这些观念在该思想理论系统中的真正意涵和原本位置究竟是怎样的，其实并不重要。因此如果我们认真地把韩非子的理论和个别的皇帝所推行的法家路线加以对照，那么我们也无法否认韩非子的思想在后世的实践中也受到了歪曲。[③] 这是准确的。若依照韩非子对"明主"的界定，我们会发现在公元前221年至1911年间的332位皇帝[④]中没有一人完全符合韩非子的要求。这既从一个侧面说明韩

① 蒋重跃：《先秦两汉学术思想蠡测》，第129页。
② 萧公权：《中国政治思想史》，第18—19页。
③ 余英时：《中国思想传统及其现代诠释》，江苏人民出版社2003年版，第93—94页。
④ 白钢：《中国皇帝》，第44页。

非子治道思想的理想性，也反映出韩非子之“明主”难能可贵的程度到了几乎不大可能实现的地步。

白钢将中国古代皇帝分为七个类型，分别是创业型、守成型、鼎革型、荒淫型、误国型、残暴型与傀儡型。[①] 周良霄则分为五个类型，分别是事业型、享受型、变态型、弱智型与平庸型。[②] 关于秦统一天下后中国历代皇帝治国之道的讨论，已然超出本书的讨论范围。这里仅就与本书论旨密切相关的部分稍作分析，以从历史的角度来反观韩非子治道思想的内在矛盾。

在君主专制时代同一位君主往往集“明君”“中主”和“暗主”的特性于一身，任何所谓的圣君明主或平庸之君随时随地都可能做出乱君暗主的行为，这从一个侧面反映了拥有绝对化权力的君主变为乱君暗主的必然趋势。若依照韩非子对“明主”“中主”和“暗主”内涵的界定，中国古代皇帝除了极度昏庸荒淫者外，绝大多数皇帝与韩非子的中主有更多的相似处——即上不及尧舜而下亦不为桀纣。问题是，这些与韩非子的中主最接近的皇帝，他们往往既具有“明主”的一面，同时亦具有“暗主”的一面。以秦始皇为例，一方面秦始皇的某些行为确实符合韩非子的“明主”要求。比如秦始皇自称“体道行德”[③] 者，秦始皇的集权统治主要是通过“建定法度”和“普施明法”来实现的[④]，秦始皇还是中国历史上第一位自称“祖龙”的君王[⑤]。另一方面，在一统天下后秦始皇的权力欲开始无限膨胀，大修陵墓、迷信鬼神、寻求长生不老药，并倾心于建造各类不顾民众死活的浩大工程，以致举国耕地所产亦无法达到秦廷规定的粮饷数量，全国女子所织之布也不能应付秦廷规定上缴所需，“竭天下之资财以奉其上，犹自以为不足也”[⑥]。有学者

---

① 白钢：《中国皇帝》，第 43—144 页。

② 周良霄：《皇帝与皇权》，第 216—219 页。

③ 《史记·秦始皇本纪》，第 533、536 页。注：石刻上的文字尽管是媚臣对秦王的奉承之辞，但君臣间这种自导自演的说辞恰恰能够显示出始皇帝内心的真实想法。

④ 《史记·秦始皇本纪》，第 532、541、543 页。

⑤ 《史记·秦始皇本纪》：“祖龙，人之先也。”尤锐指出秦始皇通过“自我神化”不仅将自己置于“政治金字塔的塔尖”，亦将自己置于“道德金字塔的塔尖”，俨然以“救世主”的“神君”自居。[以] 尤锐：《有“救世主”特色的秦始皇》，载葛荃主编《反思中的思想世界：刘泽华先生八秩华诞纪念文集》，天津人民出版社 2014 年版，第 167—184 页。

⑥ 《史记·平准书》，第 2421 页。

指出秦始皇是三代以来最具“兽性”的君王[①]，并非没有道理。秦始皇狂妄自大和飞扬跋扈的行为，恰恰是韩非子所极力批判的“暗主”形象。可见，秦始皇身上同时集合了韩非子所谓“明主”和“暗主”的形象。不宁唯是，秦至清的历代君王往往亦是如此。一方面君王们遵守专制制度的运作规则，接受祖宗之制、礼仪法度、官僚系统以及民心向背等因素的直接或潜在约束，表面上保持清心寡欲和虚静无为，通过一整套的集权制度控制臣民；但另一方面“口含天宪”的君王往往可以随时改变法度，将当下的君主意志载入新法，所谓“前主所是著为律，后主所是疏为令”[②]，同时每每因为无限膨胀的权力欲，做出各种乱君暗主的行为。进言之，君主之“圣明”只是自律所致，乃是君主出于对“实施暴政终将失天下”的深深警觉以及维护更加稳固和长久统治的考虑；反之，君主之“昏暗”则往往是君主拥有无限特权进而势必恣心所欲的结果。

专制王朝的后期暗主越来越多，这从另一个侧面反映了拥有绝对化权力的君主变为暗主的逻辑必然性。自秦至晚清中国始终处于一治一乱的循环往复状态。约略而言，创业型、事业型和鼎革型皇帝往往在“打天下”的基础上为本朝的集权统治做出了诸多的制度设计和人事安排，使集权统治得以较平稳地传承和过渡。然而，王朝的中后期往往是享受型、弱智型、荒淫型和傀儡型皇帝在位（当然也有不少明主），尽管在专制集权体制下任何所谓的圣君明主随时随地都可能做出乱君暗主的行为，但是越到王朝后期乱君暗主越多似乎是一个宿命般的趋势。周良霄指出，在皇帝队伍中平庸型皇帝占了绝大多数。这些平庸型皇帝往往具有三个特点：“第一，他们往往是在激烈的皇位继承争夺中长大的，习惯于你死我活的生存逻辑，使善良者流于懦弱，使桀骜者习于凶顽。第二，他们自幼以天潢贵胄自命，容易养成狂妄的癖性。所以这种人容易滋生变态，生出许多正常人所不该有的怪癖、异想、恶习和荒唐行为。第三，……他们是无限特权的拥有者。”总之，“在貌似平庸型的

① 雷戈：《秦汉之际的政治思想与皇权主义》，第238页。雷戈进一步指出：“伴随着社会进化，君主权力的无限扩大，已成为一个令人不寒而栗的政治现实。其后果是，君主已突破人性之界限而抵达兽性之边缘。至少在君主身上人性与兽性已无明确界限。即君主可随时不受约束和惩罚地表现自身兽性的一面，而丝毫不必考虑任何政治的道义性和行政的合理性。这似乎成为皇权政治的一个必然权力特征。”这一论断，与本书论旨相映成趣。

② 《汉书·杜周传》，第2659页。

皇帝队伍中，贪、残、狠、诈，习为常行，他们实际上是并不平庸的”。[①] 可见，才德平庸的皇帝因为享有无限特权，必然展现出人性极度狰狞的一面。若依照韩非子对君主的品评，君主专制体制下的这些所谓的平庸型皇帝其实更符合韩非子的乱君暗主形象。这大概可以说明，在专制集权体制下君主的平庸只是表象，昏暗才是实质（尽管他们未必达到末代独夫的残暴程度）。萧公权指出韩非子的术论几乎成为秦汉以后昏君失政的“预言”[②]，在笔者看来，韩非子亦预言了专制君主腐化为乱君暗主的必然性，韩非子治道思想本身呈现出君主由自我控制向自我膨胀的演变轨迹，这一演变轨迹便从一个侧面反映了专制君主由“自信自律”向“自圣自负”演变的趋势。

韩非子选择以“中主”作为治道设计的对象，这是颇有深意的。[③] 韩非子认为君权世袭时代尧舜桀纣一般的人物在位均是少数，因此他力图设计一套治国之道，意在使中等资质的君主也能够在寄治乱于法术中实施高效的集权统治。相较儒家而言，法家聚焦于如何确保君主的“权力”和设计维护权力的“制度”，他们试图给专制君王的集权统治提供一种“权力——制度保障”[④]。韩非子进一步思考的是，君主如何确保绝对化的权力，并简便高效地使用绝对化的权力，同时在控制臣民的时候亦能够做到一定程度的自我控制，使自己的施政行为始终限定在维护和完善集权制度的范围内。约略而言，历史上政治相对清明的时代，君王们往往将自己的欲望和行为调整到更有利于维持长久集权统治的范围；反之，末代独夫则每每胡乱作为，最终导致民不堪命从而改朝换代。韩非子追求前者，并极力反对后者。秦至晚清之间朝代尽管在更替，但专制主义中央集权体制的运作逻辑始终没有根本性的改变。许多“中主”之所以能够以平庸资质接续皇统，所依靠的正是这一套不断完善的集权制度。秦至清君主专制制度处于不断发展中，具有尽可能地弥补专制君主精力不足和能力有限的作用，这使得即便无能的君主也能够有效地控制天下臣民。这也能够部分地解释为什么在某些朝代的个别皇帝尽管极度平庸（甚至长期不理朝政），却仍然能够维持集权统治。这也正是韩非子所言

---

① 周良霄：《皇帝与皇权》，第218—219页。

② 萧公权：《中国政治思想史》，第249页。

③ 笔者对韩非子之“中主”的思考，受到了蒋重跃先生的启发，谨致谢忱！

④ 雷戈：《秦汉之际的政治思想与皇权主义》，第168页。

“寄治乱于法术”的关键所在。韩非子明确指出，若能以法术牢牢掌控官僚系统，那么君主即便如赵敬侯一般“不修德行，而好纵欲”，也能够“享国数十年，兵不顿于敌国，地不亏于四邻，内无君臣百官之乱，外无诸侯邻国之患”①。不难看出，韩非子关注的是一种超越具体某个君主的集权制度设计。

司马谈《论六家要旨》认为，法家学说“可以行一时之计而不可长用也”。这一说法既是对法家的评价，也是对秦之短祚历史教训的反思，尤其深刻地揭示出法家因其追求“必然之道”而带来的刚性过足的理论缺陷。然而，这一说法也低估了法家对于中国古代君主统治的重要性。实际上“尊主卑臣，明分职不得相逾越”的法家学说已然融入两千余年来帝制中国的制度设计和王权观念中了。汉承秦制的事实，“霸王道杂之”的自诩，体现了法家学说对“帝制中国”在制度建构中的深刻影响。即便在被视为盛世的文景、贞观以及康乾等时期，在把控和维护绝对权势上，这些君主与其他君主并无本质不同，只不过他们稍稍调整了君—臣、君—民、吏—民之间的紧张关系，毕竟只有臣民更大程度上的效忠和臣服，才能够维持更加恒久稳固的统治。君主“圣明”与否，均无法改变专制权力全面宰制臣民的政治本质。萧公权指出，秦以降的专制统治者每每将秦的“极端的专制”予以收敛而以一种“妥当的伪装”,② 所谓“内多欲而外施仁义”③ 是也。专制君主即便受到了诸如宗教、祖制、礼义法度等各方面的限制，但这些限制“不足以动摇专制政体的根本”。君主昏暗无度致使大权旁落，这只是专制政体“衰病的变态”，并不意味着专制政体的“根本变质”；同样，能够稍稍体恤民生和依照法度来治国理政的“明主”在位，也只能被视作一种“健康君主专制”。总之，“君主一身系天下之安危，这是君主专制政体必然的事实”④。不过，中国两千余年的历史总是呈现出一治一乱的循环状态，但为什么君主集权统治的权力运作逻辑却大致未变？中国传统社会“超稳定结构”⑤ 的真正原因是什么？这些均是值得反复思索的理论难题。当然，这是另外需要深入讨论的问题了。

---

① 《韩非子·说疑》，第 312 页。

② 萧公权：《宪政与民主》，第 72 页。

③ 《汉书·张冯汲郑传》，第 2317 页。

④ 萧公权：《宪政与民主》，第 71—79 页。

⑤ 参见金观涛、刘青峰《兴盛与危机：论中国社会超稳定结构》，法律出版社 2010 年版。

结　语

战国时代列国国君逐渐掌控了国家机器，成为国家的“唯一主人”，然而君主权力愈是集中化，君主受到壅蔽或劫杀的可能性却并未减小，反而往往愈大。于是，如何确保君主权位的恒久稳固，如何有效运用绝对化的权力，如何使国家机器高效运转，就成为战国末期政治领域和思想界最为重要的问题之一。在先秦诸子中韩非子最为关注这些问题，同时他认为现实中的君王常常是中主，因此韩非子便力图为中主设计一套治理之道，意在使君主哪怕是资质平庸者也能够实现高效的统治。韩非子治道思想的要义是，君主简便高效地控制官僚系统进而控制社会，形成一个强大到极致的君主权力系统，进而以富强之资一统天下，在绝对控制臣民的同时亦需一定程度的自我控制，以利于维持更加长久稳固的集权统治。

道理论、变化史观、矛盾观和人情论是韩非子治道思想的主要理论基础。道理论从形上层面推衍出君主的神圣性和权威性，有了道的烘托，君主既名正言顺地独擅绝对权力，也独占道德和智慧的制高点。变化史观论证了战国时代作为“新圣”的君主进行变法和强化集权的必要性。矛盾观凸显了战国时代君主统治的诸多两难困境，论证了君主与臣民之间的势不两立、国与国之间的你死我活，内含着强烈的敌对意识。人情论既为战国时代君臣关系衍化为利益关系提供了合理性说明，也为君主不可信任任何臣民提供了理论依据。

法家认为以“君臣上下之分”为核心的政治秩序乃是实现“治世”的关键，韩非子也正围绕实现“治世”的政治理想而展开其治道学说。韩非子深信天下之所以至今未得到有效治理，正是由于没有绝对维护君臣上下之分，而“势”的核心要义正在于建构和维持绝对的政治秩序和权力秩序。“势”乃是君主以其政治上的优势地位，对臣民所形成的政治支配力。它具体表现为，君主对臣民的支配和臣民对君主的服从。问题在于，自战国时代新型君主登上历史舞台以来，“生而在上位”的君主拥有相应的权位已是一个不争的事实，但并非所有君主都能够拥有并保持住足以完全掌控臣民的“南面之威”。于是，韩非子所建构的“势”论既要立足于王权世袭这一事实，又要凸显其独特的“人设”色彩。因此，韩非子的“势”主要体现为两个方面：一是君主的强大威势，这是势的核心。这一君主威势以君主权位为后盾，以“道”为形上依托，以“法”“术”为手段，以“因人情”为归结点，以使人不得不服从的“力”为表现。二是由君主的威势所营造出来的制度环境和社会导向等客观情势。

韩非子的理论初衷是，为生而在上位的普通君主设计一套能够实现治世的治国方略，使其拥有令天下不得不服从的强大威势，拥有这一威势的君主，即便缺少儒家强调的内在之贤德，也能够以简驭繁、事半功倍地实施高效治理。君主需要通过以道固势、以法治国、以法术治吏、操控人情、主导社会舆论导向等，形成强大的威势。当然，在战国时代提升国家实力是采用这一系列原则的基础，自然是以“势”掌权同时以“势”治国思想的核心内容。在一系列人为设计的制度环境中，体现君主意志的法令制度将臣民的思想言行悉数纳入被支配范围，君主无需内修仁德，亦不必过于劳心费神和以身示范，便可依凭中主之资实现并且维持高效的国家治理。

韩非子强调“人设之势”是为“中主”而设，但实际上真正能够有效营造和运用人设之势的君主绝非平庸之君。韩非子对此有清醒的认识，这从《韩非子》大量有关圣君明主和暴君暗主的表述可以得到印证。

韩非子一方面通过诉求“明主”来描绘出理想的君主形象，另一方面通过批判“暗主”来说明君主的不当之为。在韩非子的理想中，“明主”必然能够体悟道理并因循道法，同时颇具远见卓识，这样他就必然能够处理好眼前利益和长远利益的关系，避免因为治国方略的选择失误而导致亡国失权；在权力运作中，保持沉着冷静和克制内敛，始终将一己之私欲收缩于国家法度范围之内，从而在个人意志与国家意志之间保持适度的平衡；在与群臣的权力博弈中，保持异常清醒的警觉状态，谙熟宦术且城府颇深。可见，韩非子的明主拥有超凡聪慧，颇富行政理性且呈现出大智若愚的形象。

在追求圣君明主的同时，韩非子大力批判乱君暗主。在韩非子看来，暴君乱主失去对国家、社会和臣民的有效控制，在复杂残酷的君臣斗争中无法有效觉察、防范和惩治奸臣，背离以法治国原则以致主卑国贫兵弱，不用法术之道却偏信无用之学，贪欲过重而不知权衡利弊。可见，韩非子对君主的批判主要集中于，君主不践行法家的治道学说因而造成国贫兵弱和主卑势弱。

对明主的追求和对暗主的批判，均导向了尊君重势。韩非子向来被认为有“非古”倾向，但他实际上坚决认同三代以来王者以武力方式和世袭传承方式获得最高权位从而保证最高权力之垄断性的事实，亦坚决认同战国以来君主专制统治逐渐确立的事实。对这两大事实的肯定和认同，是韩非子尊君重势的历史原因和现实背景。他还坚决反对春秋战国时期的“禅让”和“让贤”观念。韩非子向来被视作先秦法家的集大成者，但从其势论来看，他亦是先秦诸子的集大成者，在吸收和批判诸子思想的基础上提出了独特的势论，只不过其势论中的尊君倾向比其他诸子更加鲜明。韩非子将“势”对君主的重要性抬高到了无以复加的地步，进而全方位、多层次地论证了君主在政治权力分配和社会产品分配中的主导作用，并说明君主拥有什么样的品格才可以更加有效地进行权力分配和产品分配，进而建构出绝对的政治社会秩序。在这一秩序中，臣民尽管获得了相应的利益回报，但必须以“尊君”“利上”为根本准则。

运用“法治”进行绝对的社会控制是韩非子治道思想的重要内容。从先秦礼法转变、儒法之争和驱民于农战三个维度看，韩非子的法治具有“绝对性”的特征，即一方面君主绝对控制臣民，另一方面臣民绝对服从君主。“礼”“法”分别代表了西周春秋和战国两个时代的社会控制系统。礼治是一种多级分权的权力结构模式；法治则是所有臣民只对国君负责的中央集权模式。礼治体现出上下均应承担责任和义务的双向伦理关系，法治则要求所有臣民无条件地服从君主。儒家坚守周代礼乐文化传统尤其是继承了春秋贵族文化遗产，试图建构一个“亲亲”“尊尊”和“贤贤”的礼治社会。法家则完全摒弃了礼治传统，将人视作纯粹的利益动物，主张对臣民进行全面的政治控制，从而建构起一个尊君的法治社会。驱民于农战的法家法治体现出鲜明的国家至上原则。韩非子进而提出了以“绝对控制”为内涵的法治学说。其一，韩非子进一步彰显了君主在社会控制中的绝对主体地位。其二，韩非子极端化地夸大了国家与社会、君主与臣民之间在根本利益和价值观等方面的冲突。其三，进一步调整了法的内涵，使法度可以在更大程度上起到治奸御民的功效。其四，进一步强调君主坚持信赏必罚原则在法治中的重要性，强化了法度的控制力。其五，韩非子主张通过治吏以实现治民，严明的吏治提高了君法的控制力。其六，基于人设之势的法度，其控制力变得愈发强大。其七，韩非子进一步强调绝对的思想控制。在前期法家基础上，韩非子法治的御民倾向达到了绝对化的程度。

官僚控制理论是韩非子治道思想最为独特的部分。韩非子的官僚控制理论包括两个层面，一是君主对官僚系统的整体控制，二是君主对官僚系统中重臣的重点控制。从整体控制和重点控制两个方面，韩非子建构起了完备的官僚控制理论。所谓“整体控制”是指君主将官僚系统作为一个整体，以“法术”来选拔、课考和规范官僚，使官僚系统按部就班地自动运行，从而成为忠实贯彻君主意志的工具。所谓“重点控制”是指君主将重臣作为重点控制对象，以“术”来防范、伺察和严惩重臣，掌控重臣的一切信息，消除其对君权直接或潜在的威胁。整体控制强调君主以公开明确的法度控制整个官僚系统，重点控制则意在说明君主可以无所不用其极地潜御重臣。整体控制重在“规范”，规范所有臣僚在君法轨道内行事；重点控制则强调“防范”，防范重臣对君主的壅蔽。韩非子官僚控制理论内含深刻的悖论。其一，“疑人且用，用人且疑”原则体现出强权逻辑的色彩。其二，君主试图以法术将官僚系统完全纳入绝对控制范围，甚至不惜采用以毒攻毒方式，这一“恶手段”无法为韩非子追求其独特治世的“好目的”做正当性辩护。其三，一个权力至上的社会不大可能实现真正的吏治清明。君主既无法禁绝重臣对君主权位的觊觎之心，也无法禁绝臣僚的结党营私和贪污腐败，最终君主集权统治下的吏治势必陷入一种恶性循环。君主运用韩非的官僚控制理论尽管可以收到短期效果，却无法真正实现吏治清明。韩非子并未正视在君主专制时代“根本之恶”其实是君主，而非臣僚。在君主集权统治下，官僚系统对君主越忠诚，执行君法的能力越强大，就越有益于君主对社会的全面控制，从而在更大程度上佐助君主的集权统治。最终，黎民百姓成为集权统治最大的受害者。

社会控制和官僚控制，均得落实到对“人”的控制上。韩非子以“人情”来认识“人”恰恰凸显出了人趋利避害的本性，而这一本性正是君主实施高效集权统治的着力点。韩非子的“人情”缺少“人之为人”的内涵，这是他对先秦性情论“窄化”的结果。相关文献表明，儒道将“人之为人”的内容视为根本之“人情”。韩非子的“因人情”方略，实际上是君主利用臣民对名利的本能需求和对刑罚的本能畏惧，来实施高效的集权统治。“因人情”和“逆人情”实为一事之两面，因循的只是趋利避害的本能人情，悖逆的则是“人之为人”的根本人情。在韩非子构绘的政治图景里，外物成为所有人唯一的追逐对象——臣民被诱导于君主所确定的功名利禄、君主则迷心于权力欲在内的一切物欲享受——人在“制造欲望”“利用欲望”和“实现欲望”中徘徊和挣扎，反之，人之为人的精神生活却被摈除于人“心”。因此“因人情”看似“顺人情”，实际上是“逆人情”——逆了所有人的根本人情，具有鲜明的将“人”工具化的倾向。

韩非子的治道思想存在着深刻的内在矛盾。韩非子试图为中主设计一套为君之道，他认为为了最大限度地控制臣民，君主就需要在体道守法、虚静无为和因人情的过程中自我设限和自我约束。然而其治道论却呈现出君主由自我控制向自我膨胀的演变轨迹。这一演变轨迹从一个侧面反映了专制君主由“自信自律”向“自圣自负”演变的趋势，即“体道守法”和“虚静无为”势必朝“依道弄法”和“贪躁妄为”的方向演进，这样“因人情”最终必然逻辑地转变为“逆人情”。秦以降历代专制君王绝大多数是中主，但他们往往既具有明主的一面，同时也具有暗主的一面。同时，专制王朝的后期往往乱君暗主越来越多。这些均从不同侧面说明拥有绝对权力的君主变为暗主的逻辑必然性。

韩非子作为先秦最后一位大思想家，他不仅是先秦法家的集大成者，而且以其独特的方式对先秦思想和文化进行了批判式继承，他始终聚焦于在春秋战国之乱世如何“为治”的时代课题。韩非子治道思想正是他对西周以降如何实现治世的理论回应。韩非子选择以“中主”作为他的讨论对象，这是颇有深意的，既体现了他对东周乱世如何为治的独特思考，亦体现出他对君权世袭制度下如何在保证政治秩序的前提下使君主（尤其是平庸之君）摆脱个人能力和精力不足之囿限以实施高效的国家和社会治理的理论思索和制度设计。韩非子治道思想的研究有助于进一步解读中国古代“得君行道”思维范式的政治逻辑与内在矛盾。韩非子主张绝对的君主集权统治，并强调他试图为“中主”做出治道设计，同时他亦有一套独特的“明主”理论，希求中主在践行法家治道的基础上成为明主，但是，现实中君王们往往必然做出暴君暗主之所为。韩非子的明主理论恰恰以极端的形式呈现了中国传统得君行道思维的理论困境。在上述意义上，韩非子治道思想的研究，对于进一步理解周秦之变的转变逻辑以及秦以降的君主统治应当是有意义的。

主要参考文献

古籍

班固：《汉书》，中华书局1962年版。
陈鼓应：《管子四篇诠释：稷下道家代表作解析》，商务印书馆2006年版。
陈鼓应：《黄帝四经今注今译》，商务印书馆2007年版。
陈鼓应：《老子注译及评介》，中华书局2009年版。
陈鼓应：《庄子今注今译》，中华书局2009年版。
陈奇猷：《韩非子新校注》，上海古籍出版社2000年版。
陈启天：《增订韩非子校释》，台北：商务印书馆1992年版。
高明：《帛书老子校注》，中华书局1996年版。
顾栋高著，吴树平、李解民点校：《春秋大事年表》，中华书局1993年版。
国学整理社编：《诸子集成》，中华书局2006年版。
黄怀信：《鹖冠子汇校集注》，中华书局2004年版。
黄怀信：《逸周书汇校集注》，上海古籍出版社1995年版。
黄汝成著，栾保群、吕宗力校点：《日知录集释》，花山文艺出版社1990年版。
黄宗羲著，段志强译注：《明夷待访录》，中华书局2011年版。
蒋礼鸿：《商君书锥指》，中华书局2014年版。
蒋重跃注评：《韩非子》，凤凰出版社2010年版。
黎翔凤撰，梁运华整理：《管子校注》，中华书局2004年版。
梁启雄：《韩子浅解》，中华书局2009年版。
刘春生：《尉缭子全译》，贵州人民出版社1993年版。
刘向编，缪文远等译注：《战国策》，中华书局2012年版。

刘向撰，向宗鲁校证：《说苑校证》，中华书局 1987 年版。
刘笑敢：《老子古今：五种对勘与析评引论》，中国社会科学出版社 2009 年版。
马承源主编：《上海博物馆藏战国楚竹书（二）》，上海古籍出版社 2002 年版。
马承源主编：《上海博物馆藏战国楚竹书（一）》，上海古籍出版社 2001 年版。
邵增桦：《韩非子今注今译》，台北：商务印书馆 1983 年版。
睡虎地秦墓竹简整理小组编：《睡虎地秦墓竹简》，文物出版社 1990 年版。
司马光：《资治通鉴》，中华书局 1956 年版。
司马迁：《史记》，中华书局 2010 年版。
［日］太田方：《韩非子翼毳》，中西书局 2014 年版。
王弼注，楼宇烈校释：《老子道德经注校释》，中华书局 2008 年版。
王钧林、周海生译注：《孔丛子》，中华书局 2009 年版。
王利器：《文子疏义》，中华书局 2000 年版。
王聘珍撰，王文锦点校：《大戴礼记解诂》，中华书局 1983 年版。
王天海：《荀子校释》，上海古籍出版社 2016 年版。
韦昭注，徐元诰集解：《国语集解》，中华书局 2019 年版。
魏启鹏：《马王堆帛书〈黄帝书〉笺证》，中华书局 2004 年版。
武汉大学简帛研究中心、荆门市博物馆编著：《楚地出土战国简册合集·郭店楚墓竹书》，文物出版社 2011 年版。
许富宏：《慎子集校集注》，中华书局 2013 年版。
许慎著，管锡华译注：《尔雅》，中华书局 2014 年版。
严灵峰编：《无求备斋韩非子集成》，台北：成文出版社 1980 年版。
杨伯峻编著：《春秋左传注》，中华书局 1990 年版。
张觉：《韩非子校疏析论》，知识产权出版社 2011 年版。
周钟灵等主编：《韩非子索引》，中华书局 1982 年版。
朱守亮：《韩非子释评》，台北：五南图书出版公司 1992 年版。

中文著作

白钢：《中国皇帝》，社会科学文献出版社 2008 年版。
白奚：《稷下学研究——中国古代的思想自由与百家争鸣》，生活・读书・新知三联书店 1998 年版。
蔡英文：《韩非的法治思想及其历史意义》，台北：文史哲出版社 1986 年版。
蔡元培：《中国伦理学史》，江苏文艺出版社 2007 年版。
曹峰：《近年出土黄老思想文献研究》，中国社会科学出版社 2015 年版。
曹峰：《中国古代"名"的政治思想研究》，上海古籍出版社 2017 年版。
曹峰：《老子永远不老：〈老子〉研究新解》，中国人民大学出版社 2018 年版。
曹谦：《韩非法治论》，上海：中华书局 1946 年版。
晁福林：《春秋战国的社会变迁》，商务印书馆 2011 年版。
晁福林：《天命与彝伦：先秦社会思想探研》，北京师范大学出版社 2012 年版。
陈惠娟：《韩非哲学新探》，台北：文史哲出版社 2004 年版。
陈蕙娟：《韩非子哲学新探》，台北：文史哲出版社 2004 年版。
陈来：《古代思想文化的世界：春秋时代的宗教、伦理与社会思想》，生活・读书・新知三联书店 2009 年版。
陈来：《古代宗教与伦理——儒家思想的根源》，生活・读书・新知三联书店 2009 年版。
陈丽桂：《战国时期的黄老思想》，台北：联经出版事业股份有限公司 1991 年版。
陈烈：《法家政治哲学》，上海：华通书局 1927 年版。
陈启天：《中国法家概论》，上海：中华书局 1936 年版。
陈少峰：《中国伦理学史》，北京大学出版社 1996 年版。
陈少明：《做中国哲学：一些方法论的思考》，生活・读书・新知三联书店 2015 年版。
程燎原：《重新发现法家》，商务印书馆 2018 年版。
戴东雄：《从法实证主义之观点论中国法家思想》，台北：三文印书馆有限公司 1989 年版。

丁四新：《先秦哲学探索》，商务印书馆 2015 年版。
杜正胜：《周代城邦》，台北：联经出版事业股份有限公司 1979 年版。
杜正胜编：《中国上古史论文选集》，台北：华世出版社 1979 年版。
杜正胜：《古代社会与国家》，台北：允晨文化实业股份有限公司 1992 年版。
杜正胜：《编户齐民：传统政治社会结构之形成》，台北：联经出版事业股份有限公司 2014 年第 2 版。
冯契：《中国古代哲学的逻辑发展》，东方出版中心 2009 年版。
冯友兰：《中国哲学史新编（上卷）》，人民出版社 2007 年版。
冯友兰：《中国哲学简史》，涂又光译，北京大学出版社 2013 年版。
高柏园：《韩非哲学研究》，台北：文津出版社 1994 年版。
高华平：《先秦诸子与楚国诸子学》，北京师范大学出版社 2016 年版。
葛荃：《权力宰制理性——士人、传统政治文化与中国社会》，南开大学出版社 2003 年版。
葛荃：《走出王权主义藩篱：中国传统政治文化研究》，天津人民出版社 2017 年版。
葛荃主编：《反思中的思想世界：刘泽华先生八秩华诞纪念文集》，天津人民出版社 2014 年版。
葛兆光：《中国思想史》，复旦大学出版社 2001 年版。
葛志毅：《西周分封制度研究》，黑龙江人民出版社 2004 年第 2 版。
谷方：《韩非与中国文化》，贵州人民出版社 1996 年版。
郭春莲：《韩非法律思想研究》，上海人民出版社 2012 年版。
郭沫若：《十批判书》，河北教育出版社 2000 年版。
韩东育：《日本近世新法家研究》，中华书局 2003 年版。
韩东育：《道学的病理》，商务印书馆 2007 年版。
韩星：《先秦儒法源流述论》，中国社会科学出版社 2004 年版。
何怀宏：《世袭社会：西周至春秋社会形态研究》，北京大学出版社 2011 年版。
洪汉鼎：《实践哲学·修辞学·想象力——当代哲学诠释学研究》，中国人民大学 2013 年版。
侯家驹：《中国经济史》，新星出版社 2008 年版。

侯外庐等：《中国思想通史》第 1 卷，人民出版社 2011 年版。
胡家聪：《管子新探》，中国社会科学出版社 2003 年版。
胡适：《中国哲学史大纲》，上海古籍出版社 1997 年版。
黄公伟：《法家哲学体系指归》，台北：台湾商务印书馆 1983 年版。
黄俊杰：《孟子》，生活·读书·新知三联书店 2013 年版。
黄克剑：《由“命”而“道”：先秦诸子十讲》，中国人民大学 2010 年修订版。
黄绍梅：《韩非尊君学说与两汉政经形势》，新北：花木兰文化出版社 2010 年版。
黄裕宜：《〈韩非子〉的规范思想：以伦理、法律、逻辑为论》，新北：花木兰文化出版社 2009 年版。
蒋锡昌：《老子校诂》，上海：商务印书馆 1937 年版。
蒋锡昌：《庄子哲学》，上海书店 1992 年版。
蒋重跃：《韩非子的政治思想》，北京师范大学出版社 2000 年版。
劳思光：《新编中国哲学史》第 1 卷，生活·读书·新知三联书店 2015 年版。
雷戈：《秦汉之际的政治思想与皇权主义》，上海古籍出版社 2006 年版。
雷海宗：《中国文化与中国的兵》，商务印书馆 2001 年版。
李宏图：《语境·概念·修辞：欧洲近代思想史研究的方法与实践》，复旦大学出版社 2016 年版。
李学勤：《东周与秦代文明》，上海人民出版社 2007 年版。
李禹阶主编：《秦汉社会控制思想史》，中国社会科学出版社 2017 年版。
李泽厚：《历史本体论·己卯五说》（增订本），生活·读书·新知三联书店 2006 年版。
李泽厚：《中国古代思想史论》，生活·读书·新知三联书店 2008 年版。
李增：《先秦法家哲学思想》，台北：编译馆 2001 年版。
梁启超：《梁启超全集》，北京出版社 1999 年版。
梁涛：《郭店竹简与思孟学派》，中国人民大学出版社 2008 年版。
梁治平：《法辨：法律文化论集》，广西师范大学出版社 2015 年版。
廖名春：《荀子新探》，中国人民大学出版社 2013 年版。
林存光：《政治的境界：中国古典政治哲学研究》，中国政法大学出版社 2014

年版。
林纬毅：《法儒兼融：韩非子的历史考察》，台北：文津出版社 2004 年版。
刘家和：《史学、经学与思想》，北京师范大学出版社 2013 年版。
刘笑敢：《诠释与定向——中国哲学研究方法之探究》，商务印书馆 2009 年版。
刘泽华：《中国传统政治思想反思》，生活·读书·新知三联书店 1987 年版。
刘泽华、葛荃主编：《中国古代政治思想史》，南开大学出版社 2001 年修订版。
刘泽华：《中国的王权主义》，上海人民出版社 2000 年版。
刘泽华：《先秦士人与社会》，天津人民出版社 2004 年版。
刘泽华：《中国政治思想史集》，人民出版社 2008 年版。
刘泽华主编：《中国政治思想通史》，中国人民大学出版社 2014 年版。
罗独修：《先秦势治思想探微》，新北：花木兰文化出版社 2009 年版。
罗国杰：《传统伦理与现代社会》，中国人民大学出版社 2012 年版。
吕思勉：《吕思勉读史札记》，上海古籍出版社 2005 年版。
吕思勉：《中国文化思想史九种》，上海古籍出版社 2009 年版。
马克垚：《古代专制制度考察》，北京大学出版社 2017 年版。
马世年：《〈韩非子〉的成书及其文学研究》，上海古籍出版社 2011 年版。
马小红：《中国法思想史新编》，南京大学出版社 2015 年版。
梅新林、俞樟华主编，陈年福、叶志衡著：《中国学术编年（先秦卷）》，华东师范大学出版社 2013 年版。
孟天运：《先秦社会思想研究》，人民出版社 2012 年版。
牟宗三：《牟宗三先生全集》，台北：联经出版事业股份有限公司 2003 年版。
欧阳祯人：《先秦儒家性情思想研究》，武汉大学出版社 2005 年版。
彭鸿程：《秦汉韩非子学研究》，岳麓书社 2014 年版。
钱穆：《先秦诸子系年》，商务印书馆 2001 年版。
钱穆：《国史大纲》，商务印书馆 1996 年版。
钱穆：《中国思想史》，台北：学生书局 1992 年版。
乔健：《中国古代思想研究》，民族出版社 2008 年版。
裘锡圭：《裘锡圭学术文集》，复旦大学出版社 2013 年版。

瞿同祖:《中国法律与中国社会》，中华书局 2003 年版。
任继愈主编:《中国哲学发展史（先秦卷)》，人民出版社 1983 年版。
萨孟武:《中国政治思想史》，东方出版社 2008 年版。
沈长云、张渭莲:《中国古代国家起源与形成研究》，人民出版社 2009 年版。
沈长云:《先秦史》，人民出版社 2006 年版。
施觉怀:《韩非评传》，南京大学出版社 2002 年版。
时显群:《法家“以法治国”思想研究》，人民出版社 2010 年版。
宋洪兵:《韩非子政治思想再研究》，中国人民大学出版社 2010 年版。
宋洪兵:《循法成德：韩非子真精神的当代诠释》，生活·读书·新知三联书店 2015 年版。
宋洪兵:《韩学源流》，法律出版社 2018 年版。
宋志明:《中国古代哲学研究方法新探》，中国人民大学出版社 2015 年版。
唐君毅:《中国哲学原论（原道篇)》，中国社会科学出版社 2006 年版。
唐士其:《西方政治思想史》，北京大学出版社 2008 年版。
童书业:《春秋左传研究》，上海人民出版社 1980 年版。
童书业:《先秦七子思想研究》，中华书局 2006 年增订版。
王邦雄:《韩非子的哲学》，台北：东大图书有限公司 1993 年版。
王博:《中国儒学史（先秦卷)》，北京大学出版社 2011 年版。
谢维扬、房鑫亮主编:《王国维全集》，浙江教育出版社 2009 年版。
王和:《历史的轨迹：基于夏商周三代的考察》，商务印书馆 2013 年版。
王宏斌:《中国帝王术：〈韩非子〉与中国文化》，河南大学出版社 1995 年版。
王季香:《先秦诸子之人格类型论》，新北：花木兰文化出版社 2011 年版。
王静芝:《韩非思想体系》：台北：辅仁大学文学院 1979 年版。
王立仁:《韩非的治国方略研究》，中国社会科学出版社 2012 年版。
王沛:《刑书与道术：大变局下的早期中国法》，法律出版社 2018 年版。
王人博:《法的中国性》，广西师范大学出版社 2014 年版。
王世琯:《韩非子研究》，上海：商务印书馆 1928 年版。
王树岷:《先秦道法思想讲稿》，中华书局 2007 年版。
王树人:《回归原创之思：“象思维”视野下的中国智慧》，江苏人民出版社 2012 年版。

王威威：《韩非思想研究：以黄老为本》，南京大学出版社 2012 年版。
王晓波：《道与法：法家思想和黄老哲学解析》，台北：台湾大学出版中心 2009 年版。
王晓波：《先秦法家思想史论》，台北：联经出版事业股份有限公司 1991 年版。
王亚南：《中国官僚政治研究》，中国社会科学出版社 1981 年版。
王元化：《王元化集》，湖北教育出版社 2007 年版。
王赞源：《中国法家哲学》，台北：东大图书有限公司 1989 年版。
王震中：《中国古代国家的起源与王权的形成》，中国社会科学出版社 2013 年版。
王中江：《简帛文明与古代思想世界》，北京大学出版社 2011 年版。
王子今：《秦汉社会意识研究》，商务印书馆 2012 年版。
韦政通：《中国思想史》，上海书店出版社 2003 年版。
魏治勋：《新法家法治论》，法律出版社 2018 年版。
武树臣：《法家法律文化通论》，商务印书馆 2017 年版。
萧公权：《宪政与民主》，清华大学出版社 2005 年版。
萧公权：《中国政治思想史》，商务印书馆 2011 年版。
谢乃和：《古代社会与政治：周代的政体及其变迁》，黑龙江人民出版社 2011 年版。
谢维扬：《中国早期国家》，浙江人民出版社 1995 年版。
谢无量：《韩非》，上海：中华书局 1914 年版。
熊十力：《韩非子评论》，上海书店 2007 年版。
徐复观：《两汉思想史》，华东师范大学出版社 2001 年版。
徐复观：《学术与政治之间》，九州出版社 2013 年版。
徐复观：《中国人性论史·先秦篇》，九州出版社 2013 年版。
徐复观：《中国思想史论集》，九州出版社 2013 年版。
徐复观：《中国思想史论集续编》，九州出版社 2013 年版。
徐汉昌：《韩非的法学与文学》，台北：文史哲出版社 1984 年版。
许建良：《先秦法家的道德世界》，人民出版社 2012 年版。
许芗君：《从〈韩非子〉寓言论韩非的政治思想》，新北：花木兰文化出版社

2015 年版。
许倬云：《西周史》，生活 · 读书 · 新知三联书店 2012 年版。
许倬云：《求古编》，商务印书馆 2014 年版。
许倬云：《中国古代文化的特质》，北京大学出版社 2013 年版。
阎步克：《士大夫政治演生史稿》，北京大学出版社 2015 年版。
杨宽：《战国史》，上海人民出版社 2016 年版。
杨宽：《战国史料编年辑证》，上海人民出版社 2001 年版。
杨玲：《中和与绝对的抗衡：先秦法家思想比较研究》，中国社会科学出版社 2007 年版。
杨玲：《先秦法家在秦汉时期的发展与流变》，中国社会科学出版社 2017 年版。
杨阳：《王权的图腾化：政教合一与中国社会》，浙江人民出版社 2000 年版。
杨义：《韩非子还原》，中华书局 2011 年版。
杨幼炯：《中国政治思想史》，上海书店 1984 年版。
姚蒸民：《韩非子通论》，台北：东大图书股份有限公司 1999 年版。
殷海光：《中国文化的展望》，中华书局 2016 年版。
于霞：《转型期社会伦理秩序的构建：韩非伦理思想研究》，中国社会科学出版社 2011 年版。
余嘉锡：《目录学发微 · 古书通例》，商务印书馆 2011 年版。
余英时：《中国思想传统及其现代诠释》，江苏人民出版社 2003 年版。
余英时：《中国知识人之史的考察》，广西师范大学出版社 2004 年版。
俞荣根：《儒家法思想通论》，商务印书馆 2018 年修订版。
喻中：《法家的现代性》，法律出版社 2018 年版。
袁信爱：《先秦人学研究》，新北：花木兰文化出版社 2011 年版。
张纯、王晓波：《韩非思想的历史研究》，中华书局 1986 年版。
张岱年、程宜山：《中国文化精神》，北京大学出版社 2015 年版。
张岱年：《中国古典哲学概念范畴要论》，《张岱年全集》第 4 卷，河北人民出版社 1996 年版。
张岱年：《中国伦理思想研究》，《张岱年全集》第 3 卷，河北人民出版社 1996 年版。

张岱年:《中国哲学大纲》,中国社会科学出版社 1982 年版。
张分田:《秦始皇传》,人民出版社 2003 年版。
张分田:《中国帝王观念》,中国人民大学出版社 2004 年版。
张分田:《民本思想与中国古代统治思想》,南开大学出版社 2009 年版。
张分田:《中国古代统治思想研究》,人民出版社 2014 年版。
张光直:《中国青铜时代》,生活·读书·新知三联书店 2013 年版。
张金光:《战国秦社会经济形态新探》,商务印书馆 2013 年版。
张立文:《中国哲学思潮发展史》,人民出版社 2014 年版。
张立文主编,陆玉林著:《中国学术通史》(先秦卷),人民出版社 2008 年版
张岂之主编,刘宝才、方光华分卷主编:《中国思想学说史(先秦卷)》,广西师范大学出版 2008 年版。
张荣明:《权力的谎言——中国传统的政治宗教》,浙江人民出版社 2000 年版。
张荣明:《中华国学》,商务印书馆 2014 年版。
张舜徽:《周秦道论发微》,华东师范大学出版社 2005 年版。
张素贞:《〈韩非子〉难篇研究:韩非子的辩论术》,台北:学生书局 1997 年版。
张素贞:《国家的秩序——韩非子》,中国友谊出版社 2012 年版。
张祥龙:《拒秦兴汉和应对佛教的儒家哲学》,广西师范大学出版社 2012 年版。
张星久:《中国政治思想史(古代部分)》,复旦大学出版社 2017 年版。
张荫麟:《中国史纲》,中华书局 2009 年版。
张有智:《先秦三晋地区的社会与法家文化研究》,人民出版社 2002 年版。
张志伟等总主编,梁涛主编:《中国政治哲学史(第一卷)》,中国人民大学出版社 2017 年版。
章太炎:《秦政记》,《章太炎全集》第 4 卷,上海人民出版社 1984 年版。
章太炎:《国故论衡》,上海古籍出版社 2003 年版。
章太炎:《国学概论》,上海古籍出版社 2003 年版。
章太炎:《訄书》(初刻本、重订本),上海三联书店 2000 年版。
赵汀阳:《坏世界研究:作为第一哲学的政治哲学》,中国人民大学出版社

2009 年版。
赵小雷：《“早熟路径”下的法家与先秦诸子》，中国社会科学出版社 2010 年版。
郑良树：《韩非之著述及其思想》，台北：学生书局 1993 年版。
周炽成：《荀韩：人性论与社会历史哲学》，中山大学出版社 2009 年版。
周良霄：《皇帝与皇权》，上海古籍出版社 2014 年版。
周勋初：《周勋初文集》，江苏古籍出版社 2000 年版。
朱伯崑：《先秦伦理学概论》，北京大学出版社 1984 年版。
朱凤瀚：《商周家族形态研究》（增订本），天津古籍出版社 2004 年版。
朱绍侯：《军功爵制考论》，商务印书馆 2008 年版。
［日］佐藤将之：《中国古代的“忠”论研究》，台北：台湾大学出版中心 2010 年版。
［日］佐藤将之：《荀子礼治思想的渊源与战国诸子之研究》，台北：台湾大学出版中心 2013 年版。

中译著作

［美］艾兰：《世袭与禅让：古代中国的王朝更替传说》，余佳译，商务印书馆 2015 年版。
［美］爱德华·罗斯：《社会控制》，秦志勇、毛永政译，华夏出版社 1989 年版。
［美］安东尼·唐斯：《官僚制内幕》，郭小陪译，中国人民大学出版社 2017 年版。
［英］安德鲁·海伍德：《政治学核心概念》，吴勇译，中国人民大学出版社 2013 年版。
［美］安乐哲：《主术：中国古代政治艺术之研究》，滕复译，北京大学出版社 1995 年版。
［古希腊］柏拉图：《理想国》，郭斌和等译，商务印书馆 2015 年版。
［美］本杰明·史华兹：《古代中国的思想世界》，程钢译，江苏人民出版社 2004 年版。
［美］博登海默：《法理学：法律哲学与法律方法》，邓正来译，中国政法大

学出版社 2004 年修订版。
[加] 卜正民主编，陆威仪著：《哈佛中国史》第 1 卷《早期中华帝国：秦与汉》，王兴亮译，中信出版社 2016 年版。
[英] 戴维·米勒编：《布莱克维尔政治思想百科全书》，邓正来等译，中国政法大学出版社 2010 年新修订版。
[日] 渡辺信一郎《中国古代的王权与天下秩序》，徐冲译，中华书局 2008 年版。
[法] 弗朗索瓦·余莲：《势：中国的效力观》，北京大学出版社 2009 年版。
[美] 弗朗西斯·福山：《政治秩序的起源：从前人类时代到法国大革命》，毛俊杰译，广西师范大学出版社 2012 年版。
[英] 弗里德利希·冯·哈耶克：《法律、立法与自由》，邓正来等译，中国大百科全书出版社 2000 年版。
[美] 福柯：《规训与惩罚：监狱的诞生》，刘北城、杨远婴译，生活·读书·新知三联书店 1999 年版。
[美] 弗雷德里克·沃特金斯：《西方政治传统》，李丰斌译，广西师范大学出版社 2016 年版。
[英] 葛瑞汉：《论道者：中国古代哲学论辩》，张海晏译，中国社会科学出版社 2003 年版。
[日] 工藤元男：《睡虎地秦简所见秦代国家与社会》，广濑薰雄、曹峰译，上海古籍出版社 2010 年版。
[美] 汉娜·阿伦特：《极权主义的起源》，林骧华译，生活·读书·新知三联书店 2014 年第 2 版。
[美] 卡尔·A. 魏特夫：《东方专制主义》，徐式谷等译，中国社会科学出版社 1989 年版。
[德] 卡尔·雅斯贝斯：《历史的起源与目标》，魏楚雄、俞新天译，华夏出版社 1989 年版。
李峰：《西周的灭亡：中国早期国家的地理和政治危机》，徐峰译，汤惠生校，上海古籍出版社 2007 年版。
李峰：《西周的政体：中国早期的官僚制度和国家》，吴敏娜等译，生活·读书·新知三联书店 2010 年版。

［英］李约瑟：《中国科学技术史》第 2 卷《中国古代科学思想史》，何兆武等译，科学出版社、上海古籍出版社 1990 年版。
［美］列奥 · 施特劳斯：《自然权利与历史》，彭刚译，生活 · 读书 · 新知三联书店 2016 年版。
［法］路易 · 博洛尔：《政治的罪恶》，蒋庆等译，译林出版社 2014 年版。
［法］卢梭：《论人类不平等的起源和基础》，李常山译，商务印书馆 1962 年版。
［英］罗素：《西方哲学史》上卷，何兆武、李约瑟译，商务印书馆 1982 年版。
［英］罗素：《权力论》，吴友三译，商务印书馆 2012 年版。
［德］罗曼 · 赫尔佐克：《古代的国家：起源和统治形式》，赵蓉恒译，北京大学出版社 1998 年版。
［美］罗斯科 · 庞德：《通过法律的社会控制》，沈宗灵译，楼邦彦校，商务印书馆 2017 年版。
［意］马基雅维里：《君主论》，潘汉典译，商务印书馆 2009 年版。
［德］马克斯 · 韦伯：《经济与社会》，阎克文译，上海人民出版社 2010 年版。
［德］马克斯 · 韦伯：《学术与政治》，冯克利译，生活 · 读书 · 新知三联书店 2016 年第 4 版。
［英］佩里 · 安德森：《绝对主义的国家系谱》，刘北成、龚晓庄译，上海人民出版社 2000 年版。
［美］乔 · 萨托利：《民主新论》，冯克利、阎克文译，上海人民出版社 2015 年版。
［美］乔治 · 萨拜因著，［美］托马斯 · 索尔森修订：《政治学说史 · 民族国家》，邓正来译，上海人民出版社 2015 年版。
［英］塞缪尔 · E · 芬纳：《统治史》第 1 卷《古代的王权和帝国》，王震、马百亮译，华东师范大学出版社 2014 年修订版。
［美］斯塔夫里阿诺斯：《全球通史：1500 年以前的世界》，吴象婴、梁赤民译，上海社会科学院出版社 2004 年版。
［日］松平势隆郎：《从城市国家到中华：殷周、春秋战国》，周洁译，广西师范大学出版社 2014 年版。

[法] 托克维尔:《论美国的民主》,董果良译,商务印书馆 1991 年版。

[英] 韦农·波格丹诺编:《布莱克维尔政治制度百科全书》,邓正来等译,中国政法大学出版社 2011 年新修订版。

[日] 尾形勇:《中国古代的"家"与国家》,张鹤泉译,中华书局 2010 年版。

[日] 西嶋定生:《秦汉帝国:中国古代帝国之兴亡》,顾姗姗译,社会科学文献出版社 2017 年版。

[日] 西嶋定生:《中国古代帝国的形成与结构:二十等爵制研究》,武尚清译,中华书局 2004 年版。

许纪霖、许宏编:《史华兹论中国》,新星出版社 2006 年版。

[美] 许田波:《战争与国家形成:春秋战国与近代早期欧洲之比较》,徐进译,上海人民出版社 2009 年版。

许倬云:《中国古代社会史论:春秋战国时期的社会流动》,邹水杰译,广西师范大学出版社 2006 年版。

[英] 以赛亚·伯林:《反潮流》,冯克利译,译林出版社 2011 年版。

[古希腊] 亚里士多德:《政治学》,吴寿彭译,商务印书馆 1983 年版。

[以] 尤锐:《展望永恒的帝国:战国时代的中国政治思想》,孙英刚译,王宇校,上海古籍出版社 2013 年版。

赵鼎新:《东周战争与儒法国家的诞生》,夏江旗译,华东师范大学出版社 2011 年版。

外文著作

[日] 荻生徂徠:《荻生徂徠全集·讀韓非子原文》第 3 卷,東京:河出書房新社 1975 年版。

[日] 茂澤方尚:《韓非子の思想史的研究》,東京:近代文藝社 1993 年版。

AngusC. Graham, *Disputers of the Dao-philosophical Argument in Ancient China*, La salle: Open Court Publishing Company, 1989.

Benjamin Schwartz, *The World of Thought in Ancient China*, Cambridge, Massachusetts and London: The Belknap Press of Harvard University Press, 1985.

BurtonWatson, translated, *Han Fei Tzu*: *Basic Writings*, New York and London:

Columbia University Press, 1964.

H. G. Creel, *Shen Pu-hai*, Chicago, London: The University of Chicago Press, 1974.

H. G. Creel, *The Origins of Statecraft in China*, Chicago: University of Chicago Press, 1970.

Karyn L. Lai, *An Introduction to Chinese Philosophy*, Cambridge: Cambridge Press, 2008.

Paul R. Goldin, eds., *DAO Companion to the Philosophy of Han Fei*, Berlin: Springer, 2012.

Wenkui K. Liao, *The Complete Works of Han Fei Tzu: A Classic of Chinese Political Science.* Vol. I, London: Arthur Probsthain, 1939.

Wenkui K. Liao, *The Complete Works of Han Fei Tzu: A Classic of Chinese Political Science.* Vol. Ⅱ, London: Arthur Probsthain, 1959.

中文论文

白彤东:《韩非子与现代性——一个纲要性的论述》,《中国人民大学学报》2011 年第 5 期。

白彤东:《韩非子:第一个现代政治哲学家》,《世界哲学》2012 年第 6 期。

卜宪群:《中国古代“治理”探义》,《政治学研究》2018 年第 3 期。

柴永昌:《先秦儒家、道家、法家君道论研究》,博士学位论文,西北大学,2014 年。

陈千钧:《韩非子书考》,《学术世界》1935 年第 1 卷第 1 期。

陈千钧:《韩非新传》,《学术世界》1935 年第 1 卷第 2 期。

陈千钧:《韩非之时代背景及其学说渊源》,《学术世界》1935 第 1 卷第 4 期。

成云雷:《殷周文化传统与先秦儒家圣人内涵的政治维度》,《史学月刊》2007 年第 10 期。

程燎原:《“法家学”的新篇章:近代中国马克思主义史学家的法家研究》,《社会科学战线》2017 年第 1 期。

戴木茅:《韩非“术”论澄释》,《哲学动态》2016 年第 9 期。

方朝晖:《“治道”考义——纪念钱穆先生诞辰 125 周年》,《政治思想史》

2020 年第 11 期。
葛荃:《近百年来中国政治思想史研究综论》,《文史哲》2006 年第 5 期。
葛荣晋:《韩非“以术治吏”的思想及其现实意义》,《中华文化论坛》2006 年第 2 期。
贺海仁:《先秦法家共同体的敌人:以法治国的规范理论》,《政法论坛》2007 年第 6 期。
洪涛:《20 世纪中国的法治概念与法家思想》,《政治思想史》2018 年第 9 期。
胡新生:《先秦政治思想史上的道义与功利之争》,《文史哲》2017 年第 3 期。
黄启祥:《论法家学说的反噬现象》,《北京社会科学》2016 年第 4 期。
蒋重跃:《道的生成属性及其本体化发展——先秦道论初探》,《南京大学学报》2012 年第 4 期。
蒋重跃:《古代中国人关于事物本体的发现——“稽”字的哲学之旅》,《南京大学学报》2013 年第 4 期。
蒋重跃:《战国法家在道论本体化发展中的理论贡献》,《南京大学学报》2016 年第 5 期。
李存山:《再说“为父绝君”》,《江苏社会科学》2005 年第 5 期。
李锐:《再论商韩的人性论》,《江淮论坛》2017 年第 3 期。
李若晖:《郡县制时代——由权力建构与社会控制论秦至清的社会性质》,《文史哲》2011 年第 1 期。
李玉诚:《〈韩非子〉历史思想研究》,博士学位论文,山东大学,2014 年。
李振宏:《秦至清皇权专制社会说的思想史论证》,《清华大学学报》2016 年第 4 期。
李宗桂:《关于中国思想文化史方法论的思考》,《史学月刊》2018 年第 1 期。
廖海花:《韩非的政治道德观》,《政治学研究》2010 年第 6 期。
林逢源:《〈韩非子〉论奸伪与贤智》,《彰化师大国文学志》2009 年 6 月第 18 期。
罗玮、谢熠、罗教讲:《论法家学派中的信任观——从〈管子〉〈商君书〉到〈韩非子〉》,《管子学刊》2015 年第 1 期。
彭新武:《法家精神:价值与缺失》,《中国人民大学学报》2014 年第 2 期。
钱锦宇:《法家思想的近世续造——以陈启天的“新法家理论”为中心》,

《社会科学战线》2017 年第 1 期。
乔健：《韩非对君主专制绝对确定性的追求》，《兰州大学学报》2001 年第 1 期。
乔健：《从“重礼义”到“尚功利”——中国君主专制体制形成的一条重要线索》，《社会科学战线》2007 年第 4 期。
乔健：《孔孟“义命分立”的价值与局限》，《史学集刊》2008 年第 6 期。
乔健：《论老子思想中所内涵的“绝对性”因素》，《文史哲》2010 年第 4 期。
乔健：《论老子的“精英意识”》，《文史哲》2012 年第 5 期。
乔健：《论〈文子〉对老子思想的修正》，《中国哲学史》2014 年第 2 期。
秦晖：《“杨近墨远”与“为父绝君”：古儒的国—家观及其演变》，《人文杂志》2006 年第 5 期。
舒建国、石毕凡：《法家之“法”的实证主义品格及其现代阐释》，《浙江社会科学》2014 年第 10 期。
宋洪兵：《论法家“法治”学说的定性问题》，《哲学研究》2012 年第 11 期。
宋洪兵：《韩非子治吏思想的前提预设及运作思路》，《哲学研究》2014 年第 3 期。
宋洪兵：《韩非子学说与中国古代监察制度理论基础》》，《求是学刊》2015 年第 1 期。
宋洪兵：《先秦法家政治正当性的理论建构》，《北京师范大学学报》2017 年第 6 期。
宋洪兵：《韩非子道论及其政治构想》，《政法论坛》2018 年第 5 期。
孙晓春：《先秦法家富强观念的现代反思》，《政治学研究》2014 年第 5 期。
万义广：《从里耶秦简看迁陵地区农业生产与农民负担》，《江西社会科学》2015 年第 11 期。
王进文：《中主抑或圣人——以人格与位格为中心维度的韩非君主理论》，《环球法律评论》2013 年第 4 期。
王立仁：《韩非的能人政治及其意蕴》，《政治学研究》2009 年第 3 期。
魏义霞：《“夫民之性，恶劳而乐佚”——韩非人性论辨正》，《西南民族大学学报》2012 年第 7 期。
魏永康：《里耶秦简所见秦代公田及相关问题》，《中国农史》2015 年第 2 期。

夏伟东：《法家重法和法治但不排斥德和德治的一些论证》，《齐鲁学刊》2004 年第 5 期。
熊铁基：《读韩非的〈解老〉〈喻老〉》，《台大中文学报》2007 年第 8 期。
薛小林：《从韩非的防壅意识看“术”在法家思想中的地位》，《现代哲学》2021 年第 2 期。
颜世安：《荀子、韩非、庄子性恶意识初议》，《南京大学学报》2010 年第 2 期。
杨阳：《韩非非道德主义政治思想述论》，《政治学研究》2015 年第 2 期。
杨阳：《中国传统国家理论的奠基——先秦诸子的国家学说》，《政治学研究》2018 第 1 期。
叶常泓：《惩罚的魅力与魅影——从当代刑罚学的若干角度省思〈韩非子〉‘以刑去刑’说》，《哲学与文化》2015 年第 2 期。
尹振环：《从王位继承和弑君看君主专制理论的逐步形成》，《中国史研究》1987 年第 4 期。
于豪亮：《释青川秦墓木牍》，《文物》1982 第 1 期。
于霞：《韩非与汉代忠孝文化的形成》，《理论观察》2008 年第 4 期。
喻中：《法家第三期：全面推进依法治国的思想史解释》，《法学论坛》2015 年第 1 期。
喻中：《讲法治的法理学家：胡适对先秦法家的理解》，《比较法研究》2016 年第 5 期。
喻中：《以术行法：熊十力建构的“韩非学”》，《法律科学》2017 第 6 期。
喻中：《法家的现代性及其理解方式》，《山东大学学报》2018 年第 1 期。
喻中：《经史之间：蒙文通对法家的阐释》，《文史哲》2018 第 4 期。
袁承维：《〈韩非子〉中的圣人论——从黄老学的角度切入》，（台湾）《国家发展研究》2014 年第 2 期。
詹康：《韩非的道、天命、圣人论及其缺口》，《汉学研究》2004 年第 2 期。
詹康：《韩非论人新说》，《政治与社会哲学评论》2008 年第 26 期。
詹世友：《韩非子“德”论的逻辑结构及其内部不自洽性——兼论韩非是否有德治思想》，《国学学刊》2013 第 3 期。
张荣明：《思想史研究指要》，《天津师范大学学报》2017 年第 3 期。

张再林：《中国古代“势”的形上学的理论建构及解构》，《学海》2014 年第 1 期。

张正平：《法家法治论谬误溯源》，《广东社会科学》2015 年第 4 期。

张子侠：《关于韩非历史观的几个问题》，《史学史研究》1997 年第 4 期。

张子侠：《韩非廉政思想初探》，《齐鲁学刊》1996 年第 6 期。

赵岩：《里耶秦简所见秦迁陵县粮食收支初探》，《史学月刊》2016 年第 8 期。

郑琼现、占美柏：《法家“法治”说：理论、实践及百年流变》，《学术研究》2004 年第 6 期。

周炽成：《法家的道理之论：从管子到韩非子》，《华南师范大学学报》2007 年第 6 期。

周炽成：《韩非子之学的复兴与新法家的产生：20 世纪初、中期的历史回顾》，《华南师范大学学报》2010 年第 2 期。

周炽成：《论韩非子对孔子及其思想的认识和态度》，《哲学研究》2014 年第 11 期。

朱贻庭、赵修义：《评韩非的非道德主义思想》，《中国社会科学》1982 年第 4 期。

［日］佐藤将之：《中国大陆、中国台湾、日本的〈韩非子〉研究》，《汉学研究集刊》2018 年 6 月第 26 期。

外文论文

［日］小崎智則：《韓非子における君主論——中國古代社會の權力構造をめぐつて》，博士学位论文，（日本）名古屋大学，2007 年，第 142—151 页。

［日］橋本敬司：《〈韓非子〉の言語戰略》，《廣島大學大學院文學研究科論集》卷 62 之 2 特別號 2002 年。

后　记

兰州大学历史文化学院史学名家辈出，学术氛围浓厚，能够在此获得历史学博士学位并留校任教，这是我一生的荣光！本书是我的博士论文的修订版，试图对韩非子治道这一“老问题”，在学界研究基础上做出“新解读”，主要是我读博士期间对法家学说的思索。

本书正文主要呈现了我对一系列问题的正面思考，后记中还应当指出本书尚有诸多不足之处。一方面，笔者对韩非子思想的解读还不是非常到位。作为一位大思想家，韩非子尽管以其独特的方式批判式地继承了其前许多思想家及当时社会的思想观念，但他讨论治道的方式迥异于其他诸子，同时他又吸收了三代以来中国文化的诸多方面，其思想因而极为深刻和复杂。在讨论韩非子治道学说时，笔者深感无法深入理解和准确把握韩非子思想的许多精微处。这一根本性的不足，贯穿于本书的整体论述中。另一方面，在具体论述方面，既有笔者未意识到的不足或错误，也有一些笔者意识到了却囿于学力无法及时完善的问题。比如，韩非子选择“中主”作为治道设计的对象，他的真正用意到底是什么？既然选择以中主作为立论对象，那么他在其书又为什么反反复复指出能够践行法家之道的君主只能够是圣君明主呢？学界已论及这些问题，笔者则力图做进一步的解答，且关于这一问题的思考贯穿于全书，但是笔者深感解答得还不够到位。本书并未深入讨论韩非子治道学说的历史影响，而只是在第七章“余论”中提及。伴随近来再次深入通读先秦两汉诸子，我对法家又有一些新的认识，这些认识将在我日后研究先秦诸子的过程中继续得以深化和拓展。企盼学界同仁的批评与指正！

感谢我的导师乔健先生！承蒙老师不弃，我得以进入兰大攻读博士学位，也承蒙老师大力引荐，我得以进入兰大这所百年名校任教。在读书期间，我大概每周或每半个月会通过电子邮件向老师汇报近期的读书情况，以及我对某些问题的想法。无数次的当面讲授、邮件和电话往来，从一个侧面见证了老师对一位博士生的辛劳指导过程。尽管拙著付梓在即，但我深感苦功下得还不够，对很多问题的解读仍然不到位，甚至不无错误处，远未达到老师的期望。我对老师显然是无法用一声“谢谢”就能够表达感激之情的，在此唯有祝老师身体健康、一切顺遂，弟子定当竭诚努力，以不负栽培之恩！

感谢东北师范大学韩东育教授，韩先生是我的硕士指导老师，我完全是在韩先生指导下步入学习中国思想史的门槛的，这十余年来我时常向先生请教问题，2019 年留校时，我请先生为我写了专家推荐信，先生抽出宝贵时间写信极力引荐，并嘱咐我不断“精进和努力”！这是先生对已毕业十余年的学生的无疆之爱，谢谢您！在此遥祝恩师身体健康、一切大顺！感谢北京师范大学蒋重跃教授，我曾多次向蒋先生请教问题，尤其是就韩非子“人情论”和“君道论”的具体问题向蒋先生写信求教，蒋先生用了很长篇幅回复了信，令我大受启发，其中一些观点融入了本书之中（并在文中注明致谢），另外我也时常通过微信、短信方式请教相关问题，2019 年留校时，我也请蒋先生为我写了专家推荐信，令我感激不尽！谢谢您！韩先生和蒋先生的推荐信，我将永远珍藏，这既是对两位先生的无尽感激，也是对自己的时时提醒——晚辈后生要对得起前辈的提携与关照，要内化于心、外践于行！

感谢山东大学葛荃教授、武汉大学张星久教授，我曾向两位先生请教研究中国政治思想史的一系列问题。感谢中国人民大学曹峰教授，我曾向曹先生请教有关黄老道家以及先秦秦汉时期“名”的问题。感谢以色列希伯来大学尤锐（Yuri Pines）教授，我曾当面以及通过邮件请教过老子以及法家的问题，尤锐先生还给我介绍了许多西方汉学界的研究论著。感谢中国人民大学李若晖教授，我曾多次向李先生请教过老子、黄老及法家的问题。感谢中山大学李宗桂教授的鼓励。感谢台湾大学佐藤将之教授，除了向佐藤将之先生请教相关问题外，我还请他帮我复印了日本学者茂泽方尚的专著《韩非子的思想史研究》和小崎智则的博士论文《韩非子的君主论——中国古代社会的权力结构》。感谢兰州大学杨玲教授，杨老师曾多次修改本书中的许多章节，提出了许多宝贵意见。感谢西北师范大学马世年教授，马老师对我的博士论文给出了极详细的修改意见，虽然我至今未去拜访马老师（这实在是惭愧），但我心里始终感激并感谢马老师！感谢中国人民大学宋洪兵教授对我这个进步极慢的学弟的提携与关照！感谢北京师范大学刘亮教授这些年来的帮助，感谢惠赐大作，当然也包括从佐藤将之先生那里复印书并邮寄于我。感谢河北大学戴木茅教授的赐教，使我对韩非子之术有了更加深入的认识。

同时，本书的部分章节发表于学术期刊：

1. 《韩非“人情论”新探》，《史学月刊》2017 年第 11 期。本书第六章的删节版。

2. 《论韩非“君道论”的内在矛盾》，《暨南学报》（哲学社会科学版）2019 年第 6 期。本书第七章的删节版。

3. 《论韩非子“势”论的内在逻辑》，《兰州大学学报》（社会科学版）2021 年第 6 期。本书第三章的部分内容。

感谢《史学月刊》编辑部徐莹老师、《暨南学报》编辑部王桃老师、《兰州大学学报》编辑部寇甲老师！感谢三位老师提供难得的机会！另外，我曾将本文的一些章节在几次学术会议上宣读，感谢几位专家提出了中肯意见！感谢我的博士论文的三位盲审专家对拙作的肯定，也感谢他们提出了宝贵意见！

感谢中国社会科学出版社韩国茹老师的提携。韩老师辛劳的付出，也使拙著增色许多，文笔更加流畅、错误大大减少。我深表感谢！

在读博期间以及入职兰大以来，我得到了历史文化学院诸多师长和朋友的帮助。感谢兰州大学历史文化学院杨红伟教授，杨老师时时寻问我的学习情况，对我关照有加。感谢刘永明教授，刘老师给了我很多鼓励，并时时提携我。感谢屈直敏教授，屈老师给过我很多学习建议。感谢陈双应、张郁萍夫妇这么多年来的关照。感谢薛小林兄，他多次为我逐字修改论文，提出了许多宝贵建议。论文答辩时，西北师范大学田澍教授、西北民族大学尹伟先教授、兰州大学杨红伟教授、刘永明教授和王冀青教授提出了宝贵的修改意见，再次致谢！

感谢父母兄弟、妻子、女儿儿子的支持。读博期间，我将绝大部分钱花在买书上了，家里生活甚是拮据，感谢家人的理解。在博士论文的最后修改阶段，妻子也通读了数遍，发现了不少语病错误和其他错误。同时也感谢岳父岳母全家的大力支持。1939 年，太祖父和祖父举家从甘肃通渭的农村搬迁到甘肃定西的农村，老家至今仍然存有祖父当年住过的窑洞，以及从通渭拿来的家具和农具。我小时候，听祖父祖母说，晚上住在窑洞里，听见狼群在洞外来来回回地搜寻食物，祖母还给我们模仿狼“嗷呜嗷呜”的叫声……这几年回老家，我时常一个人坐在老家的山头上在想，我是研究历史的，具体来说就是研究中国古代那些精英思想家们的思想的，探究他们如何思考治国理政，以及精英思想史的演变历程，那么，我能否有朝一日将像我祖父这样普通百姓的苦难史也研究清楚呢？

2010 年祖父仙逝，祖父劳苦一生、忠厚一世，对儿孙们慈爱至止，享年九十有一，不疾而终，亦属上苍眷顾和个人造化之因果。感谢先祖大人的护佑，我也定当砥砺前行！

王宏强于兰州大学

2022 年 12 月 5 日